普通高等院校经济管理类"十四五"应用型精品教材

【国际经济与贸易系列】

湖北省精品资源共享课

国际贸易概论

INTRODUCTION TO
INTERNATIONAL TRADE

主编 李盾 副主编 马玉霞

U0369622

机械工业出版社

China Machine Press

图书在版编目（CIP）数据

国际贸易概论 / 李盾主编 . -- 北京：机械工业出版社，2021.5（2023.12 重印）
（普通高等院校经济管理类"十四五"应用型精品教材·国际经济与贸易系列）
ISBN 978-7-111-68126-7

I. ①国…　II. ①李…　III. ①国际贸易 - 高等学校 - 教材　IV. ①F74

中国版本图书馆 CIP 数据核字（2021）第 080971 号

　　本书介绍了国际贸易理论和政策实践的基础性与通用性知识，并将国际贸易理论的新进展包括进来，突破了现有教材的局限，增加了国际贸易中的电子商务部分，有助于拓宽学生学习、研究国际贸易的视野，反映学科交叉的发展趋势。本书在编写体例上遵循一般教材的规范，每章主体内容介绍本章的主要知识点，章后的习题与思考、延伸阅读等使教材贴近现实、易于理解，不仅有助于巩固和提高学生的学习效果，还能方便读者课外自学使用。

　　本书可作为财经类高等院校国际经济与贸易专业的本科教材，也可作为经济学、管理学等其他专业的本科教材，还适合作为社会读者的参考读物。

出版发行：机械工业出版社（北京市西城区百万庄大街 22 号　邮政编码：100037）
责任编辑：施琳琳　　　　　　　　　　　　　责任校对：殷　虹
印　　刷：北京捷迅佳彩印刷有限公司　　　 版　　次：2023 年 12 月第 1 版第 7 次印刷
开　　本：185mm×260mm　1/16　　　　　　 印　　张：15
书　　号：ISBN 978-7-111-68126-7　　　　　定　　价：45.00 元

客服电话：（010）88361066　68326294

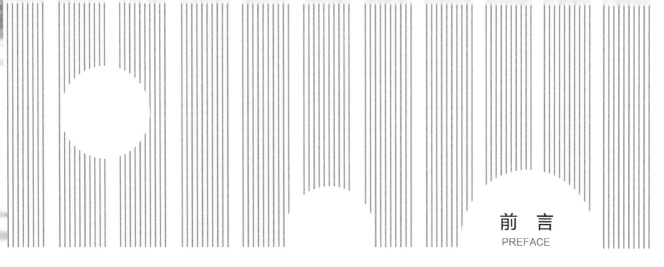

前言
PREFACE

本教材的编写主要基于以下四点考量：一是自 20 世纪 90 年代以来，国际贸易理论有了新的发展；二是 2008 年金融危机后，世界范围内的国际贸易形势及政策发生了大的变化；三是契合当前建设国家一流国际贸易本科专业的需要；四是满足财经类高校非国际贸易专业学生本科教学的需求。

我们组织编写的这部教材主要立足于以下两个方面：一是在框架结构方面，在遵循现有教材所介绍的国际贸易相关理论、政策、区域经济一体化等知识体系的基础上，适当地拓展介绍了异质企业贸易理论、企业内生边界理论等新的国际贸易理论，还介绍了 2008 年后贸易保护主义新政策、跨境电子商务和外包等新的国际贸易方式，以及 CEPA、TPP、TTIP、RCEP 区域经济一体化新的发展格局等内容；二是在难易程度方面，弱化了理论模型的推导过程，突出介绍相关理论及政策的主要观点、结论。本教材内容较新、层次清晰、语言简练，比较适合于作为财经类高校非国际经济与贸易专业学生的本科教材。

本教材共分为 6 章，第一章第一节、第四节由徐铁编写，第二节由刘红梅编写，第三节由冯启文编写；第二章第一节、第二节由马玉霞编写，第三节由刘红梅编写，第四节由李方静编写；第三章第一节、第二节由周蓉编写，第三节由李盾编写，第四节由李博编写；第四章第一节由滕泽伟编写，第二节由滕泽伟、易先桥编写，第三节由郑绪涛编写；第五章第一节由唐韬编写，第二节由李方静编写，第三节由易先桥编写；第六章由许林、李方静编写。

本教材的编写得到了湖北经济学院经济与贸易学院的支持，是国际经济与贸易系全体教师团结协作的结果。在此，我们对院方、参编老师表示衷心的感谢。本教材的编写参考并借鉴了大量的文献资料，在此感谢文献的作者。由于编者水平有限，书中难免有疏漏和不妥之处，敬请读者提出宝贵意见。

编者

2021 年 2 月于武汉市江夏区藏龙岛

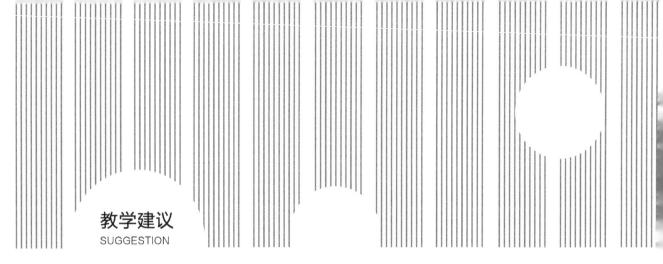

教学建议
SUGGESTION

教学目标

本课程主要帮助学生掌握国际贸易的基本理论和知识，了解本学科发展的前沿以及国际贸易政策、措施和当代国际贸易的新特点与新趋势等；培养学生掌握国际贸易问题的基本分析方法，以及应用国际贸易理论分析当前国际经济特别是国际贸易领域最新动态和发展变化趋势的能力；促进学生树立全球化视野和国际化观念，培养学生开拓进取的品格。本课程适用的学科专业有国际经济与贸易、国际商务、国际金融、经济学、金融工程、统计学等。

先修、后续课程及关系

政治经济学、西方经济学、高等数学。

教学方法及建议

本课程是一门理论性和实践性都较强的课程，教师在教学过程中需注重理论联系实际，掌握有效的教学方法。教师应明确教学目标，突出教学重点，破解课程难点，推送教学文件；采用启发式、讨论式、案例式、探究式、互动式教学方法，利用多媒体及网络等信息化技术手段，提高课堂教学效果；结合国际贸易的现实案例、数据资料，提高学生应用理论分析问题和解决问题的能力。

学时分配建议

本书共计 6 章，建议学时为 36 学时，各章节学时分配建议如下。

章 节	教学内容	建议学时	实 践
第一章	导论	4	案例分析
第二章	国际贸易理论	8	案例分析
第三章	国际贸易政策	6	案例分析
第四章	国际贸易措施	8	课堂讨论
第五章	国际贸易方式	4	案例分析
第六章	区域经济一体化	6	课程论文

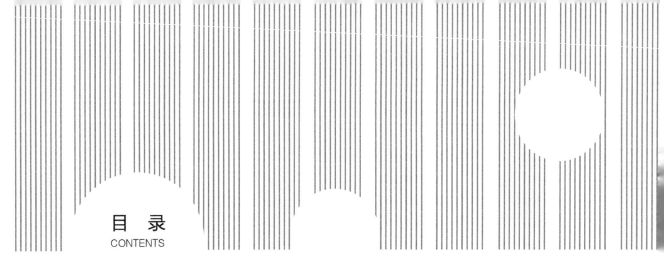

目 录
CONTENTS

第一章
CHAPTER1

导　论

学习目标

- 掌握有关国际贸易的基本概念
- 了解国际贸易的基本分类
- 了解国际贸易的形成与发展
- 掌握不同时期国际贸易的发展特点
- 掌握国际贸易常用的指标
- 了解改革开放以来中国对外贸易发展的概况

　　国际贸易起源于原始社会末期，在奴隶社会和封建社会得到一定程度的发展，到资本主义社会，其规模空前扩大。第二次世界大战（简称"二战"）以后，特别是20世纪80年代以来，伴随着经济全球化在世界范围内的深化、国际分工的日益细化、跨国公司的全球扩张、国际产业转移的兴起，越来越多的中间产品和劳务进入国际交换领域，国际贸易的范围不断扩大，国际贸易规模迅速增长，在全球经济发展中发挥着重要作用。同样，对外贸易也促进了中国经济的快速发展。改革开放40多年来，中国已经发展成为世界货物贸易第一大国、外资流入第二大国、全球第二大经济体、制造业第一大国、商品消费第二大国，中国外汇储备连续多年位居世界第一。中国对外贸易也使全球其他国家和经济体受益：消费者享受到了来自中国的物美价廉的产品，发达国家跨国公司从中国市场中获得了丰厚的利润回报。

第一节 国际贸易的概念

一、国际贸易的概念

国际贸易（International Trade）是指世界各国（地区）之间货物和服务的交换活动，是各个国家（地区）在国际分工的基础上相互联系的主要形式。对外贸易（Foreign Trade）是指一个国家（地区）与另一个国家（地区）之间货物和服务的交换活动。

由于国际贸易是世界范围内货物和服务的交换活动，由各国（地区）之间的对外贸易构成，是世界各国（地区）对外贸易的总和，因此，国际贸易也被称为世界贸易（World Trade）。

英国、日本、中国台湾等海岛国家和地区的对外贸易活动主要依靠海运，因此，这些海岛国家和地区习惯把该国和地区的对外贸易称为海外贸易（Overseas Trade）。

国际贸易是一个历史范畴，国际贸易有一个产生、发展变迁和演进的过程。国际贸易发展是生产力发展到一定阶段的产物，是国际分工的结果，国际贸易首先从国内发展起来（国内贸易），然后扩大到国外（对外贸易）直至整个世界（世界贸易）。随着经济全球化和区域经济一体化的不断发展，以及国际分工的深化，国际贸易的规模、范围不断扩大，越来越多的商品进入国际交换领域。

随着国际贸易的商品种类日益增加，为了方便统计，联合国统计委员会于 1950 年制定完成《国际贸易标准分类》（Standard International Trade Classification，SITC），当时的标准共分为 10 个门类、50 个大类、150 个中类和 570 个细类。该标准作为各国际机构做贸易统计报告和对世界贸易进行系统分析的共同基础，于 1951 年由联合国经济和社会理事会推荐给各成员方使用。《国际贸易标准分类》(SITC) 自 1951 年颁布实施以后，进行了数次修订，除门类框架未动以外，其他类目随着层次的增加变动相应扩大。2008 年的第 4 次修订版，将商品分为 10 大类、63 章、233 组、786 个分组和 1 924 个基本项目。

二、国际贸易与国内贸易的区别

国内贸易是指发生在国家地域范围之内的货物和服务的交换活动，虽然国际贸易与国内贸易都是商品交换活动，都受到价值规律的调节，都受商品经济规律的影响和制约，但国际贸易是在不同国家或地区之间进行的，与国内贸易存在显著区别，具体来说有以下三个方面的区别。

第一，国际贸易与国内贸易所面临的环境有很大差异。由于不同国家或地区在法律法规、经济制度、货币制度、宗教信仰、语言、文化、社会风俗习惯等方面存在巨大的差异，因而国际贸易在法律环境、经济环境、社会环境、文化环境等方面与国内贸易明显不同，国家间进行贸易洽谈、市场调研、签订合同、处理贸易纠纷等贸易活动必须首先克服这些差异和障碍，否则国际贸易活动就无法顺利进行。

第二，国际贸易的整个流程比国内贸易复杂。这是因为国际贸易要跨越国界，整个流程线长面广，中间环节多，参与的部门多，涉及不同国家或地区的运输、保险、银行、商检、海关等部门的协作和配合。此外，不同国家金融政策、产业政策、进出口管理政策、关税政策、检验检疫政策、海关政策等的调整变化也会影响这些国际贸易的流程和环节。

第三，国际贸易的风险要远大于国内贸易。国际贸易容易受到交易双方所在国家的政局变动、双边外交关系及国际政治经济局势变化、汇率波动等多方面条件的制约和影响，因此，国际贸易的风险比国内贸易更多也更大。国际贸易的风险具体表现在信用风险、商业风险、汇率风险、运输风险以及政治风险等方面。

第二节　国际贸易的类型与指标

一、国际贸易的基本分类

（一）按商品移动方向区分

1. 出口贸易

出口贸易（Export Trade）是指把本国生产和加工的商品运往国外市场销售。比如中国茶叶出口贸易、科特迪瓦可可出口贸易、埃塞俄比亚咖啡出口贸易。

2. 进口贸易

进口贸易（Import Trade）是指把外国生产和加工的商品输入国内市场销售。比如日本棉花进口贸易、美国服装进口贸易、德国石油进口贸易。

3. 过境贸易

过境贸易（Transit Trade）是指甲国途经丙国向乙国出口商品，对丙国而言是过境贸易。过境贸易往往是由于乙国地理位置特殊无法实现直运或者为了节省运输费用和时间而产生的，可分为两种：一种是直接过境贸易，即商品入境后，完全为了转运需要，不存放海关保税仓库直接运出国境；另一种是间接过境贸易，即外国商品进入国境后，先存放海关保税仓库，未经加工改制，然后再提出运走。过境贸易主要是出于物流需要，通常会收取少量的手续费，如印花税等。

4. 复出口和复进口

复出口（Re-export Trade）是指外国商品输入国内，未经加工改制又再出口。复进口（Re-import Trade）是指本国商品输往国外，未经加工改制又再进口。

商品再出口可区分为本国化商品再出口与从海关保税仓库和自由贸易区再出口两部分。两者同是外国商品输入后未经加工改制又重新出口，但前者经过海关结关，后者则未经过海关结关。复出口在很大程度上同经营转口贸易有关。复出口比较典型的比如地理位置特殊的中国香港，许多产品先进口到中国香港，然后再出口到欧洲、美国及其他国家或地区。2018 年，中国香港出口的 5 692.4 亿美元商品中有 5 563.4 亿美元都是复出口贸易，复出口占比达 97.73%。

商品复进口是指在本国生产制造且已实际出口离境的原产于本国的商品，在未进行加工改变商品状态的情况下，因某些原因需要重新中转复运进境。商品复进口可以是因经济全球化导致的企业生产经营方式的国际化，也可以是因税收政策因素或税率倒挂因素造成的，还可以是因偶然因素如出口退货造成的"出口转内销"。

5. 净出口和净进口

一国对同一一产品既有出口也有进口。当该产品出口大于进口时，被称为净出口（Net Export）；而当该产品进口大于出口时，被称为净进口（Net Import）。比如中国既出口纺织品同时也进口纺织品，但出口大于进口，中国是纺织品净出口国；中国既进口汽车同时也出口汽车，但进口大于出口，中国是汽车净进口国。

（二）按进出口统计的境界标准区分

1. 总贸易

总贸易（General Trade）是指以国境作为进出口统计标准的贸易，凡进入本国国境的商品一律列为进口，离开本国国境的商品一律列为出口。总进口额加总出口额即一国的总贸易额。世界上绝大多数国家或地区，比如美国、日本、英国、加拿大、澳大利亚、中国、苏联、东欧等，均采用这种划分标准。

2. 专门贸易

专门贸易（Special Trade）是指以关境作为进出口统计标准的贸易，凡通过海关进入的商品记为专门进口，通过海关出口的商品记为专门出口。

专门进口包括用于国内生产和消费的：①直接进口商品；②从海关保税区域进入境内的进口商品；③从经济特区进入境内的进口商品。

专门出口包括本国生产和加工的：①直接出口商品；②从国内进入经济特区，尚未离开国境的商品。

专门进口额加上专门出口额即专门贸易额。德国、瑞士、意大利、法国等国采用这种划分标准。

当一国的关境和国境一致时，以关境还是国境对进出口进行统计没有差别。但现实中，关境和国境往往不一致，有的国家通过签署协议建立关税同盟，或者很多国家广泛设立各类经济特区，前者关境大于国境，后者关境小于国境。由此总贸易与专门贸易的数额往往不相同。因此国际机构在公布各国对外贸易统计数字时，一般均注明该国是按总贸易体系还是专门贸易体系编制的。

（三）按商品形态区分

1. 货物贸易

货物贸易，也称有形贸易（Visible Trade）。货物贸易是指有形商品的进出口，常分为初级产品贸易和工业制成品贸易。世界上绝大多数国家采用的《国际贸易标准分类》（SITC）是以等级为基础，以阿拉伯数字来描述商品的，一位数表示类，二位数表示章，三位数表示组，四位数表示分组，五位数表示项目。该标准将国际货物分为 10 大类、63 章、233 组、786 个分组和 1 924 个基本项目。这 10 大类货物分别是：

（0）食品及主要供食用的鲜活动物；

（1）饮料及烟草类；

（2）燃料以外的非食用粗原料；

（3）矿物燃料、润滑油及有关原料；

（4）动植物油脂及油脂；

（5）化学品及有关产品；

（6）主要按原料分类的制成品；

（7）机械及运输设备；

（8）杂坝制品；

（9）没有分类的其他商品。

当今更广泛使用的是海关合作理事会编制的《商品名称及编码协调制度》（The Harmonized Commodity Description and Coding System，HS）。因为必须经过海关手续，货物贸易统计数据显示在各国的海关进出口统计中，也是各国国际收支表的主要构成部分。

2. 服务贸易

服务贸易也称无形贸易（Invisible Trade）。据文献记载，"服务贸易"这个概念最早出现在 1972 年 9 月经济合作与发展组织（OECD）提出的《高级专家对贸易和有关问题报告》中。1974 年美国在其《1974 年贸易法》第 301 条款中首次使用了"世界服务贸易"的概念。目前，由于服务的界定本来就很复杂，此外不同的国家和研究人员从各自的立场出发采用不同的视角，因此关于国际服务贸易，各国统计和各种经济贸易文献并无统一的、公认的、确切的定义。根据世界贸易组织（WTO）的《服务贸易总协定》（GATS），服务贸易是指一国服务提供者向另一国服务消费者提供服务并赚取外汇收入的交易。1994 年 4 月乌拉圭回合谈判签订了《服务贸易总协定》，该协定第一条第二款将服务贸易定义为通过以下四种形式提供的服务。

（1）跨境交付（Cross-border Supply）：从一成员境内向任何其他成员提供服务。这种服务不构成人员、物质或资金的流动，而是通过电信、邮电、计算机网络实现的服务，如视听、金融信息等。这种服务提供方式特别强调买卖双方在地理上的界限，跨越国境和边界的只是服务本身，而服务提供者或消费者不移动。

（2）境外消费（Consumption Abroad）：在一成员境内向任何其他成员的服务消费者提供服务。如为外国游客提供旅游服务，为外国患者提供医疗服务，为国际学生提供教育服务。这种服务提供方式的主要特点是消费者到境外去享用服务提供者提供的服务。

（3）商业存在（Commercial Presence）：一成员的服务者在任何其他成员境内通过商业存在提供服务，指允许一国的企业和经济实体到另一国开业，提供服务，包括投资设立合资、合作和独资企业。如外国公司到中国来开办银行、商店，设立会计师事务所、律师事务所等。这种服务提供方式的特点是服务的提供者和消费者在同一成员的领土内；服务提供者到消费者所在国的领土内采取设立商业机构或专业机构的方式。商业存在是四种服务提供方式中最为重要的方式。

（4）自然人流动（Presence of Natural Persons）：一成员的服务提供者在任何其他成员境内通过自然人存在提供的服务。如一国的医生、教授、艺术家到另一国从事个体服务。自然人流动与商业存在的共同点是服务提供者到消费者所在国的领土内提供服务；不同点是以自然人流动方式提供服务，服务提供者没有在消费者所在国的领土内设立商业机构或专业机构。

与货物贸易相比，服务贸易的标的物是无形的，其生产与消费往往同时发生，其发生更多地依赖于生产要素的国际移动和服务机构的跨国设置；因为不需经过海关手续，服务贸易的统计数据在各国国际收支表中体现，不在各国海关进出口统计中显示，各国对服务贸易的监控往往只能通过国家立法和制定行政法规来实现。

依据世界贸易组织统计数据，2001年，世界货物贸易出口占80.4%，服务贸易出口占19.6%；2019年世界货物贸易出口占76.4%，服务贸易出口占23.6%。自2005年以来，世界服务贸易额年均增长5.4%，高于货物贸易的4.6%，服务贸易的作用在未来几十年里还将继续增强。

（四）按商品生产国和消费国之间有无第三国参与贸易区分

1. 直接贸易

直接贸易（Direct Trade）是指商品生产国将商品直接出口给消费国的贸易。对商品生产国而言，是直接出口贸易；对商品消费国而言，是直接进口贸易。在国际贸易中，商品生产国一般直接将商品销售到商品消费国去。

2. 间接贸易

间接贸易（Indirect Trade）是指商品生产国通过第三国中间商将商品出口给消费国的贸易。对商品生产国而言，是间接出口贸易；对商品消费国而言，是间接进口贸易。间接贸易的发生往往是由于政治、地理或信息不对称等方面的原因，商品的生产国和消费国不能直接进行贸易，因此只能通过第三国中间商转手进行买卖。

3. 转口贸易

间接贸易对于参与贸易的第三国而言，就是转口贸易（Entrepot Trade）。具体而言，是指商品生产国与消费国之间，经由第三国中间商分别签订进口合同和出口合同所进行的贸易。从商品生产国进口商品，不是为了本国生产或消费，而是再向商品消费国出口，赚取差价利润。转口贸易可以是把商品从生产国运进来，再销往商品消费国；也可以是把商品从生产国直接运往消费国，转口商仅参与商品的交易过程。

世界上著名的转口贸易国或地区有新加坡、中国香港、伦敦、鹿特丹等，这些地区的共同特点是地理位置优越、交通便利，通信设施发达、贸易限制少，结算便利、费用低廉，相对其他国家或地区更便于货物集散且拥有丰富的商业信息和市场资源，所以转口贸易发达。

转口贸易与过境贸易的主要区别在于：转口贸易是出于商流需要，由转口商完成交易手续，而过境贸易是出于物流需要第三国不直接参与商品交易过程；转口贸易以盈利为目的并自行承担风险，赚取的是利润当然也可能出现亏损，而过境贸易通常只收取少许手续费。

（五）按经济发展水平划分

1. 水平贸易

水平贸易（Horizontal Trade）是指经济发展水平比较接近的国家之间开展的贸易活动。例如，北北之间、南南之间以及区域性集团内的国际贸易，通常是水平贸易。

2. 垂直贸易

垂直贸易（Vertical Trade）是指经济发展水平不同的国家之间开展的贸易活动。比如南北之间的贸易通常属于垂直贸易。

区分和研究水平贸易与垂直贸易的差异，对一国确定其对外贸易的政策和策略具有重要作用。

（六）按清偿工具不同划分

1. 易货贸易

易货贸易（Barter Trade）是以货物经过计价作为清偿工具，也可称为对销或换货贸易。易货贸易通常源于贸易国的货币不能自由兑换并且缺少外汇，于是贸易双方把进口和出口联系起来，以货换货，避免外汇支出，做到进出口大体平衡。易货贸易可以帮助贸易国解决支付能力不足的问题，但本身也存在一些局限性：可供交换的商品种类受限，贸易规模受限，通过谈判而不是市场竞争形成的商品计价受限。

2. 自由结汇贸易

自由结汇贸易（Trade with Cash Settlement）是指以可完全自由兑换的货币作为清偿

工具。这里作为清偿工具的货币主要有美元、英镑、日元、欧元等。较之在一些外汇比较短缺的发展中国家所采用的易货贸易，自由结汇贸易是最主要的贸易形式。

二、国际贸易的常用指标

（一）贸易额

贸易额（Value of Trade）又叫贸易值，是一个用货币表示的反映贸易规模的指标，一般采用国际上通行的货币标示，比如用美元标示。贸易额从一国或世界的角度通常可分为对外贸易额和国际贸易额。

对外贸易额指一定时期内一国或地区出口贸易额和进口贸易额之和，是反映一国或地区对外贸易规模的重要指标之一。比如，据海关统计，21世纪以来中国对外贸易额分别为：2004年11 548亿美元、2007年21 738.3亿美元、2011年36 420.6亿美元、2013年41 603亿美元，分别突破1万亿美元、2万亿美元、3万亿美元、4万亿美元大关，2019年中国对外贸易额更达到45 761.26亿美元，反映中国对外贸易规模总体上持续较快地增长。

国际贸易额是指一定时期内世界各国的出口额之和或者进口额之和。在实际统计中，世界出口总额的计算和世界进口总额的计算由于贸易术语的差异而存在差异。一般按FOB（Free on Board，离岸价）计算的世界出口总额总是小于按CIF（Cost，Insurance and Freight，成本加保险费加运费）计算的世界进口总额。由于CIF中包含了运费和保险费，并且为了避免重复计算，国际贸易额通常采取各国出口额之和。

由于进出口商品价格经常变动，以货币表示的贸易额往往不能准确反映出贸易规模的实际变化，也无法进行不同时期的直接比较。所以实际工作中，选取贸易量这个指标来反映贸易的实际规模和不同时期贸易规模的实际变动幅度。贸易量（Quantum of Trade）是用不变价格为标准来计算的反映贸易规模的指标，也分为对外贸易量和国际贸易量。

对外贸易量是指用进出口商品的数量表示的对外贸易规模。但是，进出口商品种类繁多，计量单位不同，无法用统一的计量单位来表示，因此产生了替代办法，以不变价格计算的进出口额之和就是一国的对外贸易量。实际中，常用一国对外贸易额除以该国进出口商品价格指数得到对外贸易量。

同理，国际贸易量是以不变价格计算的国际贸易额。实际中，常用世界出口贸易额除以世界出口商品价格指数得到国际贸易量。

如果在一段时期内，一国出口额的增长快于出口量的增长，则出口收益是上升的。区分国际（对外）贸易额与国际（对外）贸易量除了能够准确衡量国际（对外）贸易的规模以外，还可以通过不同时期某一国家或地区贸易额和贸易量的比较，了解该国或地区贸易利益的变化。

（二）贸易差额

贸易差额（Balance of Trade）是衡量一国对外贸易收支状况的重要指标，是一国在一定时期内（如一年、半年、一季、一月）出口总额与进口总额之间的差额。一国通常既有出口也有进口，贸易收支是一国国际收支中经常账户最重要的组成部分，因此贸易差额状况对该国的国际收支会产生极为重要的影响。

当出口总额大于进口总额时，即贸易差额大于零，就称为贸易顺差（Favorable Balance of Trade）或贸易盈余（Trade Surplus）；当出口总额小于进口总额时，即贸易差额小于零，就称为贸易逆差（Unfavorable Balance of Trade）或贸易赤字（Trade Deficit）。当出口总额等于进口总额时，即贸易差额为零，被称为贸易平衡（Trade Balance）。

一般来说，贸易顺差用"＋"表示，表明一国在对外贸易中收入大于支出，处在相对有利地位，但是长期持续的贸易顺差往往会给一国货币带来升值的压力，不利于扩大出口和就业，同时还会加剧与别国之间的贸易摩擦，进而对该国经济运行产生巨大冲击。贸易逆差用"－"表示，表明一国在对外贸易中支出大于收入，处于相对不利地位，但是短期的贸易逆差，对因需维持物价稳定、减少环境污染的发达国家而言，以及因需大量进口关键设备、技术、零部件而产生贸易逆差的发展中国家而言，都是有利的。在一国经济发展中，对外贸易是顺差好还是逆差好，要根据具体情况因时因地制宜。

贸易平衡是一种理想状态，表明一国外部经济是均衡的，但是往往难以实现。对一国而言，如果在某些年度顺差，在某些年度逆差，一段时间内两者交替出现，总体上该国就处于贸易平衡状态，会对该国经济的平稳发展十分有利；而如果出现长期持续的贸易顺差或逆差，则是严重的贸易收支不平衡，会对该国经济产生极为不利甚至是"致命"的影响。

（三）贸易商品结构

贸易商品结构（Composition of Trade）是反映经济发展水平、产业结构状况以及第三产业发展水平的指标，是指各类商品的贸易额在总贸易额中所占的比重。贸易商品结构通常包括出口商品结构、进口商品结构和进出口商品结构，从世界或一国的角度可分为国际贸易商品结构和对外贸易商品结构。

国际贸易商品结构（Composition of International Trade）是指一定时期内各类商品或某种商品在国际贸易中的构成，通常以某类商品或某种商品出口额在世界出口总额中的比重来表示，表明各类商品在国际贸易中所处的地位。

比如，1937年，初级产品所占的比重为63.3%，工业制成品所占的比重为36.7%；从1953年起，工业制成品的比重上升为50.3%，开始超过初级产品的比重。此外，21世纪以来，经济全球化背景下服务于跨国公司生产全球化的需要，中间产品贸易所占比重越来越大。

对外贸易商品结构（Composition of Foreign Trade）是指一定时期内一国对外贸易中各种商品的构成，通常以某类或某种商品进出口贸易额在该国对外贸易额中的比重来表示，表明各类商品在一国对外贸易中所处的地位。

比如以出口商品结构为例，改革开放以来，在货物贸易领域，中国外贸出口实现两次跨越。1986年，纺织品取代石油成为中国第一大出口产品；1995年，机电产品出口首次超过纺织服装产品成为最大类出口产品，表明中国出口从资源密集型商品为主转向劳动密集型商品，再到以资本技术密集型产品为主。

（四）贸易地理方向

贸易地理方向（Direction of Trade）也称贸易地区分布（Trade by Regions），是反映各国或各地区在贸易中所处地位的结构性指标，是指某国或地区的贸易额在世界贸易总额中所占的比重。贸易地理方向包括出口地理结构和进口地理结构，从世界或一国的角度可分为国际贸易地理方向和对外贸易地理方向。

国际贸易地理方向（Direction of International Trade）也称国际贸易地理分布（International Trade by Regions），用一定时期内世界各个地区或各个国家的出口贸易额或进口贸易额占世界出口贸易总额或进口贸易总额的比重来表示，反映了各国或各地区在国际贸易中的地位。

图1-1～图1-5分别是1948年、1978年、2000年、2013年和2019年主要贸易国家在国际货物贸易总额中所占比重情况，从图中可以看出美国、中国、德国、日本等国在国际贸易中的重要性及其所处地位的变化。较之2013年，2019年美国、中国、德国、日本在世界货物贸易中所占比重分别为8.64%、13.12%、7.80%和3.71%，中国和德国占比有所提高，表明其在世界货物贸易中的重要性进一步加强。

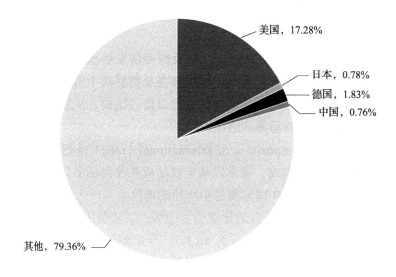

图1-1   1948年世界货物贸易总额构成

资料来源：世界贸易组织（http://www.wto.org/）、联合国货物贸易统计（http://comtrade.un.org/）。

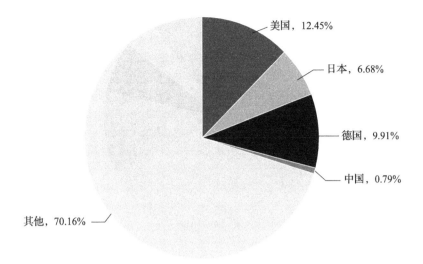

图 1-2　1978 年世界货物贸易总额构成

资料来源：世界贸易组织（http://www.wto.org/）、联合国货物贸易统计（http://comtrade.un.org/）。

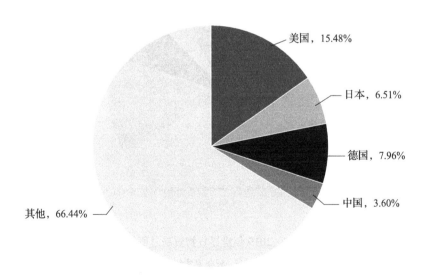

图 1-3　2000 年世界货物贸易总额构成

资料来源：世界贸易组织（http://www.wto.org/）、联合国货物贸易统计（http://comtrade.un.org/）。

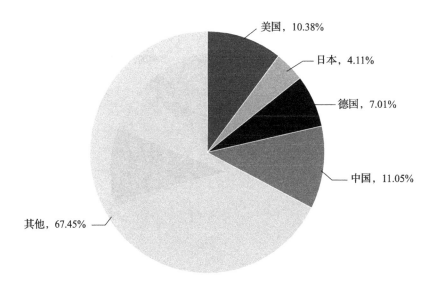

图 1-4　2013 年世界货物贸易总额构成

资料来源：世界贸易组织（http://www.wto.org/）、联合国货物贸易统计（http://comtrade.un.org/）。

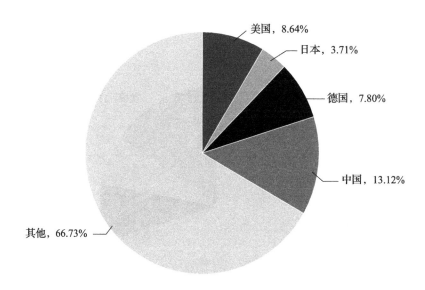

图 1-5　2019 年世界货物贸易总额构成

资料来源：世界贸易组织（http://www.wto.org/）、联合国货物贸易统计（http://comtrade.un.org/）。

对外贸易地理方向（Direction of Foreign Trade）也称对外贸易地理分布（Foreign Trade by Regions），指一定时期内一国或地区从他国或地区的进口额或出口额占其进口总额或出口总额的比重。对外贸易地理方向指明一国或地区进口商品的来源和出口商品的去向，从而反映一国或地区同其他国家或地区的经济贸易联系的紧密程度。

图 1-6、图 1-7 为 2019 年中国内地货物贸易出口地理方向和进口地理方向，即出口

市场国别（地区）构成和进口市场国别（地区）构成。其中，中国内地对美国和中国香港出口最多，分别为 2.89 万亿元和 1.92 万亿元，但同时也是增长率为负的国家和地区；韩国、中国台湾、日本是中国内地前三大进口来源国家和地区，进口额均达到 1 万亿元以上，但从韩国、日本的进口均呈现负增长率。

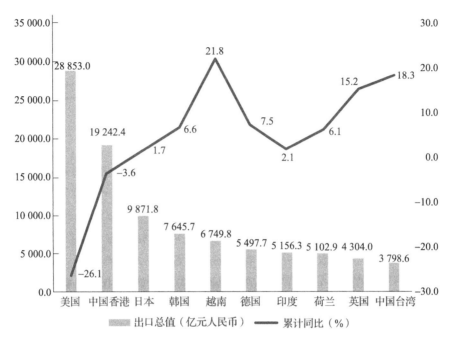

图 1-6　2019 年中国内地出口前 10 位的国家和地区总值

资料来源：中国海关总署（http://www.customs.gov.cn/）。

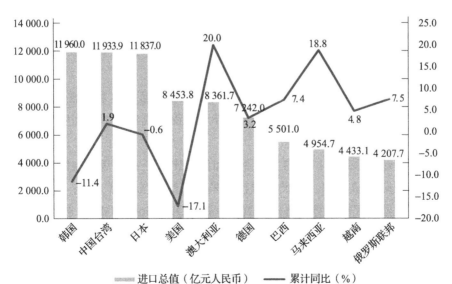

图 1-7　2019 年中国内地进口前 10 位的国家和地区总值

资料来源：中国海关总署（http://www.customs.gov.cn/）。

表 1-1 为 2015～2019 年中国对主要经济体货物贸易进出口额，其中，2019 年第一大贸易伙伴为欧盟，东盟取代美国成为中国第二大贸易伙伴。中国海关总署公布的数据显示，2020 年上半年，东盟取代欧盟成为中国第一大贸易伙伴。

表 1-1　2015～2019 年中国对主要经济体货物贸易进出口额　（单位：万元）

排名	国别/地区	2019 年	2018 年	2017 年	2016 年	2015 年
1	欧盟	486 264 482	450 406 732	417 417 426	361 159 241	350 810 679
2	美国	373 185 175	417 979 495	395 324 569	343 018 655	346 632 937
3	东盟	442 522 821	387 878 857	348 439 137	298 717 098	293 176 751

资料来源：中国海关总署（http://www.customs.gov.cn/）。

（五）对外贸易依存度

对外贸易依存度（Ratios of Dependence on Foreign Trade）也称对外贸易系数，是衡量一国经济发展对其对外贸易依赖程度的指标，指一段时期内一国对外贸易额对它的国民生产总值或国内生产总值之比。用公式表示如下：

$$对外贸易依存度 = 对外贸易额 / GNP（GDP）\times 100\% 或出口额 / GNP（GDP）$$
$$\times 100\% + 进口额 / GNP（GDP）\times 100\%$$

其中，出口额 / GNP（GDP）×100% 是出口依存度或称出口系数，进口额 / GNP（GDP）×100% 是进口依存度或称进口系数。

由于上述计算方法简单，所以被广泛使用，特别是当一国对对外贸易依存度进行时间序列比较时常常使用该方法。但是该种算法没有考虑 GDP 中产业结构的组成，例如第三产业中很大一部分属于不可贸易产品，如果一个国家第三产业比重高，那么按这种方法计算的对外贸易依存度就较低。第三产业在对外贸易中获取利益的主要途径是通过资本输出、技术输出、服务贸易等方式，因此，第三产业发达的国家对外贸易依存度往往比较低。如 2019 年美国第三产业占国内生产总值的比重高达 81%，其对外贸易依存度仅为 20.04%。

对上述方法进行修正的方法是比较可贸易品的依存度。这种方法考虑了 GDP 的产业结构组成，计算结果反映出可贸易品的对外开放程度或对外依赖程度。这里主要包括以下两种计算方法。

第一种方法是计算进出口额与工农业增加值的比值，或者是进出口额与工业增加值的比值。一些国际经济组织，如世界银行就采取了这样的计算方法，在 2005 年《世界发展指数》中，世界银行计算了各国外贸与货物 GDP（Goods GDP）的比值。

第二种方法在考虑货物贸易的同时，还考虑服务贸易对外依赖程度，即分别计算出货物贸易与工农业增加值的比值，以及服务贸易与第三产业的比值，再将两个比值按照一定的权数加权平均。这种方法比较客观地反映了一国或地区全面的对外贸易依存度，但由于计算方法相对复杂，所以一般很少采用。

各国经济发展越来越依赖于其对外贸易的发展，世界发达国家的对外贸易依存度都比较高，发展中国家的对外贸易依存度也在不断提高。比如，2019年中国、美国、德国和日本的对外贸易依存度分别为31.87%、19.67%、70.71%、28.05%。也有的国家人口不多、面积不大，为使其经济能够快速发展，外向型程度非常高。比如荷兰，2019年进出口总额为13 452.3亿美元，GDP为9 075.83亿美元，其对外贸易依存度高达148%。对外贸易依存度反映了一国经济与他国联系的紧密程度。

加入世贸组织以来，中国对外贸易依存度较高，有些产品对国际市场依赖程度较大，其中，家电、纺织品等出口依存度超过50%，芯片、石油等进口依存度超过70%，高端芯片进口依存度甚至高达90%。一方面，这在一定程度上反映了中国经济发展水平以及参与国际经济的程度较高；另一方面，这也说明中国经济容易受制于国际形势和外部环境的变化。

第三节 国际贸易的形成与发展

一、国际贸易产生的条件

国际贸易是个历史范畴，它是在一定的历史条件下产生和发展起来的。国际贸易的产生有两个基本条件：一是有可供交换的剩余产品；二是存在各自为政的社会实体。因此，从根本上来说，社会生产力的发展和社会分工的扩大，是国际贸易产生和发展的基础。

在原始社会早期，社会生产力水平极为低下，人类处于自然分工的状态。原始公社内部人们依靠共同的劳动来获取十分有限的生存资料，并且按照平均主义的方式在公社成员之间实行分配。当时没有剩余产品，没有私有制，也没有阶级和国家，当然也就不可能有对外贸易。

到了原始社会后期，随着三次社会大分工的出现，人类社会发生了很大的变化。第一次人类社会的大分工，是畜牧业和农业之间的分工，它促进了社会生产力的发展，使产品有了剩余。在氏族公社的部落之间也开始有了剩余产品的相互交换，但这只是偶然的以物换物的简单交换活动。第二次人类社会的大分工，是手工业从农业中分离出来，由此出现了以交换为直接目的的生产，即商品生产。它不仅进一步推动了社会生产力的发展，而且使社会相互交换的范围不断扩大，最终导致了货币的产生，产品之间的相互交换渐渐演变为以货币为媒介的商品流通，并直接促成了第三次社会大分工的产生，即出现了商业和专门从事贸易的商人。在生产力不断发展的基础上形成了财产私有制，进而在原始社会的末期出现了阶级和国家。于是商品经济得到进一步发展，商品交易最终超出国家的界限，形成了最早的对外贸易。

二、奴隶社会的国际贸易

奴隶社会制度最早出现在古代东方各国，如埃及、巴比伦、中国（殷、商时期已进入奴隶社会），但以欧洲的希腊、罗马的古代奴隶制最为典型。奴隶社会的基本特征是奴隶主占有生产资料和奴隶本身，同时存在维护奴隶主阶级专政的完整的国家机器。在奴隶社会，生产力水平前进了一大步，社会文化也有了很大的发展，国际贸易初露端倪。

早在公元前 2 000 多年前，由于水上交通便利，地中海沿岸的各奴隶社会国家之间就已开展了对外贸易，出现了腓尼基、迦太基、亚历山大、希腊、罗马等贸易中心和贸易民族。但这只是局部现象，从总体上来说，在奴隶社会，自然经济占统治地位，生产的直接目的主要还是为了消费，商品生产在整个社会经济生活中还不占主导地位。进入流通的商品很少。并且由于生产技术落后，交通工具简陋，各个国家对外贸易的范围受到很大限制。

从贸易的商品构成来看，奴隶是当时欧洲国家对外交换的一种主要商品。希腊的雅典就是当时奴隶贩卖的一个中心。此外，奴隶主阶级需要的奢侈消费品，比如香料、宝石、装饰品、丝绸等织物，在对外贸易中占有重要的地位。奴隶社会的对外贸易虽然影响有限，但对手工业发展的促进作用较大，在一定程度上推动了社会生产力的进步。

三、封建社会的国际贸易

封建社会取代奴隶社会之后，国际贸易又有了进一步的发展。特别是从封建社会的中期开始，地租的形式从实物地租转变为货币地租，使得商品经济的范围逐步扩大，对外贸易也随之增长。到封建社会的晚期，在城市手工业进一步发展的同时，资本主义因素已经开始孕育和生长，商品经济和对外贸易都比奴隶社会有明显的发展。

国际贸易中心在封建社会时期开始出现。早期的国际贸易中心位于地中海东部，公元 11 世纪以后，国际贸易的范围逐步扩大到地中海、北海、波罗的海和黑海沿岸。城市手工业的发展是推动当时国际贸易扩展的一个重要因素。而国际贸易的发展又促进了社会经济的进步，进而加速了资本主义因素的形成和发展。

从国际贸易的商品来看，在封建社会仍主要是奢侈消费品，例如东方国家的丝绸、珠宝、香料，西方国家的呢绒、酒等。手工业品的比重有明显的上升。另外，交通运输工具，主要是船只有较大进步，使国际贸易的范围扩大了。不过从总体上来说，在 15世纪之前，整个国际贸易是建立在自然经济的基础上，按自愿交换的原则进行的。贸易在经济生活中的地位并不重要，只是人们经济生活中的一个补充。

四、资本主义社会的国际贸易

国际贸易虽然源远流长，但真正开始具有世界性质还是在资本主义生产方式确立之后。在资本主义生产方式下，国际贸易的规模急剧扩大，国际贸易活动遍及全球，贸易商品种类日益增多，贸易方式不断多样化，国际贸易越来越成为影响世界经济发展的一个重要因素。在资本主义发展的各个不同历史时期，国际贸易的发展又各具特点。

（一）资本主义生产方式准备时期的国际贸易

16 世纪～18 世纪中叶是西欧各国资本主义生产方式的准备时期。这一时期工场手工业的发展使劳动生产率得到提高，商品生产和商品交换进一步发展，这为国际贸易的扩大提供了物质基础。这一时期的地理大发现，更是加速了资本的原始积累。地理大发现及由此产生的欧洲各国的殖民扩张大大发展了各洲之间的贸易，从而开始了真正意义上的"世界贸易"。

（二）资本主义自由竞争时期的国际贸易

18 世纪后期至 19 世纪中叶是资本主义的自由竞争时期。这一时期，欧洲国家先后发生了工业革命和资产阶级革命，资本主义机器大工业得以建立并广泛发展，社会生产力水平大大提高，可供交换的产品空前增多，真正的国际分工开始形成。机器大工业使得劳动生产率大幅提高、商品成本大幅下降，交通运输工具的改良和通信技术的发展，都使得商品价格进一步降低。进出口商品从以前的奢侈品变为生活必需品，推动了国际贸易的发展。

（三）垄断资本主义时期的国际贸易

19 世纪末 20 世纪初，各主要资本主义国家从自由竞争阶段过渡到垄断资本主义阶段。国际贸易也出现了一些新的变化。

1. 国际贸易的规模仍在扩大，但增长速度有所下降

截至第一次世界大战（简称"一战"）前，国际贸易仍呈现出明显的增长趋势，但同自由竞争时期相比，增长速度下降了。比如，在 1870～1913 年的 43 年间，国际贸易量只增加了 3 倍，而在自由竞争期间的 1840～1870 年的 30 年间，国际贸易增长了 3.4 倍之多。

2. 垄断开始对国际贸易产生严重影响

由于生产和资本的高度集中，垄断组织在经济生活中越来越起着决定性的作用。它们在控制国内贸易的基础上，在世界市场上也占据了垄断地位，通过垄断价格使国际贸易成为垄断组织追求最大利润的手段。当然，垄断并不能消除竞争，反而使世界市场上的竞争更加激烈。

3. 一些主要资本主义国家的垄断组织开始输出资本

为了确保原料的供应和对市场的控制，少数资本主义国家开始向殖民地输出资本。在一战前，英国和法国是两个主要的资本输出国。资本输出不仅带动了本国商品的出口，而且还能以低廉的价格获得原材料，同时资本输出也是在国外市场上排挤其他竞争

者的一种有力手段。

五、当代国际贸易的发展趋势

二战以后，特别是 20 世纪 80 年代以来，世界经济发生了翻天覆地的变化，科技进步的速度不断加快，国际分工、世界市场和国际贸易也都发生了巨大的变化。概括来说，当代国际贸易发展具有以下一些新特征。

（一）国际贸易发展迅速

二战后国际商品贸易的增速超过世界生产的增速，而国际服务贸易的增速又大大超过国际商品贸易的增速。国际贸易的快速发展不仅限于少数国家，多数国家的对外贸易也都有不同程度的增长。国际贸易在世界生产总值（GWP）中所占的比重、各种类型国家的对外贸易在它们各自的国内生产总值（GDP）中所占的比重都增加了。

根据世界贸易组织发布的《世界贸易报告》，1980～2018 年，国际商品贸易总量和总值都呈现快速增长，其中大部分来自制造业产品贸易的增长，国际贸易增速远快于世界 GDP 增速。2019 年，受单边贸易保护主义等复杂因素的影响，全球商品贸易增长呈停滞态势。与此同时，国际服务贸易的发展也非常迅速，1970 年，国际服务贸易总额仅为 640 亿美元，2001 年达到 1.4 万亿美元，2019 年达到 6.07 万亿美元，服务贸易占全球贸易额的比重从 1970 年的 9% 增长至 2019 年的 23.6%。

（二）国际贸易的商品结构发生了显著变化，新商品大量涌现

制成品、半制成品，特别是机器和运输设备及其零部件的贸易增长迅速，世界制成品的比重由 1980 年的 53.9% 上升为 1998 年的 76.1%。石油贸易增长迅猛，而原料和食品贸易增长缓慢，石油以外的初级产品在国际贸易中所占的比重有所下降。同时，分工的深化使国际供应链在全球经济中的作用日显突出，中间产品、零部件贸易在世界贸易中的比重有所增加。

（三）发达国家继续在国际贸易中占据主导地位

发达国家继续在国际贸易中占据主导地位，但发展中国家在国际贸易中的地位有所提高，国际贸易已从过去发达国家的一统天下，变为不同类型国家相互合作和相互竞争的场所。

在二战后的国际贸易中，增长最迅速的是发达经济体之间的贸易，在国际贸易的地区分布中，发达资本主义国家所占比重 1950 年为 60.8%，1985 年为 65.5%，1999 年为 72.5%，而 2015 年则降低到 51%。从 20 世纪 80 年代以来，以中国为代表的发展中国家积极融入全球经济，参与国际分工，利用国际市场来发展本国经济。中国、印度、巴西、俄罗斯、南非等发展中国家在世界贸易中的地位提升，美国和西欧等发达国家在全球出口中的比重则有所下降。

（四）各种类型国家间的区域贸易组织层出不穷

各种类型国家间的区域贸易组织层出不穷，经济贸易集团内部各成员方间的贸易发展也十分迅速。

截至 2019 年 6 月，向 WTO 通报的区域贸易协定有 481 个，其中仍然有效的区域贸易协定为 302 个。这当中既有发达经济体间的，如欧盟（EU）；也有发达经济体和发展中经济体间的，如北美自由贸易协定（NAFTA）；还有发展中经济体间的，如东盟（ASEAN/AFTA）。区域内部相互进出口的发展速度远高于区域外部贸易发展的速度。

（五）贸易政策有逐渐向贸易保护主义转化的倾向

在贸易政策和贸易体制方面，从 20 世纪 50 年代到 60 年代，贸易政策和体制总的特点是自由贸易；20 世纪 70 年代以来，贸易政策有逐渐向贸易保护主义转化的倾向，国际贸易体制从自由贸易走向管理贸易，国际贸易的垄断化趋势进一步加强。

20 世纪 80 年代末，随着苏联、东欧国家由计划经济向市场经济的转轨，经济全球化又进入到一个新的活跃期。1995 年 1 月 1 日，随着世界贸易组织的建立，国际贸易又进入一个相对自由的时代。2008 年金融危机后，贸易保护主义倾向开始抬头，随后的欧洲债务危机及发达国家面临的经济结构性问题难以解决，使贸易保护主义有所加强。2019 年年底开始的新冠肺炎疫情使世界经济和全球的贸易体制面临重大挑战。

总之，从二战结束到现在 70 多年中，世界经济发生了翻天覆地的变化。科技革命、制度变迁和经济发展使各国经济日益融为一体，经济全球化已成为 20 世纪以来的主要趋势。作为经济全球化的基础，国际贸易与投资的自由化在 20 世纪末得到了很大的发展。尽管 2008 年全球金融危机后，全球化遭遇挑战，但在当前各国经济高度依存、深度融合的背景下，只有相互合作才能解决问题。

第四节　改革开放以来的中国对外贸易发展

一、改革开放以来的中国对外开放发展进程

（一）对外开放格局的形成

以党的十一届三中全会为标志，中国开启了改革开放的历史征程，在对内进行经济体制改革的同时有步骤地实行对外开放。1980 年，深圳、珠海、汕头、厦门四个特区先后成立。创办经济特区是中国改革开放的一大创举，是探索中国特色社会主义道路的伟大实践。经济特区在中国经济融入世界经济的开放进程中，发挥了对外开放的"窗口"作用，成为国际资本、技术、信息走向内地的桥梁，成为内地许多省份走向国际经济舞台的"桥头堡"。经济特区向内地输出了技术、资金、人才和管理经验，带动了内

地经济的发展，发挥了示范、带头和辐射作用。

1984 年 1 月，邓小平在视察了深圳、珠海、厦门三个经济特区后得出结论："深圳的发展和经验证明，我们建立经济特区的政策是正确的。"1984 年 3 月 26 日至 4 月 6 日，中共中央书记处和国务院在北京召开沿海部分城市座谈会，会议决定进一步开放由北至南 14 个沿海港口城市：大连、秦皇岛、天津、烟台、青岛、连云港、南通、上海、宁波、温州、福州、广州、湛江、北海，作为中国实行对外开放的一个新的重要步骤。1985 年，中央决定将珠江三角洲、长江三角洲和闽南厦漳泉三角地区的 61 个市县开辟为沿海经济开放区。1988 年，党中央批准海南建省和兴办海南经济特区。1990 年，中央决定开发、开放上海浦东新区，并进一步开放一批长江沿岸城市，形成了以浦东为龙头的长江开放带。1992 年以来，中国的对外开放由沿海、沿江向广大内地推进，先后开放了一批边疆城市和内陆所有的省会城市、自治区首府城市，还在部分大中城市建立了 15 个保税区、49 个国家级经济技术开发区和 53 个高新技术产业开发区。这些对外开放地区作为先进制造业集聚区和区域经济增长极，在发展外向型经济、扩大出口、吸引外资、引进国外先进技术、辐射带动周边地区经济增长等方面做出了突出的贡献。

中国的对外开放，以经济特区和沿海开放城市为重点，逐步向中西部地区推进，由点到面、由浅入深，一个从沿海、沿江、沿边到内地的对外开放格局逐步形成。通过不断扩大对外开放的范围和领域，不断提升对外开放水平，中国的开放型经济逐步发展起来，进出口贸易额持续快速增长。1978 年，中国货物进出口总额仅有 206.38 亿美元，排名世界第 29 位。随着中国对外开放范围和领域的扩大，中国货物进出口总额在 20 世纪八九十年代增长迅速，1981 年的进出口贸易总额增长到 440.22 亿美元，比 1978 年增长了 1 倍多。1990 年的进出口贸易总额达到 1 154.36 亿美元，比 1981 年增长了近 2 倍，比 1978 年增长了 4 倍多。中国在 2000 年的货物进出口总额是 4 742.97 亿美元，排名世界第 7 位，其中，货物贸易出口总额为 2 492.03 亿美元，货物贸易进口总额为 2 250.94 亿美元。2000 年的货物进出口总额比 1990 年增长了 3 倍多，比 1978 年增长了 22 倍，中国在 21 世纪初已经崛起成为世界排名第 7 的贸易大国。

（二）加入世界贸易组织后中国对外贸易快速发展

2001 年 12 月，中国加入世界贸易组织（WTO），标志着中国的对外开放进入了新阶段。加入世界贸易组织，标志着中国的对外开放由以前有限范围和领域内的开放，转变为全方位的开放，由单方面为主的自我开放，转变为与世界贸易组织成员之间的相互开放。加入 WTO 以来，中国开放型经济水平逐步提升，中国经济与世界经济实现了更广领域、更深层次的互动。

加入 WTO 后，中国对外贸易额出现了加速增长的趋势。2001 年中国货物贸易的进出口总额是 5 096.5 亿美元。2004 年中国货物贸易进出口总额增长到 1.15 万亿美元，首次突破 1 万亿美元，比 2001 年的货物贸易进出口总额增长了 1 倍，2007 年中国货物贸易的进出口总额突破 2 万亿美元，2010 年中国货物贸易的进出口总额为 2.97 万亿美元。

自 2001 年加入 WTO 至今，中国坚定地支持多边贸易体制，积极推进贸易投资自由化、便利化，多边经贸关系和区域经济合作全面发展，中国进出口贸易实现了快速发展。一方面，贸易规模实现跨越式增长；另一方面，贸易结构不断优化：劳动密集型产品出口比重呈下降趋势，高新技术产品出口比重呈上升趋势，附加值较高的机电产品已成为中国第一大类出口商品。2019 年，中国机电产品出口总额达 10.06 万亿元，占我国出口总值的 58.4%，集成电路、光伏、医疗器械等附加值较高的产品实现 2 位数增长。

（三）世界制造业大国与全球第一货物贸易大国地位的形成

制造业发展水平是衡量一个国家综合国力的重要指标，是大国经济安全的重要支柱。改革开放 40 多年来，中国的工业化进程加速推进，工业制造业规模不断扩大。20 世纪末，新一轮国际产业转移开启，欧美日等发达经济体将制造业向国外大规模转移，中国以其完整的产业链、完善的基础设施条件、丰裕的生产要素、广阔的市场空间和逐步优化的营商环境，吸引了大量发达经济体的跨国公司来华投资设厂，中国迅速成为名副其实的"世界工厂"，成为全球制造业基地。

经过改革开放 40 多年的发展，中国目前已经建立起门类齐全、独立完整的制造体系，已成为拥有联合国产业分类中全部工业门类的国家，200 多种工业品产量居世界第一；中国的制造业增加值自 2010 年起首次超过美国，以后连续多年稳居世界第一，制造业大国地位已经形成。

世界制造业大国地位的确立，为中国贸易大国地位打下了坚实的基础，2013 年，中国货物进出口总额为 4.16 万亿美元，中国超过美国成为全球排行第一的货物贸易大国。这是中国对外贸易发展进程中具有里程碑意义的事件。2015 年，中国货物进出口总额虽然比 2014 年有所下降，仍达到 3.96 万亿美元，中国继续保持世界第一的货物贸易大国地位。2016 年，中国货物贸易进出口总额为 3.69 万亿美元，美国以 204 亿美元的微弱优势，超过中国成为世界第一货物贸易大国。2017 年，中国货物贸易进出口总额为 4.11 万亿美元，再次成为世界第一货物贸易大国。2018 年，中国货物贸易进出口总额为 4.62 万亿美元，这是中国连续两年位居世界第一货物贸易大国。2019 年，中国对外货物贸易进出口总额为 4.58 万亿美元，蝉联世界第一货物贸易大国地位，贸易大国地位日益巩固。

作为世界制造业大国，中国的制造业生产能力日益增强，并逐步向中高端迈进。2013～2018 年，中国高技术产业、装备制造业增加值年均分别增长 11.7% 和 9.5%，2019 年比上一年又分别增长 8.8% 和 8.4%。2018 年，移动通信手持机和微型计算机设备产量分别达到 18.0 亿台和 3.1 亿台。但中国目前还不是制造业强国。作为全球科技创新中心，美国在制造业最前沿科技创新方面仍处于领先地位，德国、日本等发达国家在高端制造领域仍处于领先地位。

中国的制造业发展水平与美国、德国、日本等先进国家相比，依然有比较大的差距，主要表现为：第一，关键材料、核心零部件严重依赖进口，自主创新能力不强，高端制造业的装备研发水平依然不高，大部分企业的技术创新仍处于跟随模仿阶段；第二，制造业内部的产业结构亟待优化，中低端产能依然大量过剩，高端产能仍然不足，产业同质化竞争问题依然突出，真正体现综合国力和国际竞争力的高精尖产品和重大技术装备国产化率不高，对外依存度较高；第三，制造业品牌建设滞后，缺少能与国外知名品牌相抗衡、具有国际影响力的中国制造业自主品牌，世界制造业中的知名品牌绝大多数依然掌握在欧美发达国家手中。

在清醒地面对中国制造业发展中存在的上述"短板"、面临的重大挑战的同时，也要看到中国制造业发展的优势与韧性：中国具有全世界最完整的产业体系，有超大规模的市场优势和内需潜力，还有丰富的人力资本和人才资源，有具备较强竞争力的新型基础设施，还有深化改革开放的制度红利和充足的政策空间。中国制造业因开放而兴，未来推动制造业实现高质量发展必须坚持走开放、合作、共赢的道路。要在落实好已有的制造业开放政策的基础上全面放开一般制造业，全面推动准入前国民待遇加负面清单的制度，为各类企业平等地参与市场竞争创造良好的环境，吸引更多的企业来华投资。通过打造高水平的开放型经济促进制造业的高质量发展，推动创新驱动、智能转型，力争在关键产业上取得突破，不断提高中国制造业的国际竞争力。

（四）上海自由贸易试验区的建成与推广

中国（上海）自由贸易试验区（China（Shanghai）Pilot Free Trade Zone），简称"上海自由贸易区"或"上海自贸区"，是中国政府设立在上海的区域性自由贸易园区，位于浦东境内，属中国自由贸易区范畴。2013年9月29日，中国（上海）自由贸易试验区正式成立，占地面积28.78平方公里，范围涵盖上海市外高桥保税区、外高桥保税物流园区、洋山保税港区和上海浦东机场综合保税区等4个海关特殊监管区域。2014年12月28日全国人大常务委员会授权国务院扩展中国（上海）自由贸易试验区区域，将面积扩展到120.72平方公里，扩展区域包括陆家嘴金融片区、金桥开发片区和张江高科技片区。陆家嘴金融片区、金桥开发片区、张江高科技片区等3大片区被正式纳入上海自由贸易试验区，标志着上海自由贸易试验区建设进入一个新阶段。

设立上海自由贸易试验区是中国政府在世界经济新形势下全面深化改革和扩大开放的战略举措，国家希望通过上海自由贸易试验区的改革试验，率先建立符合国际化和法治化要求的跨境投资与贸易规则体系，积极推进服务业扩大开放和外商投资管理体制改革，大力发展总部经济和新型贸易业态；加快探索资本项目可兑换和金融服务业全面开放，探索建立货物状态分类监管模式，努力形成促进投资和创新的政策支持体系，着力培育国际化和法治化的营商环境，建设具有国际水准的投资贸易便利、货币兑换自由、监管高效便捷、法制环境规范的自由贸易试验区。因此，上海自由贸易试验区肩负着为全面深化改革和扩大开放探索新途径、积累新经验的重大使命。

上海自由贸易试验区自成立以来，以"敢闯敢试""先行先试"的创新精神，建立了与国际通行规则相衔接的制度体系，持续打造市场化、法治化、国际化营商环境，实行高水平的贸易和投资自由化、便利化政策，实现了提速增效，大大降低了企业成本，切实改善了营商环境，进一步激发了市场主体活力。上海自由贸易试验区带动浦东新区外贸进出口的持续增长和经济的持续稳定快速发展，有力推动了浦东和上海的转型升级与高质量发展，切实发挥了全面深化改革和扩大开放试验田的作用。截至 2019 年年底，上海自由贸易试验区内累计新设立企业 6.4 万户，实到外资 331 亿美元；累计超过 3 200 个扩大开放项目落地，在 49 个开放领域实现全国首创，累计办结境外投资项目 2 700 多个，是设立前的 4 倍。2019 年上海自贸试验区完成进出口总值 1.48 万亿元，占上海全市比重达 43.6%。

上海自由贸易试验区自成立以来，对照国际最高标准、最好水平的自由贸易区，全面深化自由贸易试验区改革开放，加快构建开放型经济新体制。上海自由贸易试验区以简政放权、放管结合的制度创新为核心，加快政府职能转变，探索体制机制创新，在建立以负面清单管理为核心的外商投资管理制度、以贸易便利化为重点的贸易监管制度、以资本项目可兑换和金融服务业开放为目标的金融创新制度、以政府职能转变为核心的事中事后监管制度等方面，形成了一批可复制、可推广的改革创新成果，在全国范围内的新一轮改革开放中发挥了引领示范作用。截至 2019 年年底，上海自由贸易试验区的 310 多项改革试点经验在全国各地分层次、分领域复制推广，对全国范围内多领域的全局性改革起到示范引领和突破带动作用。

2013 年 9 月～2020 年 9 月，中国政府已经先后分批次批准了上海、广东、天津、福建、辽宁、浙江、河南、湖北、重庆、四川、陕西、海南、山东、江苏、广西、河北、云南、黑龙江、北京、湖南、安徽等 21 个自由贸易试验区，已经初步形成了东西南北中协调、陆海统筹的开放态势，推动形成了中国新一轮全面开放格局。自由贸易试验区在吸引外资、推动外贸进出口增长、改善营商环境等方面发挥了积极作用。国家商务部数据显示，2020 年 1～5 月，全国 18 家自由贸易试验区实际使用外资 602.5 亿元，以不到全国千分之四的国土面积，实现了全国 17% 的外商投资。这充分说明了自由贸易试验区不仅是新时代改革开放的新高地，也是吸收外资的重要平台。

（五）建设海南自由贸易港

海南是中国最大的经济特区，地理位置非常重要，区位条件优越，拥有全国最好的生态环境，同时又是相对独立的地理单元，具有实施全面深化改革和试验最高水平开放政策的独特优势。海南在中国改革开放和社会主义现代化建设大局中具有特殊地位和重要作用。

2017 年 10 月 18 日，习近平总书记在党的十九大报告中提出要探索建设自由贸易港。2018 年 4 月 13 日，习近平总书记在庆祝海南建省办经济特区 30 周年大会上宣布，党中央决定支持海南全岛建设自由贸易试验区，中央决定支持海南逐步探索、稳步推进中国特色自由贸易港建设，分步骤、分阶段建立自由贸易港政策和制度体系。海南自由贸易港建设要体现中国特色，符合海南发展定位，学习借鉴国际自由贸易港建设经验，不以转口贸易和加工制造为重点，而以发展旅游业、现代服务业和高新技术产业为主导，更加强调通过人的全面发展，充分激发发展活力和创造力，打造更高层次、更高水平的开放型经济；完善国际贸易"单一窗口"等信息化平台，积极吸引外商投资以及先进技术、管理经验，支持外商全面参与自由贸易港建设；在内外贸、投融资、财政税务、金融创新、出入境等方面探索更加灵活的政策体系、监管模式和管理体制，打造开放层次更高、营商环境更优、辐射作用更强的开放新高地。

2020 年 6 月 1 日，中共中央、国务院发布《海南自由贸易港建设总体方案》，海南自由贸易港建设迈出关键一步。《海南自由贸易港建设总体方案》作为《中共中央、国务院关于支持海南全面深化改革开放的指导意见》的延续，以顶格开放、分步推进、全力支持的思路，向全世界展现了中国新时代对外开放重要开放门户的设计图。《海南自由贸易港建设总体方案》的主要内容可以概括为"6+1+4"："6"就是贸易自由便利、投资自由便利、跨境资金流动自由便利、人员进出自由便利、运输来往自由便利、数据安全有序流动；"1"就是构建现代产业体系，进一步夯实实体经济的基础，增强经济创新力和竞争力；"4"就是要加强税收、社会治理、法治、风险防控四个方面的制度建设。

《海南自由贸易港建设总体方案》分阶段布置了开放任务，体现了中国政府以稳健的态度，扎实推进对外开放的目标和决心。在 2025 年前主要是打基础的阶段，这一阶段的目标任务是突出贸易投资自由化、便利化，在有效监管的基础上，有序推进开放进程，推动各类要素便捷、高效流动，初步建立以贸易自由便利和投资自由便利为重点的自由贸易港政策制度体系，适时启动全岛封关运作；到 2035 年前，全面实现贸易、投资、资金、人员、运输、数据六大维度的自由便利，建立更加成熟的自由贸易港制度体系和运作模式，基本形成完备的法律法规体系、现代产业体系和现代化社会治理体系，打造中国开放型经济新高地；到 21 世纪中叶全面建成具有较强国际影响力的高水平自由贸易港。

自由贸易港是当今世界最高水平的开放形态，支持海南推进中国特色自由贸易港建设，是党中央着眼国内国际两个大局、深化改革开放而做出的战略决策。海南建设自由贸易港是中国新时代改革开放进程里程碑事件，标志着中国全方位、深层次开放进程进入了一个新阶段。海南在自由贸易港建设进程中实施的"压力测试""风险测试"，为中国下一步的全方位开放和深层次改革进行了有益的探索。

在当前单边主义和贸易保护主义盛行、经济全球化面对严峻挑战的大背景下，加快探索建设海南自由贸易港，彰显了中国进一步扩大开放、更深程度融入世界经济的坚定决心。加快推进海南自由贸易港建设，要通过对标当今世界最高水平开放形态，以贸易投资自由化、便利化为重点，以各类生产要素跨境自由有序安全便捷流动和现代产业体系为支撑，以特殊的税收制度安排、高效的社会治理体系和完备的法治体系为保障，构建海南自由贸易港政策制度体系，尽快形成既有中国特色又有较强国际竞争力的自由贸易港开放型经济新体制。

二、"一带一路"倡议下中国对外贸易发展进入新阶段

(一)"一带一路"倡议的提出及其影响

古丝绸之路绵亘万里,延续千年,积淀了以和平合作、开放包容、互学互鉴、互利共赢为核心的丝路精神。2013 年秋天,中国国家主席习近平在出访哈萨克斯坦和印度尼西亚期间,先后提出共建"丝绸之路经济带"和"21 世纪海上丝绸之路"的重大倡议(简称"一带一路"倡议),在国际社会上产生了广泛共鸣,带来越来越多沿线国家的积极响应参与。

2014 年 11 月 8 日,习近平主席在北京 APEC 会议期间宣布中国将出资 400 亿美元成立丝路基金;2014 年 12 月 29 日,丝路基金由中国外汇储备、中国投资有限责任公司、国家开发银行、中国进出口银行共同出资在北京注册成立。丝路基金秉承"开放包容、互利共赢"的理念,定位为中长期开发投资基金,通过以股权为主的多种投融资方式,为"一带一路"框架内的经贸合作和双边多边互联互通提供投融资支持,促进中国与"一带一路"沿线国家和地区实现共同发展、共同繁荣。

为了促进亚洲区域的建设互联互通化和经济一体化的进程,并且加强中国与其他亚洲国家和地区的合作,中国发起创办的亚洲基础设施投资银行(简称"亚投行")于2015 年 12 月 25 日正式成立,法定资本 1 000 亿美元。截至 2020 年 7 月,亚投行有103 个成员方。成立丝路基金和发起创办亚投行,都是中国积极落实共建"一带一路"倡议的务实举措,将为"一带一路"沿线国家的基础设施、资源开发、经贸合作等项目提供投融资支持。

推进"一带一路"建设作为全方位对外开放战略,是党中央、国务院顺应区域经济一体化趋势、统筹国内国际两个大局做出的重大决策,对于中国主动参与和推动经济全球化进程、发展更高层次的开放型经济、开创中国全面对外开放新格局具有重要意义。共建"一带一路"正在成为中国参与全球开放合作、改善全球经济治理体系的中国方案。

共建"一带一路"倡议同联合国、东盟、非盟、欧盟、欧亚经济联盟等国际和地区组织的发展与合作规划对接,同各国发展战略对接。从亚欧大陆到非洲、美洲、大洋洲,共建"一带一路"为世界经济增长开辟了新空间,为国际贸易和投资搭建了新平台,为完善全球经济治理拓展了新实践。

(二)"互联互通"便利中国对外贸易新发展

共建"一带一路",关键是互联互通,基础设施是互联互通的基石,也是许多国家发展面临的瓶颈。建设高质量、可持续、抗风险、价格合理、包容可及的基础设施,有利于各国充分发挥资源禀赋,更好地融入全球供应链、产业链、价值链,实现联动发展。中国与各方共同努力,构建以新亚欧大陆桥等经济走廊为引领,以中欧班列、陆海新通道等大通道和信息高速路为骨架,以铁路、港口、管网等为依托的互联互通网络。

在"一带一路"沿线各方国家的共同努力下,"六廊六路多国多港"的互联互通架

构基本形成，其中的"六廊"是指六大国际经济合作走廊：中蒙俄、新亚欧大陆桥、中国—中亚—西亚、中国—中南半岛、中巴、孟中印缅经济走廊；"六路"是指公路、铁路、航运、航空、管道、空间综合信息网络，是基础设施互联互通的主要内容；"多国"是指一批先期合作国家，争取示范效应，体现合作成果；"多港"是指共建一批重要港口和节点城市，繁荣海上合作。

"六廊六路多国多港"的互联互通架构的基本形成，便于中国与"一带一路"沿线各方国家开展对外贸易，推动了中国与"一带一路"沿线各方国家的经贸合作日益深化，共建"一带一路"效果显现。根据商务部的统计数据，共建"一带一路"倡议提出以来，中国与"一带一路"沿线国家贸易规模持续扩大，2014～2019 年贸易值累计超过 44 万亿元，年均增长达到 6.1%，中国已经成为沿线 25 个国家最大的贸易伙伴。其中，2019年中国对"一带一路"沿线国家进出口总值为 9.27 万亿元，增长了 10.8%。2020 年上半年，由于受到新冠肺炎疫情的影响，中国对"一带一路"沿线国家进出口总值为 4.2万亿元，微降 0.9%。一方面，"一带一路"国家采取有效措施积极防控新冠肺炎疫情，为相关经贸往来提供了较好的外部环境。另一方面，中国对"一带一路"国家投资的增长也带动了贸易往来。

（三）"互联互通"推动"一带一路"框架下的国际产能合作

"互联互通"在便利中国对外贸易发展的同时，也便利和推动了"一带一路"框架下的国际产能合作。"一带一路"背景下的国际产能合作是优化中国产业结构、促进经济提质升级、推动国际经贸合作、扩大对外投资的重要手段，进一步带动了中国装备、技术、标准及零部件"走出去"。改革开放 40 多年来，中国在经济高速增长的过程中形成了大量优质的富余产能，这些产能符合广大发展中国家和中等收入国家对先进适用技术的需求。中国在共建"一带一路"倡议下提出推进面向全球的产能合作倡议，内容涵盖基础设施、装备制造、技术等领域。推进国际产能合作，将推动中国的出口主要由一般消费品为主逐步转向附加值较高的投资品为主，同时扩大对外投资，带动包括装备、技术、标准、品牌在内的产业输出，培育"优进优出"新模式，促进中国对外贸易转型升级。

三、举办中国国际进口博览会与新一轮高水平对外开放

（一）首届中国国际进口博览会的成功举办

2018 年 11 月 5～10 日，首届中国国际进口博览会在国家会展中心（上海）举办。首届中国国际进口博览会以"新时代，共享未来"为主题，吸引了 172 个国家、地区和国际组织参会，3 600 多家企业参展，超过 40 万名境内外采购商到会洽谈采购，展览规模达 30 万平方米。

在首届中国国际进口博览会开幕式上，中国国家主席习近平发表题为《共建创新包容的开放型世界经济》的主旨演讲，指出：中国推动更高水平开放的脚步不会停滞，推动建设开放型世界经济的脚步不会停滞，推动构建人类命运共同体的脚步不会停滞。中国坚定支持多边贸易体制，将实行高水平的贸易和投资自由化、便利化政策，支持对WTO进行必要改革，主张各国按照规则和共识妥善解决国际问题，坚决反对单边主义和贸易保护主义。在融入国际社会的过程中，中国愿与世界各国不断增加对彼此历史和现实的了解，进而深化互信、互学互鉴、加强合作，携手把握机遇，共同应对挑战。

首届中国国际进口博览会的参展国家范围广，既有发达国家，也有发展中国家和最不发达国家，遍及五大洲。参展国别广泛显示了首届中国国际进口博览会的强大国际影响力和吸引力。各国展馆风格各异，突出本国特色，充分利用高科技手段和多样化的展现形式，展示本国独特地域文化和特色优势产业，涵盖货物贸易、服务贸易、产业状况、投资旅游以及代表性产品等。首届中国国际进口博览会吸引了全球200多家世界500强和各国行业龙头企业参展，凸显出首届中国国际进口博览会在业界的代表性和引领性。

继首届中国国际进口博览会成功举办之后，第二届中国国际进口博览会于2019年11月5～10日在上海举办，共有181个国家、地区和国际组织参会，3 800多家企业参展，其中世界500强和龙头企业288家，展览面积增加到36.6万平方米。超过50万境内外采购商到会，累计意向成交711.3亿美元，比首届增长23%。第三届中国国际进口博览会于2020年11月5～10日，在中国上海举办 。第三届中国国际进口博览会首次设置公共卫生、非银行金融等新题材，同时，首次开启"边招展、边对接"模式，帮助全球参展商和采购商更好对接。进博会已成为国际采购交易平台、贸易投资促进平台、人文交流学习平台、世界开放合作平台、各国各行业新产品新技术发布平台。

举办中国国际进口博览会是党中央着眼于推进新一轮高水平对外开放做出的重大决策，是中国在改革开放40周年之际高举新时代改革开放旗帜、把改革开放不断推向深入的标志性工程。中国国际进口博览会是迄今为止世界上第一个以进口为主题的国家级展会，是中国政府为推动经济全球化提供的国际公共产品，是全球开放合作的国际大舞台。中国国际进口博览会既是中国对全球发展的重大贡献，也是中国建设现代化经济体系、推动新一轮高水平对外开放的内在需要。

（二）让"中国需求"对接全球商品服务

近年来，世界经济深度调整，全球经济增长动力不足，经济全球化遇到波折，国际社会对拓展中国市场愿望强烈。中国国际进口博览会正是在这种背景下由中国主办，各国参与，努力实现"买全球、卖全球"，通过积极主动扩大进口，让"中国需求"对接全球商品服务。

中国国际进口博览会为国际市场上的产品进入中国市场打开了一扇前所未有的"门"。中国国际进口博览会以一种新的方式，更为直接地对接供给和需求。中国国际进口博览会的平台触发了潜在消费者和供给方的直接接触，降低了沟通成本，实际上降低了贸易成本，极大地便利了中国消费者购买国外的商品和服务。

举办中国国际进口博览会是中国政府主动开放市场、扩大进口的一项重要举措。中国国际进口博览会为有意愿对华出口的企业提供重要渠道，为中外企业开展贸易往来和经贸合作搭建开放合作的国际供需对接平台，是推动经济全球化、构建开放型世界经济的"中国方案"，体现了中国的大国责任和担当。

（三）通过主动向世界开放市场来塑造进出口并重对外经贸新格局

当今世界正在经历新一轮大变革、大调整，贸易保护主义、单边主义抬头，经济全球化遭遇了大的逆风和回头浪，在此背景下，中国将坚定不移地坚持对外开放方针，在更大范围、更广领域、更高水平上推进对外开放，进一步完善开放型经济体系，主动向世界开放市场、积极扩大进口，为世界经济增长创造新需求、注入新动力，塑造进出口并重对外经贸新格局。

2019 年，中国通过降低进口关税、提高贸易便利化水平、放宽市场准入等一系列举措，积极扩大进口，全年中国货物进口值为 14.31 万亿元，同比增长 1.6%。

自 2019 年 1 月起，中国对 700 余项商品实施低于最惠国税率的进口暂定税率。自 2019 年 7 月 1 日起，对 298 项信息技术产品降低关税。自 2020 年 1 月 1 日起下调 859 项商品进口关税，实施低于最惠国税率的进口暂定税率。同时，中国进一步降低与新西兰、秘鲁、哥斯达黎加、瑞士、冰岛、新加坡、澳大利亚、韩国、智利、格鲁吉亚、巴基斯坦的双边贸易协定以及亚太贸易协定的协定税率。关税总水平持续降低，便利了全世界高品质商品进口。

经济全球化不是零和博弈，面对分歧和问题，只有在以规则为基础的国际秩序基础上，加强平等协商合作，才能构建更高层次的开放型世界经济。中国主张摒弃冷战思维和强权政治，相互尊重、同舟共济，推动经济全球化朝着更加开放、包容、普惠、平衡、共赢的方向发展，共同构建人类命运共同体。中国将以实际行动不断放大进口博览会的溢出和带动效应，主动向世界开放市场，扩大进口、塑造进出口并重对外经贸新格局，推动更大的开放和更好的合作，给世界带来更多互利共赢的机会。

⚠ 关键术语

贸易额　贸易差额　国际贸易商品结构　对外贸易商品结构　国际贸易地理方向
对外贸易地理方向　对外贸易依存度　国际服务贸易　转口贸易与过境贸易
总贸易与专门贸易

🕐 习题与思考

1. 阐述转口贸易与过境贸易的区别。

2. 阐述总贸易与专门贸易的区别。

3. 请根据 2019 年的数据分别计算中国、德国、美国的对外贸易依存度并加以比较分析。

4. 简述当代国际贸易发展的趋势。

5. 国际贸易的特点是什么？

6. "一带一路"倡议对世界经济产生了哪些影响？

7. 中国举办中国国际进口博览会对现阶段国际贸易带来了哪些影响？

延伸阅读 1-1

非洲盒马村：疫情中出口中国辣椒超 60 吨

2020 年以来，作为崛起中的世界新兴市场的非洲地区遭遇了疫情和洪水的双重打击，深处非洲腹地的卢旺达经济以种植咖啡和发展旅游业为主，经济严重受挫。但该国的加绍拉镇的 Gashora 村，依托于世界电子贸易平台 eWTP 合作框架成为非洲首个"盒马村"，受惠于中国阿里巴巴新零售的订单模式，没有被疫情和洪水冲垮，成为当地最早复工复产的地区，将当地的哈瓦那辣椒做成辣椒酱出口直供盒马鲜生，实现逆袭，农民的收入较之以往不减反升 5～6 倍。

排名世界顶级辣椒前十之一的哈瓦那辣椒是罕见的果香型辣椒，具有特殊的水果香味。但过去因为这种辣椒太辣而缺少销路，在卢旺达很多地方仅零星种植未形成主产区，只有少量新鲜辣椒出口到欧洲，超过一半以上卖不出去而只能被倒掉。如今哈瓦那辣椒能辗转飞行 3 万公里出口来到中国，得益于 eWTP，阿里巴巴集团在卢旺达设立了非洲第一个共建世界电子贸易平台。在 eWTP 的合作框架下，首届中国国际进口博览会落幕后，盒马鲜生与非洲卢旺达发展委员会签署了旨在推动卢旺达当地产品进入中国的合作备忘录。

2019 年 1 月，盒马鲜生首席执行官侯毅率队到访卢旺达，寻找有特色、高品质的产品。毕业于中国科学院的 Herman 博士是卢旺达人，他和中国籍妻子杨红一起于 2018 年回到卢旺达。他们发现了商机，向盒马鲜生采购经理陈慧芳及其调研团队推荐了哈瓦那辣椒。

2020 年春节之前，盒马鲜生用哈瓦那辣椒研发的新品名叫"火山猎人"，在中国备受消费者青睐，一上市就热销，成为网红商品，供不应求。一位购买该产品的网友评论道："这种酱超级辣，非常适合中国人的口味偏好，可以搭配从面条到粽子馅料，从小龙虾调味到北京烤鸭的任何东西。"盒马鲜生供应商 Herman 博士带 Gashora 村的农民们种植了 5 公顷哈瓦那辣椒，用中文、英文和母语基尼亚卢旺达语立了一个"非洲盒马村"的标牌，他们收割的辣椒 7 天后会被制成瓶装酱，飞越万里来到中国。盒马鲜生买手霜惜告诉大家，新冠肺炎疫情以来为了满足中国消费者的需求，盒马鲜生从卢旺达共订购了超过 60 吨哈瓦那辣椒。

Herman 感慨道："洪水冲不垮 Gashora 村，因为它是盒马村。"盒马村是数字时代新零售的产物，是依托阿里巴巴数字农业在大数据和种植上的指导根据订单为盒马种植农产品的村庄。Herman 说："盒马村发生了变化，盒马是造梦者，给了卢旺达农业希望：在卢旺达，以前一个农民在不同工地打工的收入日均不足 10 元，但如今如果他们按照盒马的指导和标准种植辣椒，他们平均日收入可以有五六十元，收入可以增加五六倍。"这对于今天正经历灾难的卢旺达而言，是个"神奇的收获"。

资料来源：环球网：追加 3 次订单，采购辣椒超 60 吨，盒马村成卢旺达复苏领头羊 [EB/OL]. (2020-05-22) [2021-01-03]. https://tech.huanqiu.com/article/3yL4x7ALcXM. 央广网 . 非洲盒马村：疫情中出口中国辣椒超 60 吨 [EB/OL]. (2020-05-22) [2021-01-03]. http://caijing.chinadaily.com.cn/a/202005/22/WS5ec79b77a310eec9c72badc4.html.

延伸阅读 1-2

全球数字服务贸易加速发展

当前，全球数字服务贸易加速发展，数字全球化时代愈来愈近。随着信息通信技术的发展和应用，经济社会各领域数字化转型不断深入，人们在生产、生活中开始更频繁地使用手机、计算机等数字硬件，相互之间的沟通、交流、合作等互动从线下转移到了线上，大量的数据和以数据形式存在的产品与服务开始出现，导致在原有物理国家基础上形成了一个新的"数字国家"。国家间的数据和以数据形式存在的服务的流动使不同"数字国家"紧密相连，人们日常生活中通过网络获取的教育、医疗、娱乐等服务可能来自其他国家，工厂生产中的实时指令也可能来自其他国家。原有的国际分工开始由物理世界转向数字世界，国家间的分工、分配关系面临重大调整。特别是新冠肺炎疫情的爆发，更是加快了调整进程，基于网络和云的数字服务贸易逆势增长。2020 年第一季度，中国承接离岸信息技术外包中的信息技术解决方案服务、云计算服务、电子商务平台服务等数字服务离岸执行额同比分别增长213.6%、16.2% 和 14.5%。

数字服务贸易主要是指通过网络传输交付的服务贸易。2012 年，美国经济分析局（USBEA）发布的《数字服务贸易发展趋势报告》首次提出"数字服务贸易"概念，即信息通信技术发挥重要作用的跨境服务贸易，包括版权和许可费、金融和保险服务、通信服务、专业和技术服务等。2018 年，经济合作与发展组织（OECD）和国际货币基金组织（IMF）发布的《迈向数字贸易测度手册：更新版》提出，数字服务贸易是指通过信息通信网络跨境传输交付的贸易，包括电子图书、数据和数据库服务等。中国商务部、网信办和工信部在2019 年发布的《关于组织申报国家数字服务出口基地的通知》中将数字服务界定为"采用数字化技术进行研发、设计、生产，并通过互联网和现代信息技术手段为用户交付的产品和服务"，数字服务出口主要涉及软件、社交媒体、通信、云计算等一系列服务。

2012 年以来，美国发布了《数字贸易法案（2013）》《数字贸易 12 条》《美国数字议程》等报告和文件，积极推动高度自由、无障碍的数字服务贸易规则体系。2015 年以来，欧盟发布了《数字化单一市场战略》《通用数据保护条例》《数字服务税立法提案》等文件和提案，旨在构建有序、规范的全球数字服务贸易体系。2017 年，澳大利亚发布了《澳大利亚国家网络参与战略》，计划通过数字贸易最大化实现经济增长和抓住繁荣机会。2019 年，韩国发布了《数字贸易发展计划》，计划使用区块链、5U 和人工智能等新技术，改善贸易环境、促进电子商务等发展。2019 年，中国发布了《关于推进贸易高质量发展的指导意见》，提出要加快数字服务领域特色服务出口基地建设。

　　当前，全球贸易向服务化方向发展，而数字服务贸易正是其中的关键推动力。越来越多的国家开始关注数字服务贸易的发展，试图把握新一轮全球化机遇。然而，全球数字服务出口极为不平衡，更甚于货物贸易和传统服务贸易，少数发达国家主导了全球数字服务贸易市场。因此，发展数字服务贸易对于中国融入新一轮以服务为核心的全球化分工具有重要意义。

　　资料来源：岳云嵩，赵佳涵.数字服务出口特征与影响因素研究：基于跨国面板数据的分析 [J]. 上海经济研究，2020（8）：107-118.

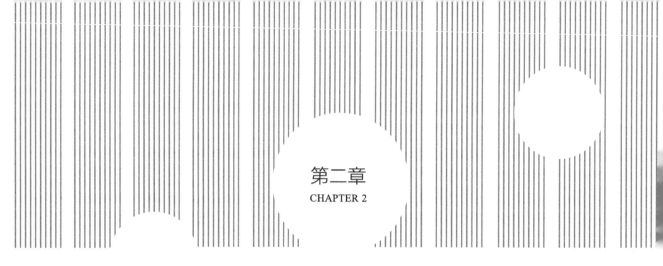

第二章
CHAPTER 2

国际贸易理论

学习目标

- 掌握绝对优势理论、比较优势理论、相互需求理论及要素禀赋理论的基本观点
- 掌握要素禀赋理论与比较优势理论的内在联系及区别
- 了解通过提供曲线推导出均衡贸易条件的过程
- 了解里昂惕夫的实践验证对国际贸易理论发展的推动
- 熟悉产业内贸易的概念和类型，了解产业内贸易水平的测度，掌握产业内贸易的理论解释

国际贸易理论试图解释为什么有国际贸易，以及作为一个国家应当如何对待国际贸易。从亚当·斯密的国际贸易分工理论的建立到当代国际贸易分工理论的发展，国际贸易理论的发展大致经历了古典、新古典贸易理论以及新兴国际贸易理论三大阶段。

第一个阶段从亚当·斯密（Adam Smith）1776 年发表的《国民财富的性质和原因的研究》一书中提出"绝对优势理论"，到 1817 年大卫·李嘉图（David Ricardo）在他的《政治经济学及赋税原理》一书中建立以"比较优势理论"为基础的国际贸易学说总体系，是国际贸易分工理论的创立阶段。

第二个阶段从比较优势理论的创立到 1933 年瑞典经济学家伯尔蒂尔·俄林（Beltil G. Ohlin）出版《地区间贸易和国际贸易》一书，提出生产要素禀赋理论，这一理论被视为现代国际贸易理论最重要的基石。古典和新古典国际贸易理论以完全竞争市场等假设为前提，强调贸易的互利性，主要解释了产业间贸易。

第三个阶段是二战后西方经济学界对传统国际贸易分工理论进行检验、修补和扩展，以及以全球贸易的新态势为契机，从不完全竞争、规模经济、技术进步等角度，为解释诸如产业内贸易、公司内贸易等国际贸易新现象而产生的贸易分工理论。

第一节 古典贸易理论

关于国际贸易发生的原因与影响，最早是由英国古典经济学家亚当·斯密在劳动价值学说的基础上，将生产过程的研究作为贸易理论的起点，以地域分工为基础提出绝对优势理论。后来，英国古典经济学家大卫·李嘉图在其 1817 年出版的著作《政治经济学及赋税原理》中提出了比较优势理论。这两个学说被人们称为古典贸易理论。

从本质上讲，古典贸易理论是从生产技术差异的角度，来解释国际贸易的起因与影响的。只不过，在古典生产函数中，劳动是唯一的生产要素，因此，生产技术差异就具体化为劳动生产率的差异，在这种情况下，劳动生产率差异就是国际贸易的一个重要起因。

一、亚当·斯密的绝对优势理论

国际贸易分工理论的创始者、英国古典经济学家亚当·斯密，在《国民财富的性质和原因的研究》一书中，提出绝对优势理论来论证国际贸易发生的基础。

（一）绝对优势理论的主要内容

绝对优势理论（Theory of Absolute Advantage），又称绝对成本理论或绝对成本说（Theory of Absolute Cost）、地域分工说（Theory of Territorial Division of Labor）。亚当·斯密的绝对成本说主要阐明了如下内容。

1. 分工可以提高劳动生产率，增加国民财富

亚当·斯密的绝对优势理论是建立在他的分工和国际分工学说基础之上的，该理论将一国内部不同职业之间、不同工种之间的分工原则推演到各国之间的分工，从而形成国际分工理论。他用一国内部的不同职业、不同工种之间的分工原则来说明国际贸易分工。他认为，分工能够提高劳动生产率，增进社会财富。如果每个人都用自己擅长生产的东西去交换自己不擅长生产的东西，那对交换双方都有利。他写道："如果一件东西在购买时所付出的代价比在家里生产时所付出的小，人们就永远不会想要在家里生产，这是每一个精明的家长都知道的格言。"裁缝不必自己做鞋子，而选择向鞋匠购买；鞋匠也不必自己缝衣服，而选择向裁缝买衣服。每个人都应该发挥各自的优势，集中生产自己的优势产品，然后相互交换，这是有利的。"如果在每一个私人家庭的行为中是精明的事情，那么这种行为，对一个国家说来绝不是愚蠢的事情。如果外国能以比我们自

己制造还便宜的商品供应我们，则我们应把我们的生产力用于对自己最有利的部门，用自己生产出来的物品的一部分来向它们购买。"

2.国际分工与贸易的原则是绝对成本的优势

所谓绝对成本，是指某两个国家之间生产某种产品的劳动成本的绝对差异，即一个国家所耗费的劳动成本绝对低于另一个国家。一国应把本国生产某种商品的成本与外国生产同种商品的成本相比较，以便决定是自己生产还是从外国进口。如果一国某种商品的生产成本绝对地低于他国，那该国生产这种商品的产业就是具有绝对优势的产业，相反，就是不具有绝对优势或处于"绝对劣势"的产业。各国按照绝对成本差异进行国际分工，专门生产本国具有绝对优势的产品去进行贸易，将会使各国的资源、劳动力和资本得到最有效的利用，将会大大地提高劳动生产率并增加各国的物质福利。

3.国际分工的基础是有利的自然禀赋或后天的有利条件

斯密不仅论证了国际贸易分工的基础是各国商品之间存在绝对成本差异，还进一步指出了存在绝对成本差异的原因。斯密认为，每一个国家都有其适宜生产某些特定产品的绝对有利的生产条件，因而生产这些产品的成本会绝对地低于他国。一般来说，一国的绝对成本优势来源于两个方面：一是自然禀赋的优势，即一国在地理、环境、土壤、气候、矿产等自然条件方面的优势，这是天赋的优势；二是人民特殊的技巧和工艺上的优势，这是通过训练、教育而后天获得的优势。一国如果拥有其中的一种优势，那么这个国家某种商品的劳动生产率就会高于他国，生产成本就会绝对地低于他国。

（二）绝对优势理论的举例说明

假定英国和葡萄牙两国同时生产呢绒和酒。由于自然资源和生产技术条件不同，两国生产同量呢绒和酒的生产成本不同。生产 1 单位呢绒和 1 单位酒，英国各需 100 人劳动一年和 120 人劳动一年，葡萄牙各需 110 人劳动一年和 80 人劳动一年（见表2-1）。

表 2-1　英国和葡萄牙的绝对成本差异

国家	呢绒	酒
英国	100	120
葡萄牙	110	80

生产同量的呢绒，英国的生产成本比葡萄牙低，处于绝对优势；生产同量的酒，葡萄牙的生产成本比英国低，处于绝对优势。按照绝对优势理论，各国应根据自己最有利的生产条件进行专业化生产，生产出生产成本比别国低的产品，然后进行国际交换，就能保证双方都能得到贸易利益。在上述例子中，英国应专门生产呢绒，葡萄牙应专门生产酒来参与国际贸易。

按照绝对成本差异进行国际分工和贸易，其直接利益表现在劳动生产率的提高、消费水平的提高和劳动时间的节约等方面。

首先，假设在国际分工前，英国、葡萄牙两国一年共生产 2 单位呢绒和 2 单位酒。在国际分工后，英国专门生产呢绒，220 人劳动一年，可生产出 2.2 单位的呢绒。葡萄牙专门生产酒，190 人劳动一年，可生产出 2.375 单位的酒。两种产品的总产量都增加了，这显然是专业化分工带来的资源配置效率提高的结果。

其次，假定英国用一半呢绒和葡萄牙交换酒，再假定交换比例为 1∶1，那么，通过国际贸易都能提高消费水平。英国呢绒和酒的消费量分别是 1.1 单位，都比贸易分工前增加了 0.1 单位。而葡萄牙呢绒和酒的消费量分别是 1.1 单位和 1.275 单位，比贸易分工前增加了 0.1 单位的呢绒和 0.275 单位的酒。

再次，如果两国维持分工前的消费水平不变，英国只需用 100 人生产的 1 单位呢绒与葡萄牙交换自己需要的 1 单位酒，比自己生产节约了 20 人一年的劳动。葡萄牙只要用 80 人生产的 1 单位酒与英国换回自己需要的 1 单位呢绒，比自己生产节约了 30 人一年的劳动。

总之，亚当·斯密认为，按绝对成本差异进行国际分工和国际贸易，各国都能发挥生产中的绝对优势，从而获得贸易利益。生产成本绝对差异的存在，是国际贸易分工产生的基础和原因。

（三）绝对优势理论简评

斯密的绝对优势理论并不难理解，但是，在国际贸易学说史上，却具有划时代的意义。这一学说从劳动分工原理出发，深刻指出了分工对提高劳动生产率的巨大意义，在人类认识史上第一次论证了贸易互利性原理，克服了重商主义者认为国际贸易只是对单方面有利的片面看法。这种贸易分工互利的双赢思想，到现代以至将来都不会过时。从某种意义上说，这种双赢理念仍然是当代各国扩大对外开放、积极参与国际分工贸易的指导思想。一个国家、一个民族，闭关自守必定落后；以邻为壑的贸易保护主义政策，只会导致"两败俱伤"的结果，这仍然是斯密的贸易分工理论留给后人的最重要的启示。

绝对优势理论解决了具有不同优势的国家之间分工和交换的合理性问题。但是，这只是国际贸易中的一种特例。如果一个国家在各方面都处于绝对的优势，而另一个国家在各方面都处于劣势，那么，它们应该怎么办？对此，斯密的理论无法回答，这个问题的解决是大卫·李嘉图的功劳。

二、大卫·李嘉图的比较优势理论

亚当·斯密的绝对优势理论解释了产生国际贸易的部分原因，但局限性是很明显的。由于两个国家刚好具有不同商品生产的绝对优势的情况是极为偶然的，斯密的绝对优势理论仍然面临巨大挑战，它只能解释在生产上各具绝对优势的国家之间的贸易，而不能解释事实上存在的几乎所有产品都处于绝对优势的经济发达国家和几乎所有产品都处于绝对劣势的经济不发达国家之间的贸易现象。英国古典经济学家大卫·李嘉图在绝对优势理论的基础上，在其代表作《政治经济学及赋税原理》中提出了比较成本贸易理论，称其为比较优势理论、比较成本理论或比较成本说。

（一）比较优势理论的提出背景

比较优势理论在历史上起过进步作用。它为自由贸易政策提供了理论基础，推动了当时英国的资本积累和生产力的发展。

1815 年英国政府为维护土地贵族阶级利益而修订实行了《谷物法》。《谷物法》颁布后，英国粮价上涨，地租猛增，它对地主贵族有利，却严重地损害了产业资产阶级的利益。昂贵的谷物使工人的货币工资被迫提高，成本增加，利润减少，削弱了工业品的竞争能力；同时，昂贵的谷物也扩大了英国各阶层的吃粮开支，减少了对工业品的消费。《谷物法》还招致外国以高关税阻止英国工业品对它们的出口。为了废除《谷物法》，工业资产阶级采取了多种手段，鼓吹谷物自由贸易的好处。而地主贵族阶级则千方百计维护《谷物法》，认为英国能够自己生产粮食，根本不需要从国外进口，反对在谷物上自由贸易。

这时，工业资产阶级迫切需要找到谷物自由贸易的理论依据。李嘉图适时而出，他在 1817 年出版的《政治经济学及赋税原理》中提出了著名的比较优势理论（Law of Comparative Advantage）。这是一项重要的、至今仍然没有受到挑战的经济学的普遍原理，具有很强的实用价值和经济解释力。他认为，英国不仅要从外国进口粮食，而且要大量进口，因为英国在纺织品生产上所占的优势比在粮食生产上的优势大。故英国应专门发展纺织品生产，以其出口换取粮食，取得比较利益，提高商品生产数量。在这个理论的影响下，《谷物法》被废除了，这是 19 世纪英国自由贸易政策所取得的最伟大的胜利。

（二）比较优势理论的主要内容

1. 国际贸易的基础是比较成本的差异

李嘉图认为，国际贸易的基础并不限于绝对成本差异，只要各国之间存在着生产成本上的相对差异，就会出现产品价格上的相对差异，从而使各国在不同产品的生产上具有比较优势，这样各国就可以参与国际贸易分工并取得贸易利益。比较成本差异的存在，是国际贸易分工的基础。

所谓比较成本就是两个国家生产两种产品所耗费的劳动量的比例。比较优势理论认为，国际贸易的基础是生产技术的相对差异（而非绝对差异），以及由此产生的相对成本的差异（即"比较成本"差异）。一国在两种商品生产上较之另一国均处于绝对劣势，但只要处于劣势的国家在两种商品生产上劣势的程度不同，处于优势的国家在两种商品生产上优势的程度不同，则处于劣势的国家在劣势较轻的商品生产方面具有比较优势，处于优势的国家则在优势较大的商品生产方面具有比较优势。两个国家都应根据"两利相权取其重，两弊相权取其轻"的原则，分工专业化生产和出口其具有比较优势的商品，进口其处于比较劣势的商品，则两国都能从贸易中获利。

假定英国和葡萄牙两国同时生产酒和呢绒。由于生产条件的差异，两国生产同量酒和呢绒的成本不同。生产 1 单位呢绒和 1 单位酒，英国各需 100 人劳动一年和 120 人劳动一年，葡萄牙各需 90 人劳动一年和 80 人劳动一年（见表 2-2）。

表 2-2 英国和葡萄牙的相对成本差异

国家	呢绒	酒
英国	100	120
葡萄牙	90	80

按照斯密的绝对优势理论，在以上的情况下，英葡之间不会发生贸易分工。这是因为，在英国，呢绒和酒的生产成本都比葡萄牙高，处于绝对劣势；在葡萄牙，两种产品的生产成本都比英国低，处于绝对优势。英国没有什么东西可以卖给葡萄牙，葡萄牙也不必向英国购买。

但是，李嘉图认为，即使在这种情况下，两国仍然能够进行国际分工和贸易，并可以从中获得好处。他指出，各国并不一定要生产出成本绝对低的产品，而只要生产出成本比较低或相对低的产品，就可进行贸易分工，而不管一国所有商品的生产成本绝对高还是绝对低。也就是说，存在比较成本差异，就可进行两国间的贸易分工。

根据上面的例子，从英国方面看，英国生产呢绒和酒的单位劳动成本都比葡萄牙的高。英国的劳动成本和葡萄牙的相比较，呢绒为 100 / 90=1.1，酒为 120 / 80=1.5。这表明英国生产这两种产品的效率都比葡萄牙的低，但呢绒成本是葡萄牙的 1.1 倍，而酒的成本则为葡萄牙的 1.5 倍。两相比较，英国生产呢绒的成本相对要低一些，因此英国生产呢绒具有相对优势或比较优势。从葡萄牙这方面看，葡萄牙生产两种产品的成本都比英国低，劳动成本的比例，呢绒为 90 / 100，即 90%，酒为 80 / 120，即 67%。但相比较酒的生产成本更低，因此酒的生产在葡萄牙具有相对优势或比较优势。

另有学者则从机会成本或相对价格的角度来定义比较成本。按此定义，所谓比较成本是两国同一种产品机会成本的比较，机会成本比较低的国家在该产品上就具有比较成本优势。例如，在上例中，对英国而言，多生产 1 单位酒的机会成本为 1.2 单位的呢绒，多生产 1 单位呢绒的机会成本为 0.83 单位的酒，两者的相对价格为 1 单位呢绒 = 0.83 单位酒，1 单位酒 = 1.2 单位呢绒；对葡萄牙而言，多生产 1 单位酒的机会成本为 0.9 单位的呢绒，多生产 1 单位呢绒的机会成本为 1.125 单位的酒，两种产品的相对价格为 1 单位呢绒 = 1.125 单位酒，1 单位酒 =0.9 单位呢绒。将两国两种产品的机会成本或相对价格加以比较就可以发现，英国呢绒的机会成本比葡萄牙低，葡萄牙酒的机会成本比英国低，因此，英国和葡萄牙分别在呢绒和酒两种产品上具有比较成本优势。尽管对比较成本的定义各不相同，但都是对各国产品的成本做相对比较，这是比较成本思想的精髓。

2. 比较优势理论阐述了贸易的互利性原理

按照李嘉图的思想，葡萄牙应"两优择其重"，放弃生产成本比英国优势较少的呢绒，专门生产酒，并拿它向英国出口，换取呢绒。英国则应"两劣取其轻"，放弃生产成本比葡萄牙劣势较多的酒，专门生产呢绒，并向葡萄牙出口呢绒以换取酒的进口。这样对双方都会是有利的。具体来说，这些利益表现在以下三个方面。

首先，按比较优势理论进行生产的国际分工，可以提高资源配置效率，增加产品产量。在国际分工前，英国、葡萄牙两国一年一共生产 2 单位呢绒和 2 单位酒。在国际分工之后，世界产量随之增加。英国专门生产呢绒，220 人劳动一年，共可生产出 2.2 单位的呢绒。葡萄牙专门生产酒，170 人劳动一年，共可生产出 2.125 单位的酒。两种产品的总产量都增加了，这显然是专业化分工带来的资源配置效率提高的结果。

其次，随着产量的增加，通过国际贸易，各自国内的消费水平也提高了。由国际分工而产生的利益（共 0.2 单位的呢绒和 0.125 单位的酒）在两国之间如何分配，显然取决于两种商品的国际交换比例，即取决于贸易条件。假定英国、葡萄牙两国两种商品的交换比例为 1∶1，再假定英国用一半呢绒与葡萄牙交换酒，那么，英国呢绒和酒的消费量都是 1.1 单位，分别比贸易分工前增加 0.1 单位。葡萄牙呢绒的消费量为 1.1 单位，酒的消费量为 1.025 单位，分别比贸易前增加 0.1 单位和 0.025 单位。

最后，假定英国和葡萄牙对呢绒和酒的消费需求不变，在存在国际贸易分工的情况下，英国只需用 100 人生产的 1 单位呢绒与葡萄牙换回自己需要的 1 单位酒，比自己生产节约了 20 人一年的劳动。葡萄牙只需用 80 人生产的 1 单位酒与英国换回自己所需要的 1 单位呢绒，比自己生产节约了 10 人一年的劳动。可见，按比较优势理论进行贸易分工，能节约双方的社会劳动。

3. 比较优势理论阐述了贸易的可能性区间原理

按照李嘉图的思想，贸易是互利的，但双边互利性贸易是有条件的，即贸易必须在可能性区间内进行。

按上例，对英国来说，实际上只要能以少于 120 个劳动的代价从葡萄牙换得 1 单位的酒，它都会愿意交易，因为这种交换毕竟比自己花 120 个劳动去生产要便宜。但如果超过 120 个劳动，贸易就会停止。因此，120 个劳动是英国交换 1 单位葡萄牙生产的酒的可接受的上限。同理，90 个劳动是葡萄牙交换 1 单位呢绒的上限。具体来说，英国只要能以少于 1.2 个单位的呢绒换得 1 单位的酒，葡萄牙只要能以少于 1.125 单位的酒换得 1 单位的呢绒，双方就可进行贸易。可见，英国 1 单位的呢绒，只要换得多于 0.83 单位的酒，葡萄牙 1 单位的酒，只要换到多于 0.89 单位的呢绒，贸易双方均可获益。对英国来说，贸易的可能性区间为 1 单位呢绒换 0.83～1.125 单位酒；对葡萄牙来说，贸易的可能性区间为 1 单位酒换 0.89～1.2 单位呢绒。

（三）比较优势理论简评

1. 比较优势理论的科学性

李嘉图比较优势理论在更普遍的基础上解释了贸易产生的基础和贸易利得，大大发展了绝对优势理论，标志着国际贸易学说总体系的建立。美国当代著名经济学家萨缪尔森称它为"国际贸易不可动摇的基础"。比较优势理论作为反映国际贸易领域客观存在的经济运行的一般原则和规律的学说，具有很高的科学价值和现实意义。

第一，比较优势理论表明，不论一个国家处于什么发展阶段，经济力量是强是弱，都能确定各自的相对优势，即使处于劣势的也能找到劣势中的相对优势。各国根据比较成本原则来安排生产，进行贸易，则贸易双方都可以用较少的劳动耗费，交换到比闭关自守时更多的产品，增加总的消费量。这个理论比起斯密的绝对成本说对于贸易分工基础的认识，无疑大大前进了一步。它阐明了这样一个道理：经济发展水平不同的国家都可以从参与国际贸易和国际分工中获得利益。这无疑为各国发展经济贸易关系提供了有力的论证，有助于整个世界贸易的扩大和社会生产力的发展。

第二，比较优势理论表明，价值规律的作用在世界市场的背景下发生了重大变化。在一个国家内部，价值规律作用的结果是优胜劣汰，通过市场竞争，技术落后、劳动生产率低的商品生产者不断被逐出市场。在这里起作用的是"绝对竞争"原理。但比较优势理论令人信服地证明了，在主权国家之间发生平等交换关系的条件下，劳动生产率落后国家的生产者不仅不会因竞争而被淘汰，反而有可能从国际贸易和国际竞争中获得利益。因此，经济起步晚的国家不要惧怕对外开放，不要惧怕竞争，只要采取正确的外贸发展战略，就可从国际分工和国际交换中获得利益，有助于本国的经济发展。

第三，比较优势理论还表明，通过国际贸易分工而使双方互利的程度实际上存在于一定的范围之内，因此，互利和等价交换是不同的概念。互利是一个面的概念，而等价交换则是一个点的概念。互利并不能保证等价交换；不等价交换也并不一定对某方完全不利。两国间贸易关系的实质，实际上就是一个对专业化分工利益的分割问题。这就为探讨不等价交换、贸易条件等重大理论问题提供了一个理论的出发点。

2. 比较优势理论的局限性

第一，比较优势理论虽然以劳动价值论为基础，但就整体而言，李嘉图的劳动价值论是不彻底的。这是他未能正确区分价值与交换价值的结果。这个理论本身没有解释为什么葡萄牙80个人一年的劳动能与英国100个人一年的劳动相交换，为什么这种交换还能互利以及交换中的利益来自何处等问题。李嘉图认识到价值规律的国际作用发生了重大变化，但未能正确解释这一变化，这是由于他没有国际社会必要劳动和国际价值的概念，找不到国际交换的价值标准造成的。直到马克思，才正确解决了这一问题。

第二，李嘉图为了论证他的比较优势理论，把多变的经济情况抽象成静态的、凝固的状态，而忽略了动态分析。他没有认识到劳动生产率不是固定不变的，而是一个可变的因素。一个国家能够通过技术引进、技术革新来提高劳动生产率，从而改变比较成本的比率，使国际贸易分工格局发生变化。在各国科学技术和劳动生产率不断变化的情况下，一个国家当前的相对优势，有可能变成以后的劣势；当前的相对劣势，也有可能变成以后的相对优势。因此，一国在参与国际贸易分工时，不能只着眼于眼前的静态优势，还要着眼于长远的发展利益，注意培育动态优势。否则，一国如果把生产的相对优势长期固定在少数几种产品，特别是固定在少数初级产品的生产上，将是非常不利的。

第三，比较优势理论存在着理论上的"硬伤"，或者说，存在理论分析上的"死角"。这是因为，在李嘉图的理论分析中，比较优势之所以能够成立，完全取决于两国间两种商品生产成本对比上"度"的差异。但是，如果只是考察经过高度抽象的"2×2贸易模型"，势必存在这样一种情况，即两国间在两种商品生产成本对比上不存在"度"的差异，也就是出现"等优势或等劣势贸易模型"（Equal Advantage or Equal Disadvantage Model）的情况。一旦出现此种等优势或等劣势的情况，即便具有一定的普遍适用性，李嘉图的比较优势理论及其基本原则"两优择其甚，两劣权其轻"也不再适用，陷入了"此优为彼优，无甚可择"或"彼劣即此劣，何以权轻"的尴尬境地。

第四，比较优势理论忽视了国际分工中生产关系的作用。马克思认为，不能离开生产关系去考察社会分工问题。社会分工（包括国际分工）是一个历史范畴，它的产生是社会生产力发展到一定阶段的结果。但生产力总是在一定的生产关系下发展的，因而国际分工的实质和内容不能不受社会生产方式的制约。因此，不能把国际分工简单地说成生产率差异的结果。

必须指出的是，绝不能因为比较优势理论的上述局限性而否定其内涵的科学性。比较优势理论所揭示的贸易互利性原理，作为反映生产力发展和国际贸易发展规律的一般理论，在促进国际经济贸易往来、增进各国福利方面，仍起着重要的指导作用。

三、约翰·穆勒的相互需求理论

约翰·穆勒（John Stuart Mill）对李嘉图的比较优势理论进行了重要的补充，提出了相互需求理论，用以解释国际间商品交换比率及贸易双方在利益分配中各占多少的问题。英国经济学家阿尔弗雷德·马歇尔（Alfred Marshall）则在约翰·穆勒理论的基础上，提出了用提供曲线的几何方法来证明供给和需求如何决定国际交换比率。

（一）约翰·穆勒的相互需求理论

约翰·穆勒的相互需求理论在比较优势理论的基础上，着重从需求方面的分析入手，探讨国际交换比例的现实决定问题，其主要内容如下所述。

1. 比较成本确定互惠贸易的范围

相互需求理论认为，交易双方在各自国内市场有各自的交换比率，在世界市场上，两国商品的交换形成一个国际交换比率（即贸易条件），这一比率只有介于两国的国内交换比率之间，才对贸易双方均有利。穆勒以英国、德国毛呢和麻布的交换模式来进行分析（见表2-3）。

表 2-3 英国、德国等量投入的产量对比

国家	毛呢	麻布
英国	10 码	15 码
德国	10 码	20 码

两国等量投入的产量表中显示，同样单位的投入，两国在毛呢上得到相同的产出，而在麻布的生产上，德国比英国多产出 5 码[⊖]，因此德国生产麻布有优势。与德国相比，虽然英国在两种产品的生产上都不具有优势，但与生产麻布相比，英国生产毛呢的不利程度较小。

于是根据比较优势理论，两国在这两种产品的生产上分别形成专业化：英国专业化地生产毛呢并出口，德国专业化地生产麻布并出口。两国进行贸易时的交换比率介于两国两种产品的国内交换比率之间，且不等于两国的国内交换比率，如以毛呢计算，英国、德国 10 码毛呢所交换的麻布为 15～20 码。

2. 国际交换比率是由相互需求状况决定的

两国交换比率取决于对方对本国产品的需求，两国对两种产品的进口需求决定了产品的（相对）价格。在国际贸易中，可以把出口视为对对方的供给，把进口视为本国的需求。一个国家向其他国家出口商品的意愿取决于它因此能从外国获得的进口商品的数量，即一国的出口规模随其国际贸易条件而变化。基于国际贸易条件由两国间的相互需求决定，在某一特定贸易条件下，一国愿意提供的出口商品的数量正好等于其贸易伙伴国在同一贸易条件下所愿意购买的进口商品的数量，或一国的出口总额恰为它愿意支付的进口总额，这就是所谓的"国际需求方程式"。

也就是说，某一特定的贸易条件为贸易双方共同遵守，在这样的贸易条件下，两国的进口需求与出口供给两两对等，国际贸易处于均衡状态。穆勒将这种情况称为"相互需求"，因此，商品的国际交换比率就是由两国相互的需求来决定的，并且将确定在双方各自对对方产品的需求相等的水平上，这就是"相互需求理论"。

3. 相互需求强度影响贸易利益的分割

在双边贸易中，对对方出口商品的需求，以及贸易双方共同遵守的国际贸易条件，随着由各国消费者的消费偏好等因素决定的对对方出口商品的需求强度的相对变动而发生变化。倘若外国对本国出口商品的需求甚于本国对外国出口商品的需求，外国的相对需求强度较大，本国的相对需求强度较小，则外国在同本国的竞争中就不得不做出某些让步，本国就可以享有比较有利的国际贸易条件。

具体说来，对对方出口商品的相对需求强度较小的国家，在贸易双方的相互竞争中占有较为有利的位置，最终决定的国际贸易条件比较靠近外国的国内交换比率，因而本国可以获得相对较大的贸易利益。简言之，贸易双方之间的相对需求强度决定着国际贸

⊖ 1 码＝0.914 4 米。

易条件的最终水平，进而决定了国际贸易的获利程度。

（二）阿尔弗雷德·马歇尔的相互需求理论

在大多数情况下，用相对需求和相对供给分析国际均衡很简单，也很有用。然而，英国经济学家阿尔弗雷德·马歇尔在约翰·穆勒理论的基础上，提出了用提供曲线的几何方法来证明供给和需求如何决定国际交换比率，这种分析更加直观、有效。

1. 提供曲线的含义及性质

提供曲线（Offer Curve）也被译为供应条件曲线或者相互需求曲线，是在不同的国际交换比率或贸易条件下，一个国家愿意用一定数量的某种商品去交换一定数量的外国商品的点的连线。

提供曲线表明在一系列相对价格下，一国为了换得一定量的 Y（或 X）商品所愿意提供的 X（或 Y）商品的量。这些进口和出口商品的量是由一国的需求量和供给条件（即生产可能性）所决定的。所以，提供曲线既可以看作供给曲线，又可以看作需求曲线。作为供给曲线，它表明在不同贸易条件下，一国愿意提供的出口产品的量，如果出口产品相对价格上升，该国就会增加出口产品的供给；作为需求曲线，它表明在不同的贸易条件下，这个国家对进口产品的需求量，如果进口产品相对价格下降，该国就会增加对这种产品的进口。于是，国际贸易中供给和需求两个因素就结合在提供曲线中，因而可以用提供曲线来分析国际贸易的均衡。

在图 2-1 中，纵轴表示本国小麦的进口（W），横轴表示本国布匹的出口（C）。T 点表示本国生产和消费的情况，图 2-1 中从原点到 T 点那条线的斜率等于布匹价格 P_C 与小麦价格 P_W 之比，即 P_C/P_W，T 点就是本国在既定相对价格 P_C/P_W 下所做的"提供"。通过计算本国在不同相对价格下愿意做出的提供，就可以画出本国的提供曲线。当相对价格为 OT_1 的斜率时，本国愿意出口 C_1 的布匹，进口 W_1 的小麦；当相对价格为 OT_2 的斜率时，本国愿意出口 C_2 的布匹，进口 W_2 的小麦。

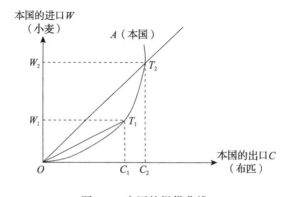

图 2-1　本国的提供曲线

利用同样的方法可以画出外国的提供曲线（见图 2-2）。在图 2-2 中，纵轴表示外国

小麦的出口，而横轴表示布匹的进口。P_C/P_W 越低，外国愿意出口的小麦和愿意进口的
布匹就越多。

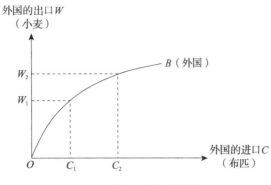

图 2-2 外国的提供曲线

2. 提供曲线与国际均衡

一个国家的提供曲线反映了其为了进口一定量的商品而向其他国家出口一定量商品
的意愿，因此提供曲线即对应某一进口量愿意提供的出口量的轨迹。提供曲线包含供给
与需求两方面的因素，从另一个角度看，也可以认为提供曲线反映了一国在不同的相对
价格水平下所愿意进口和出口的商品数量。两个国家提供曲线的交点所决定的价格，就
是国际商品交换价格（交换比率），如图 2-3 所示。

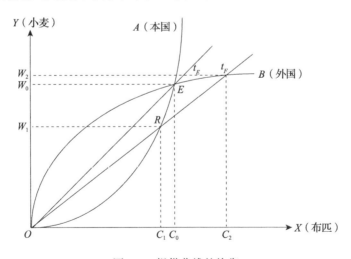

图 2-3 提供曲线的均衡

在均衡时，必然有：本国布匹的供给 = 外国布匹的需求，本国小麦的需求 = 外国
小麦的供给。也就是说，布匹和小麦两种商品的世界供给与需求相等。在图 2-3 中，把
本国和外国的提供曲线放在一起，就得到了这些等式。均衡点就是两国提供曲线的相交
点 E，t_E 为进出口贸易均衡条件下经过均衡点 E 的贸易条件线，t_F 为进出口贸易非均衡
条件下经过非均衡点 F 的贸易条件线。在点 E，布匹的相对价格等于 OE 线的斜率。本

国出口的布匹等于外国进口的布匹，为 OC_0。而外国出口的小麦等于本国进口的小麦，都为 OW_0。这种均衡是一种一般均衡，因为供给和需求在两个市场上同时相等。

第二节　要素禀赋理论

在李嘉图模型中假设只存在唯一的生产要素，即劳动；各国的劳动生产率存在着差异，而且各国的生产技术系数是固定的。在这样一系列简单的假设下，可以推导出一个简单但是非常重要的结论，即各国在完全专业化分工生产下的自由贸易会使各国从这种贸易中获益。然而，在现实世界中，贸易的发生和后果是异常复杂的，很少看到完全分工的例子，而且国际贸易也会对贸易参与国国内的收入分配产生影响，并非每一个人都能从中获益，因此经常看到美国和其他发达国家的劳动组织反对自由贸易和全球化。这说明虽然李嘉图模型的基本思想是正确的，但是国际分工和国际贸易有其现实的另外的逻辑在起作用，这使李嘉图模型的思想受到了局限，从而激励经济学家试图超越李嘉图的理论。

本节将介绍在 20 世纪盛行一时的贸易理论，即著名的赫克歇尔－俄林模型，通常简称为 H-O 模型，该模型是由瑞典经济学家赫克歇尔（Heckscher）和俄林建立起来的。H-O 模型与李嘉图模型存在两个基本的不同点。第一是假设在劳动之外，存在第二种生产要素：资本。第二是假设两个国家生产的技术系数完全相同，这样做虽然排除了技术对国际贸易的影响，有过分简化之嫌，但可以集中处理资本与劳动供给的不同对国际贸易的影响，以及国际贸易对不同要素拥有者的收入分配的影响。H-O 模型在处理国际贸易对国内收入分配的影响方面极具启发性和说服力。

一、生产要素禀赋理论

李嘉图的比较优势理论，是以劳动价值论为基础的。它以耗费在商品中的劳动时间亦即劳动生产率的差异来论证比较成本。由于该理论是单一生产要素的理论，因而可推断，产生比较成本差异的原因是各国生产要素生产率（即劳动生产率）的差异。但是，如果假定各国之间生产要素的生产率相同，即一单位生产要素的效率到处都一样，那么，产生比较成本差异的原因是什么呢？这个问题可以用生产要素禀赋理论（又称"资源禀赋理论"）加以解释。

（一）生产要素禀赋理论的主要观点

20 世纪 30 年代，瑞典经济学家俄林出版了《地区间贸易和国际贸易》一书，提出了生产要素禀赋理论，用在相互依赖的生产结构中的多种生产要素理论，代替李嘉图的单一生产要素理论。由于俄林在其著作中采用了他的老师赫克歇尔的主要论点，因此生产要素禀赋理论也被称为赫克歇尔－俄林模型。

赫克歇尔－俄林模型假定各国的劳动生产率是一样的（即各国生产函数相同），在这种情况下，产生比较成本差异的原因有两个：一是各个国家生产要素禀赋比率不同；另一个是生产各种商品所使用的各种生产要素的组合不同，亦即使用的生产要素的比例不同。

所谓生产要素禀赋指的是各国生产要素（即经济资源）的拥有状况，如有的国家劳动力相对丰富，有的资本相对丰富，有的技术相对丰富，有的土地相对丰富，等等。一般来说，一个国家的生产要素丰裕，其价格就低，比如，劳动力丰富的国家，工资（劳动力价格）就低一些，资本丰裕的国家，利率（资本的价格）就低一些，等等。反之，比较稀缺的生产要素，其价格当然就高些。每一个国家各种生产要素的丰裕程度不可能一样，有的相对丰裕，有的相对稀缺；其要素价格也会有的高些，有的低些。各国生产要素禀赋比率不同，是产生比较成本差异的重要决定因素。各国都生产密集使用本国禀赋较多、价格相对低的生产要素的商品以供出口，这样，双方都可获利。

要素密集度即各种商品生产中所需投入的生产要素的组合或比例，是产生比较成本差异的另一个决定因素。根据商品所含有的密集程度大的生产要素种类的不同，可以把商品大致分为劳动密集型、资本密集型、土地密集型、资源密集型或技术密集型等不同类型。即使生产同一种商品，在不同国家生产要素的组合也不完全相同，例如同样生产大米，泰国主要靠劳动，而美国主要靠资本和技术。不论是生产不同的商品，还是生产相同的商品，只要各国生产商品所投入的生产要素的组合或比例不同，就会产生比较成本差异，从而产生贸易分工的基础。很明显，一国如果对生产要素进行最佳组合，在某种商品的生产中多用价格低廉的生产要素，就能在该种商品上具有较低的比较成本优势。

（二）生产要素禀赋理论的逻辑思路

俄林论证生产要素禀赋理论的逻辑思路是：商品价格差异是国际贸易的基础，而商品价格的差异是由于商品生产的成本比率不同导致的；商品生产成本比率不同，是因为各种生产要素的价格比率不同，而生产要素价格比率不同，则是由于各国的生产要素禀赋比率不同。因此，生产要素禀赋比率不同，是产生国际贸易的最重要的基础。一个国家出口的是它在生产上大量使用该国比较充裕的生产要素的商品，而进口的是在生产上大量使用该国比较稀缺的生产要素的商品。各国比较利益的地位是由各国所拥有的生产要素的相对充裕程度来决定的。用俄林的话来说，就是："贸易的首要条件是某些商品在某一地区生产要比在别的地区生产成本低。在每一个地区，出口产品中包含着该地区拥有的比其他地区便宜的、相对大量的生产要素，而进口别的地区能较便宜地生产的商品。简言之，进口那些对于本地区来说相对昂贵的生产要素占比较大的商品，而出口那些相对便宜的生产要素占比较大的商品。"

（三）生产要素禀赋理论的举例说明

下面举一个例子来说明生产要素禀赋理论。

两个国家：澳大利亚和日本；

生产两种商品：小麦和布匹；

使用两种生产要素：土地和劳动。

假设日本和澳大利亚使用两种生产要素（土地和劳动），生产两种商品（小麦和布匹），每一种商品都不是生产另一种商品的投入物；存在竞争；生产要素的供应量是给定的；两种生产要素都得到充分使用；一种商品（小麦）是土地密集型的，另一种商品（布匹）是劳动密集型的，不论有无贸易时都是如此；两种生产要素在各部门（但不是在各国间）是流动的；开展贸易提高了小麦的相对价格。

两国生产小麦和布匹的生产技术即两种商品的要素投入比例相同。日本劳动力相对丰富，因而劳动力价格相对低些；澳大利亚土地相对丰富，因而土地价格相对低些。要素禀赋的差异决定了两国在小麦和布匹生产上的比较成本差异（见表2-4）。

表2-4　日本、澳大利亚两国生产小麦、布匹的要素及成本差异

国　家	商　品	要素比例		要素价格		成　本
		劳动	土地	劳动	土地	
日本	小麦 a_1 布匹 b_1	1 10	5 1	1 日元	4 日元	21 日元 14 日元
澳大利亚	小麦 a_2 布匹 b_2	1 10	5 1	2 澳元	1 澳元	7 澳元 21 澳元

在表2-4中，$(a_1 / b_1) : (a_2 / b_2) = (21/14) : (7/21) = (3/2) : (1/3)$。根据小岛清比较成本的定义，$b_1$ 即日本布匹的成本比较低，a_2 即澳大利亚小麦的成本比较低，因此，根据要素禀赋比率造成的比较成本差异，日本和澳大利亚分工的格局应该是：日本生产布匹并向澳大利亚出口，澳大利亚生产小麦并向日本出口。

（四）生产要素禀赋理论简评

赫克歇尔、俄林的生产要素禀赋理论被认为是现代国际贸易的理论基础，该理论继承了传统的古典比较优势理论，但又有新的发展。

第一，李嘉图用比较成本差异阐述了贸易互利性的普遍原理，而俄林等则进一步用生产要素禀赋差异解释了为什么比较成本有差异，在理论上有所发展和创新。

第二，俄林把李嘉图的个量分析扩大为总量分析，不是单单比较两国两种产品的单位劳动耗费的差异，而直接比较两国生产要素总供给的差异，从一国经济结构中的资本、土地、劳动力等这些最基本的因素来解释贸易分工基础和贸易格局。

第三，生产要素禀赋理论仍然属于比较优势理论的范畴，使用的是比较优势理论的分析方法。但是生产要素禀赋的分析更加接近经济运行的现实，从而增强了理论的实用性。

然而，生产要素禀赋理论也有一定的不足。

首先，与比较优势理论一样，这一理论是建立在一系列假定基础之上的，如自由贸易、完全竞争、两国的生产技术水平一致、生产要素在国内能自由流动而在国际间不能流动、同种生产要素具有同样的劳动生产率等，而这些假定与现实有一定的距离。例如，现实中生产要素在国内各部门间并不能完全自由流动，使一些国家在参与国际贸易的过程中，并不能完全按要素禀赋优势调整生产格局；各国同种产品生产技术水平及技术进步速度存在较大差异，等等，这些都会影响这个理论对现实的国际贸易的解释力。事实上，以后不少经济学家对这个理论进行验证时，都发现它存在很多无法解释的矛盾。

其次，该理论没有考虑政府在国际贸易中的作用。事实上，发达国家的政府往往凭借其经济、政治力量来影响国际经济活动，使国际贸易发生不利于落后国家的变动。例如，即使在自由竞争的资本主义时代，德国、美国等后起的资本主义国家在一定阶段也采取了保护措施。在当代，发达国家为保护本国的"夕阳工业"，更是对发展中国家劳动密集型产品的出口施加种种限制，在 WTO 中以保护劳工权利为名，要求发展中国家制定劳工标准，提高工人工资，以降低发展中国家劳动密集型产品的价格竞争力，这都在一定程度上扭曲了国际贸易格局，对发展中国家无疑是不公平的。

最后，该理论完全从要素禀赋、比较成本的角度来分析国际贸易分工格局，没有考虑国际生产关系、国际政治环境的影响。但现实中，国际分工在某些方面很大程度上受后者的影响，这使得一些国家对国际分工的参与往往偏离其要素禀赋格局。比如，根据要素禀赋理论，中国这样的发展中国家也许应该专门生产资源、劳动密集型产品，而从美国等发达国家进口资本、技术密集型产品，但为了国家的经济安全，中国必须自己生产一部分关键产品。这也就是中国不能选择只生产土豆片、从美国进口芯片的道理。

二、施托尔珀 – 萨缪尔森定理

生产要素禀赋理论不仅能说明比较成本的决定因素，也能说明国际贸易引起的要素价格的变动以及收入再分配。美国经济学家沃尔夫冈·施托尔珀（Wolfgang Stolper）和保罗·萨缪尔森（Paul Samuelson）在 1941 年对上述情况进行了论证，建立了"施托尔珀 – 萨缪尔森定理"，假设及结论如下所述。

假设：土地丰裕的澳大利亚出口小麦，进口布匹；劳动力丰裕的日本出口布匹，进口小麦。两国开展贸易以后，澳大利亚由于小麦出口相对价格比国内高（即一单位小麦能换到更多的布）而继续扩大出口，土地和劳动的报酬也因此得到提高，布匹则因进口竞争，相对价格呈下降趋势，土地和劳动的报酬也因此而降低；日本也由于进出口商品价格的变动而导致生产布匹的土地和劳动的报酬提高，生产小麦的土地和劳动的报酬降低。不难看出，在开展贸易后的短时期内，由于只发生商品价格的变动而没有发生生产要素在进出口部门之间的流动，两国价格上升行业（出口行业）的所有生产要素的报酬都会上升，两国价格下跌行业（进口竞争行业）的所有生产要素的报酬都会降低。

再假定贸易前在澳大利亚每生产 100 吨小麦要使用 30 单位的劳动和 2 单位的土地，每生产 100 匹布则使用 50 单位的劳动和 1 单位的土地。开展贸易后，由于小麦的相对价格上涨和布匹的相对价格下跌，生产者就会缩减布匹的生产，将资源转移到生产小麦上。在澳大利亚，生产小麦和布匹所使用的生产要素比例即劳动和土地的比例是不同的，小麦为 30∶2，布匹为 50∶1，因此新增小麦生产所需的生产要素和停止生产布匹所提供的生产要素，其比例是不相等的。多生产 100 吨小麦来代替 100 匹布，就要少使用 20 单位的劳动和多用 1 单位的土地。如果该国土地和劳动力的供给是一定的，那就会造成生产要素市场供求关系的明显不平衡。土地会因需求增加而提高价格（地租），从而增加土地所有者的收入，劳动会因需求减少而降低价格（工资）。在日本则出现相反的情况。可见，开展贸易后的长时期内，由于商品相对价格的变动引致了生产要素在进出口部门之间的流动，引起了生产要素市场供求关系的变化，从而导致生产要素价格的变化，影响要素所有者的报酬收入。

结论：从没有贸易转到自由贸易，会使在价格上升的行业（即出口行业）中密集使用的生产要素（土地）的报酬提高，而使在价格下跌的行业（即进口竞争行业）中密集使用的生产要素（劳动）的报酬降低。

三、要素价格均等化定理

生产要素禀赋理论从一个国家的经济结构来解释贸易格局，而要素价格均等化定理则反过来分析国际贸易对经济结构的影响。根据"施托尔珀－萨缪尔森定理"，国际贸易的发生增加了对相对丰富资源的需求，从而提高了它的价格，也就是增加了它的报酬，另外减少了对相对稀缺要素的需求，从而降低了它的报酬。如果各国都以各自的生产要素禀赋比率差距为基础进行贸易，其结果是贸易前相对丰富的要素价格上涨，相对稀少的要素价格下降。这样的过程发展的结果，将会逐渐达到要素价格比率的国际均等化，这就是"要素价格均等化定理"。其假设和定理如下所述。

假设：两个国家、两种生产要素（土地和劳动）、两种商品（小麦和纺织品）；在所有市场上都有竞争；每一种生产要素的供应量都是固定的，在各国之间没有生产要素的移动；两种商品生产的技术水平完全一样，但要素密集型不一样，小麦是土地密集型的，纺织品是劳动密集型的，并且不发生生产要素密集度变换，即两国小麦都是土地密集型、纺织品都是劳动密集型，不会发生变化；两个国家不论有无贸易都生产两种商品；没有关税和运输成本，商品在国际间能完全自由流动。

根据以上列举的一系列假设，可得出以下结论。

定理：自由贸易不仅会使商品价格均等，而且会使生产要素价格均等，以致两国的所有工人都能获得同样的工资率，所有的土地单位都能获得同样的地租报酬。

这个定理若真能实现，将具有非常重要的意义。因为按照这一定理，各国之间不必进行生产要素的国际流动，只要通过自由贸易，各国的劳动、资本和土地就都可以获得完全相等的报酬或收入，这样国际间的贫富差距，比如美国、日本、印度、阿根廷等国工人收入水平的差距，将会消失。

但是，在现实中，自近代国际贸易历史开始至今，国家间的贫富差距不但没有缩小，反而继续扩大。这是为什么呢？可以认为，存在一些阻碍生产要素价格均等化的因素，比如两国生产完全专业化、国际贸易商品结构的变化、国际贸易价格（贸易条件）的变化、国际交换中垄断因素的存在、各国外贸政策的影响等，都会影响要素价格均等化的实现。

由于生产要素价格在国家间必然存在很大差距，刺激了生产要素的国际流动。当然，这并不是说要素价格均等化定理完全无效，在一定条件下，通过贸易，确实有使要素价格均等化的倾向。但是，正因为存在阻碍要素价格均等化的条件，因此，要想缩小国家间要素报酬即各国收入水平的差距，最佳地利用世界资源，光靠自由贸易是不够的，还需要有生产要素的国际流动。

四、传统自由贸易理论的验证：里昂惕夫悖论

（一）里昂惕夫之谜的由来

里昂惕夫悖论（Leontief Paradox）也称为"里昂惕夫之谜"。赫克歇尔－俄林模型创立以后，逐渐为西方经济学界普遍接受，因为这个理论模型所揭示的道理同人们的常识是一致的。只要知道一个国家的要素禀赋情况，就可推断出它的贸易走向。比如资本相对丰裕的国家出口资本密集型产品，劳动相对丰裕的国家则出口劳动密集型产品。二战后，一些西方学者利用经验数字对该模型进行验证，企图进一步从实证角度证明这一理论的正确性。其中，美国当代经济学家里昂惕夫运用他所创造的投入－产出分析法，以美国的情况为案例，计算了在1947年和1951年生产每百万美元美国出口商品和每百万美元进口竞争商品所需的资本与劳动数量，发现美国出口的竟然是劳动密集型产品，而进口的却是资本密集型产品（见表2-5）。

表 2-5　里昂惕夫的验证结果

	1947 年		1951 年	
	出口商品	进口商品	出口商品	进口商品
资本（1947 年的美元价格）	2 550 780	3 091 339	2 256 800	2 303 400
劳动（人/年）	181	170	174	168
平均资本量（人/年）	14 093	18 184	12 970	13 710

根据表2-5，可以清楚地看出，用平均每人一年的资本表示的进口竞争商品的资本/劳动比率和出口商品的资本/劳动比率之比，1947年为1.29（=18 184÷14 093），1951年为1.06（=13 710÷12 970）。也就是说，1947年，美国的进口竞争商品生产部门每个工人所用资本要比出口部门每个工人所用资本多出29%，即美国进口的是资本密

集型商品，而出口的则是劳动密集型商品。由此，里昂惕夫指出："美国参加国际分工是建立在劳动密集生产专业化基础之上的。换言之，这个国家是利用对外贸易来节约资本和安排剩余劳动力的，而不是相反。"这个验证结果，与一般的感觉是不符合的。一般认为，美国资本充足，科技发达，劳动力相对不足（劳动力成本较高），因此美国在生产资本密集型产品方面应有相对优势。按赫克歇尔－俄林模型推断，美国应出口资本密集型产品，进口劳动密集型产品，而实际验证结果却与此相反。赫克歇尔－俄林模型的推论与实际验证结果之间的矛盾，被称为"里昂惕夫之谜"。

（二）里昂惕夫之谜的解释

里昂惕夫之谜引起了西方经济学界的极大兴趣，是西方国际贸易理论发展史上的一个重要转折点，围绕着这个谜，西方学者进行了大量研究，从不同角度提出了各种各样的解释，深化了对生产要素禀赋理论的认识，并为以后一系列国际贸易新理论的产生奠定了基础。

1. 要素非同质论

要素非同质论认为，生产要素禀赋理论假定各国的每一种生产要素本身都是同一的，没有任何差异。然而每种生产要素实际上都不是同一的，它包含着许多小类或亚种，它们的组合也是千差万别的，因此，各国的生产要素禀赋不仅有数量上的差异，还有质量上的差异。忽略生产要素禀赋质的差异，就难以对贸易格局做出合理的解释。里昂惕夫自己在分析"谜"产生的原因时，实际上就提出了生产要素（劳动力）非同质的问题。他认为美国对外贸易结构出现进口资本密集型产品、出口劳动密集型产品的原因，在于美国工人具有比其他国家工人更熟练的技术和更高的劳动生产率。里昂惕夫指出，美国工人劳动的效率和技能大约要比其他国家高3倍。运用同样数量的资本，美国工人可以多产出3倍。如果劳动以效率单位来衡量（即按美国的劳动量乘以3计算），那么美国将是劳动相对丰裕、资本相对稀缺的国家，它将以劳动密集型产品交换其他国家的资本密集型产品。这样，里昂惕夫之谜就不存在了。里昂惕夫认为，美国之所以有较高的劳动生产率，主要是因为美国企业管理水平高，工人受到良好的教育和培训，以及工人具有较强的进取精神。

2. 贸易壁垒说

不少经济学家认为里昂惕夫之谜其实是美国及外国的贸易壁垒所造成的。因为美国出于某些政治和集团利益的需要，对雇用大量不熟练工人的劳动密集型产业采取贸易保护政策，这就势必造成外国的劳动密集型产品难以进入美国，而资本密集型产品却相对容易输入。外国如果采取相反措施，为了保护本国工业的发展对资本密集型产品进口进行贸易保护，那么美国资本密集型产品就会难以进入外国市场，而劳动密集型产品相对容易出口。事实上，美国确实很注重保护需要雇用大量工人的产业。

3. 需求偏向论

该理论试图以国内的需求结构来解释里昂惕夫之谜。这种解释认为，各国由于国内需求不同，可能出口在成本上并不完全占优势的产品，而进口在成本上处于优势的产品。一个资本相对丰裕的国家，如果国内需求强烈偏向资本密集型产品，其贸易结构就有可能是出口劳动密集型产品而进口资本密集型产品。比如美国，它对资本密集型产品的需求远远大于对劳动密集型产品的需求，这就造成了美国违背其在生产成本上的比较优势而进口资本密集型产品的状况。

4. 自然资源论

一些经济学家认为，里昂惕夫的计算局限于资本和劳动两种生产要素，没有考虑自然资源这一生产要素的作用。如 1959 年，美国学者凡涅克（J. Vanek）提出了以自然资源的稀缺解释里昂惕夫悖论的观点。由于各国天赋资源的种类和数量有很大不同，如阿拉伯半岛富有石油但几乎没有什么其他资源；日本只有很少的耕地并且实际上没有矿产或森林；美国拥有充裕的耕地和煤；加拿大拥有除热带特有资源以外的所有自然资源。很明显，各国自然资源禀赋的不同，直接影响产品中的资本－劳动力比率。美国进口竞争工业之所以是资本密集型的一个原因，就是美国是大量矿产和木材的进口国。这些产品不仅使用大量自然资源，而且还使用大量资本。在出口方面，美国出口的农产品碰巧相对来说是使用大量劳动力和土地的。从这个意义上说，里昂惕夫之谜看起来是一种幻景：美国进口的自然产品碰巧其资本－劳动力比率是高的，而出口的其他产品碰巧其资本－劳动力比率是低的。可见，要计量美国的出口工业和进口竞争工业中的生产要素含量，不能忽视自然资源的作用。再如，加拿大向美国出口资本密集型产品，这主要是由于它出口的也是资本－劳动力比率高的矿产品。在分析 1951 年美国的贸易结构时，里昂惕夫自己也指出，如果在计算中排除自然资源行业，"谜"则会消失。

5. 生产要素密集度变换论

生产要素密集度变换论，又称生产要素密集度反向论。按照生产要素禀赋理论，无论生产要素的价格比例实际如何，某种商品总是以某种要素密集型的方法生产的，例如小麦总是用劳动密集型方法生产的。而这种论断不一定正确。某种商品在某个国家既定的生产要素价格条件下是劳动密集型的，但在另一个国家的既定的生产要素价格条件下却可能是资本密集型的。比如，小麦在不少发展中国家都是劳动密集型产品，而在美国却可能是资本密集型的。因此，同一种商品的生产可以存在要素密集度的变换。根据这种解释，美国进口的产品在国内可能用资本密集型生产，但在国外却是以劳动密集型生产，从美国的角度看，就会造成进口以资本密集型产品为主的错觉；同时，美国的出口商品在国内可能是劳动密集型产品，在别国却是资本密集型产品，用美国标准衡量也会造成出口是劳动密集型产品的假象。只要贸易双方有一方存在要素密集型变换这种情况，其中一国就必然存在里昂惕夫之谜。

里昂惕夫之谜是西方国际贸易理论发展史上的一个重大转折点，它引发了人们对二战后国际贸易新现象、新问题的深入探索，使当代国际贸易理论的研究更接近现实。上述关于里昂惕夫之谜的种种解释就补充了生产要素禀赋理论，增强了生产要素禀赋理论的现实性和对二战后国际贸易实践的解释能力。

五、国际贸易新要素理论

上面关于"里昂惕夫之谜"的几种解释，实际上都是从不同侧面对生产要素禀赋理论一系列假定前提的修正，它们在特定的条件和环境下，确实能部分解开里昂惕夫之谜。但从总体上看，适用于各种特殊场合的种种说法，终不能解释里昂惕夫之谜所产生的对生产要素禀赋理论的一般疑问。为此，一些经济学家仍然从修正这一理论的前提条件出发，提出国际贸易新要素理论，以试图从更宽的角度说明里昂惕夫之谜，并解释当代国际贸易格局发生的新变化。

国际贸易新要素理论认为，应赋予生产要素以新的含义，扩展生产要素的范围。生产要素不仅仅是比较优势理论所说的劳动，也不仅仅是生产要素禀赋理论所说的劳动、资本和土地，技术、人力资本、研究与开发、信息以及管理等，都是生产要素，这些"新"要素对于说明贸易分工基础和贸易格局，都有重要作用。

(一) 技术要素论

该学说认为，作为生产过程中知识、技巧和熟练程度积累的技术，有双重作用。

第一，技术不仅能够提高土地、劳动和资本要素的生产率，而且可以提高三者作为一个整体的全部要素生产率，从而改变土地、劳动和资本等生产要素在生产中的相对比例关系，从这个意义上说，技术也是一种独立的生产要素。技术进步或技术创新意味着一定的要素投入量可以生产出更多的产品，或者说一定的产量只需要较少的投入量就可以生产出来。通过技术改进，提高了现存的劳动量和资本量的生产率，就像是在技术不变的情况下，增加了劳动的供给和资本的供给一样。可见，技术进步会对各国生产要素禀赋的比率产生影响，从而影响各国产品的相对优势，对贸易格局的变动产生作用。比如节约劳动型的技术进步会使该国劳动密集型产品更具相对优势，节约资本型的技术进步则会使该国资本密集型产品更具相对优势，等等。

第二，技术作为生产要素可以生产创新产品并改造已有产品。美国经济学家迈克尔·波斯纳（Michael V. Posner）在1959年提出了技术差距论，用以解释这种创新技术对国际贸易的影响。

技术差距理论又称创新与模仿理论，波斯纳和胡弗鲍尔（G. G. Hufbauer）将技术作为一个独立的生产要素，侧重从技术进步、创新、传播的角度分析国际分工的基础，扩展了资源禀赋论中要素的范围。技术差距理论认为一国以技术创新和控制技术外流而形成的一种动态贸易格局，会对各国要素禀赋的比率产生影响，从而影响贸易格局的变动。

在要素禀赋理论中技术被认为是不变的，而实际上科技水平时刻都在提高。技术创新和新技术的运用在各国间的不平衡导致国家间技术差距的存在。技术差距使技术领先的国家享有出口技术密集型产品的优势。新产品总是在工业发达国家最新问世，并在国内销售后进入国际市场，创新国借此获得初期的比较利益。其他国家虽然想生产，但技术差距的存在使从产品创新到其他国家模仿生产之间存在时滞。时滞的存在使创新国的技术优势得以在一段时期内保持，其他国家对该产品的需求只能通过进口予以满足。因此，技术差距引起的国际贸易得以持续一段时期。

（二）人力资本论

人力资本是指资本与劳动力结合而形成的一种新的生产要素。以基辛（D. B. Keesing）、凯南（P. B. Kenen）、舒尔茨（T. W. Schultz）为代表的学者，对 H-O 理论做了进一步扩展，将人力资本作为一种新的生产要素引入。人力资本是体现在人身上的技能和生产知识的存量。人力资本投资的收益或报酬在于提高一个人的技能和获利能力，在于提高市场经济和非市场经济中经济决策的效率。

一国通过对劳动力进行投资，如正规的学校教育、卫生保健、在职培训等，可以使劳动者的素质得到极大改善，大大提高劳动生产率，从而对该国的对外贸易格局产生重要影响。一般来说，资本充裕的国家往往同时也是人力资本充裕的国家，从而人力资本充裕是这类国家参与国际分工和国际贸易的基础。人力资本允裕的国家在贸易结构和流向上，往往是出口人力资本要素密集型的产品。美国劳动比外国劳动含有更多的人力资本，把人力资本这一部分加到实物资本上，就会使美国出口产品的资本密集度高于进口替代品。

那么，某类产品如电子计算机、飞机等，是劳动密集型产品还是资本密集型产品呢？这要看从哪个角度分析。如果把人力资本的投资算作一国的资本存量，即算作产品生产中的资本投入，那人力资本密集型产品也就是资本密集型产品。美国经济学家鲍德温（R. E. Baldwin）和凯南持这一看法。他们认为美国参与国际分工的基础依然是资本密集型产业，美国出口部门是资本密集型的。

如果把人力资本视为熟练的、有较高技术技能的劳动力，那人力资本密集型产品也可视为劳动密集型产品，美国参与国际分工的基础就是劳动密集型产业了。这里的关键在于区分技能和技术型的劳动密集型产品与简单劳动密集型产品。里昂惕夫之谜的产生，就是因为美国出口产品中含有的大量人力资本投资，都记在劳动力的账上了，而实际上应算作资本的投入。如果要把美国出口产品算作劳动密集型产品，那也只能理解为"技能劳动密集型产品"，以区别于一般意义上的简单劳动密集型产品。

（三）研究与开发要素论

就具体行业而言，研究是指与新产品、新技术、新工艺紧密相关的基础与应用研究；开发则是指新产品的设计开发与试制。它可以以投入到新产品中的与研究和开发活动有关的指标来度量，如研究开发费用占销售额的比重、从事科研开发的科学家和工程技术人员占就业人员的比例等。在进行国际比较时，可用研究和开发费用占国民生产总值或出口总值的比重等指标。

该学说认为，研究与开发也是一种生产要素。一个国家越重视研究与开发要素的作用，产品的知识与技术密集度就越高，在国际市场竞争中就越有利。在一定的条件下，投入研究与开发的资金的多少，可以改变一个国家在国际分工中的比较优势，产生出新的贸易比较利益。美国经济学家格鲁贝尔等根据 1962 年美国 19 个产业的有关资料，将研究和开发费用占整个销售额的百分比以及科学家、工程师占整个产业全部就业人员的比重进行排列，结果发现，运输、电器、仪器、化学和非电器机械这五大产业中，研究与开发费用占 19 个产业的 78.2%，科学家和工程师占 85.3%，销售量占 39.1%，而出口量占 72%。

（四）信息要素论

作为生产要素的信息是指一切来源于生产过程之外并作用于生产过程、能带来利益的讯号的总称。西方经济学家认为，现代经济生活不仅需要土地、资本和劳动这样的传统生产要素，更需要信息这样的无形生产要素。信息作为一种能创造价值的资源，和有形资源结合在一起构成现代生产要素。在现代国际贸易中，竞争越来越表现为商情战、信息战，每家企业获取信息的快慢、拥有信息的多寡，往往会左右其生产经营和决策，甚至决定着企业的命运。而一个国家利用信息的状况则将影响它的比较优势，改变它在国际贸易分工中的地位。

信息对国际贸易的影响在日本综合商社中表现得特别明显。日本的综合商社是以贸易为主的跨国企业，它们在日本的国际贸易中占据重要地位，日本的三菱商事、三井物产、伊藤忠、丸红等九大综合商社的对外贸易占据了日本对外贸易的一半以上。其之所以具有如此强的竞争力，其中一个很重要的原因就是重视信息的搜集和处理。九大商社都把信息情报业摆在重要位置，各商社除了在总部设有情报中心外，还在世界各地设立了众多的办事处或信息中心，形成遍布全球的国际通信信息网。庞大的信息网使其能对世界经济形势和国际市场供求状况做出及时、准确的判断，从而确保商社自身的国际竞争力。

随着新科学技术革命的深入发展和人们对事物认识的深化，人们对于决定贸易分工基础和格局的生产要素的认识也在不断加深，新要素的范围在不断扩大。例如，随着信息技术的发展，电子商务的运用能力正逐步影响一国在国际贸易中的竞争力。一些贸易专家经过测算得出，运用电子商务相对于传统贸易方式可使交易的成本降低 70%～80%。总的来看，赫克歇尔－俄林模型中的生产要素可视为有形要素，技术、人力资本、研究与开发、信息和管理等可视为无形要素。无形的"软件"要素越来越成为贸易的基础，它决定着一国的比较优势格局。因此，上述国际贸易的新要素理论可以视为对俄林生产要素禀赋理论的发展。但就分析方法而言，新要素理论与传统要素贸易理论并无本质的不同。

六、产品生命周期理论

如果说俄林的生产要素禀赋理论和新要素理论都是从静态的角度来分析贸易分工的

基础的话，那美国哈佛大学教授雷蒙德·弗农（R. Vernon）提出的产品生命周期理论，则从动态的角度来说明贸易格局的变化。产品生命周期理论将市场营销学中的产品生命周期理论与技术进步结合起来阐述国际贸易的形成和发展，从产品生产的技术变化出发，分析了产品生命周期阶段的循环以及对贸易格局的影响。

按照这个理论，许多新产品都有一个划分为四个阶段的生命周期。

（一）第一阶段是创新国对某一种新产品的出口垄断时期

在产品生命周期的第一阶段，创新国（比如美国）企业发明并制造出新产品。这时的新产品实际上是一种技术、知识密集型产品，由于它垄断了制造技术，因而美国厂商就垄断了这种产品的世界市场。这一阶段生产成本对于厂商来说不是最重要的，因为没有其他竞争者。新产品开始只能在美国和其他创新国生产，因为新产品需要大量的研究和开发以及大量技术熟练的工人。新产品一般比较昂贵，其消费者只能来自美国等高收入国家。产品也被首先出口到创新国以外的其他工业发达的高收入国家。

（二）第二阶段是其他发达国家生产者开始生产这种新产品时期

在产品生命周期的第二阶段，其他发达国家的厂商开始生产原来只从创新国进口的新产品。美国等创新国的新产品在发达国家打开销路以后，吸引了大量消费者。潜在的市场为这些发达国家的厂商开始生产这种产品提供了前提条件。无须花费创新国必需的大量科技研发费用以及无须支付国际运费及关税，使发达国家的生产成本有所降低。这一阶段，产品由技术知识密集型变成技能－资本密集型。许多生产技术由于标准化而变得易于掌握。因此，这些国家开始大量生产新产品。开始生产这种产品的厂商也许就是创新国公司的子公司。它们知道如果它们不生产这种产品，东道国的公司也会进行生产。这样，原进口国生产了这种产品并占领了国内市场。创新国的新产品对这些国家的出口减少甚至停止。

（三）第三阶段是外国产品在出口市场上进行竞争的时期

在第三阶段，创新国以外的国家成为该产品的净出口国，参加与创新国的出口竞争。因为这些产品在这些国家依靠大规模生产，成本大大降低，在国际市场上有竞争力。另外，这时生产技术已经标准化了，产品对劳动的熟练程度也有所降低，一些发展中国家也开始从事生产。产品已经变为资本密集型或资本－劳动密集型的了。随着这些国家出口的扩大，创新国逐渐丧失了国外市场。

（四）第四阶段是创新国开始进口竞争时期

最后，新产品仿制国的厂商由于国内外市场的扩大，有条件进行大批量生产，以取得规模经济效益，大幅度降低了产品成本，以致可以把产品打进创新国市场。这就是产品生命周期的第四阶段，创新国成了该产品的净进口国。新产品在创新国的生命周期宣告结束。这个周期在创新国是结束了，但在开始生产这种新产品的其他发达国家，产品生命周期还在继续着，它可能处于第二阶段或第三阶段。这时产品的技术已完成了其生命周期，生产技术已经被设计到机器或生产装配线中，生产过程已经标准化，操作也变得简单了，甚至生产该产品的机器本身也因成为标准化的产品而变得比较便宜。因此到了这一阶段，技术和资本已逐渐失去了重要性，而劳动力成本则成为决定产品是否具有比较优势的重要因素。发展中国家劳动费用低廉、地价低，生产标准化产品极具竞争力。当生产过程标准化和创新国的技术专利失效后，生产便转移到发展中国家进行了。这些国家最终会成为该产品的净出口国，把产品出口到创新国和其他发达国家。图 2-4 显示了新产品的"产品生命周期"期间的国际贸易模式。

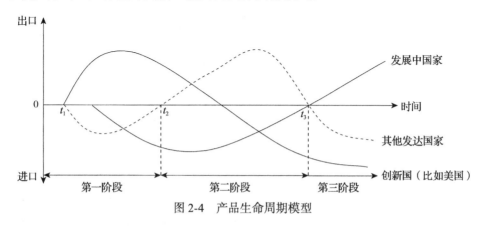

图 2-4   产品生命周期模型

在国际贸易中，许多产品都经历了或正经历着这样的生命周期。如纺织品、皮革制品、橡胶制品和纸张在 20 世纪 80 年代就进入了产品周期的第四阶段，而汽车则在 90 年代开始标准化从而进入第三阶段，这一时期韩国大量向美国、日本等发达国家出口汽车就说明了这一事实。

新产品的国际贸易模式之所以发生上述有规则的变化，是因为不同类型的国家，在产品生命周期的各个阶段上的比较优势不一样，而比较优势又是与新产品生命周期的各个阶段产品的要素密集度联系在一起的。像美国那样工业比较先进、技术力量相当雄厚、国内市场广阔、资源相对丰富的国家，生产技术 – 知识密集型产品具有比较优势。发达国家资本丰裕，且拥有相对丰富的科学和工程实践经验，生产产品生命周期第二、三阶段的资本密集型成熟产品具有相对优势。发展中国家有相对丰富的不熟练劳动力，弥补了相对缺乏的资本存量的不足，因此生产成熟标准化产品具有优势。

不难看出，产品生命周期理论是把动态比较优势理论和生产要素禀赋理论、新要素理论结合起来的一种理论。这一理论运用了动态分析法，从技术创新、技术传播的角度分析国际分工的基础和贸易格局的演变。因此，产品生命周期理论也可视作对比较优势理论和要素禀赋理论的一种发展。还应指出的是，产品生命周期理论发展至今，与国际投资、技术转让等生产要素的国际移动结合在一起，不仅对国际贸易，而且对国际投资、跨国公司的生产经营战略等都有着很大的影响。这一理论是二战后最有影响的国际贸易理论之一。

　　但在当代，许多产品已不具备这样的生命周期。一是随着跨国公司全球化经营的发展，跨国公司的研发、生产都全球化了。对于一些产品，跨国公司往往在东道国就地研发，就地生产，直接面向全球销售，已没有这样一个梯度转移的过程。二是科学技术的迅速发展，使产品的生命周期大大缩短，许多产品创新出来以后，迅速进入成熟期，甚至是衰退期。因此，产品生命周期理论对当代的国际贸易、国际投资只能起一定的借鉴作用。对发展中国家而言，一方面要抓住发达国家产业转移的机遇，引进相对于国内较为先进的产业，另一方面又不能满足于吸引发达国家转移过来的成熟技术，而要加强创新，并吸引跨国公司前来设立研发中心。

第三节　产业内贸易理论

一、产业内贸易理论简述

　　里昂惕夫之谜提出之后，国际贸易理论的发展进入整合时期。特别是 20 世纪中期出现的第三次科技革命对国际贸易格局产生了巨大影响，国际贸易的商品结构和地理方向发生了根本性的变化，其主要表现为：要素禀赋相似的发达国家相互之间的贸易额不断增长，逐渐成为占主体的国际贸易类型；在发达国家之间的相互贸易中，同类产品贸易比重大大增加，"产业内贸易"急剧上升并且越来越成为贸易的主要形式，格鲁贝尔（Grubel H. G.）和劳埃德（Lloyd P. J.）（1975）对欧洲经济共同体（简称"欧共体"）建立后的内部贸易进行研究，发现 1959~1967 年，在欧共体成员方之间的贸易中，产业内贸易占 71%。而且工业化国家之间的分工格局呈现出随机性，同时跨国公司兴起和迅猛发展，使得相当多行业的市场结构从二战后的竞争格局不断走向垄断格局。传统的要素禀赋理论是以各国要素禀赋的差异来说明贸易格局，无法解释贸易中出现的这些新现象，需要新的理论对贸易的成因加以拓展。什么是产业内贸易？产业内贸易的类型有哪些？如何测度，以及最重要的，产业内贸易的形成原因是什么？经济学界开始了对产业内贸易的研究，产业内贸易理论由此诞生并发展起来，成为解释国际贸易分工格局的重要理论分支。

（一）产业内贸易的概念

　　国际贸易从商品结构上大致可以分为两种基本类型。一种是产业间贸易。产业间贸易（Inter-industry Trade）是指一国进口和出口属于不同产业部门的商品。这通常表现为一国出口初级产品同时进口工业制成品，或出口一般工业品同时进口高精尖工业品。比如，出口石油进口纺织设备，出口纺织品进口汽车，出口彩电进口飞机等，国家之间的产业间贸易呈现出互补型的分工贸易形态。

　　另一种是产业内贸易。产业内贸易（Intra-industry Trade）是指一国同时进口和出口属于同一产业内基本上相同或相似的商品，或者说贸易双方交换的是同一产业内所生产的商品。比如中国和法国相互进出口香水，中国和韩国相互进出口彩电，中国和美国相互进出口飞机等，国家之间的产业内贸易呈现出竞争型的分工贸易形态。

　　同一产业内基本上相同或相似的商品是指按联合国《国际贸易标准分类》（SITC）至少前三个层次分类编码相同的商品，即至少属于同类、同章、同组的商品。当今随着海关合作理事会编制的《商品名称及编码协调制度》（HS）分类被广泛使用，以 HS 四位数分组为标准的产业内贸易计量也逐渐盛行。

　　相对于产业间贸易，产业内贸易具有以下四个特点。

　　第一，贸易产品上有所不同。产业内贸易是产业内同类产品的相互交换，而不是产业间非同类产品的交换。

　　第二，产品贸易流向具有双向性。相同产业内的产品，可以在两国之间相互进出口；随着时间的推移和经济发展水平的提高，这种双向性的产品贸易既发生在发达国家之间，也发生在发达国家和发展中国家之间，也发生在发展中国家之间。

　　第三，贸易产品具有多样性。贸易产品既有资本密集型产品，也有劳动密集型产品；既有高技术产品，也有标准技术产品。

　　第四，贸易产品必须具备两个条件：一是消费上能够相互替代，二是生产中投入的生产要素相似。

（二）产业内贸易的类型

　　按照同类产品消费上是否能完全替代，产业内贸易可分为同质产品（Homogeneous Products）的产业内贸易和异质产品（Heterogeneous Products）的产业内贸易。

1. 同质产品的产业内贸易

　　同质产品是指消费上可完全相互替代的产品，也称相同产品，即完全相同到没有丝毫差别的产品，比如连形状、大小及颜色都完全相同的产品。同质产品大多属于产业间贸易的对象。但由于地理位置不同、市场区位不同、进入市场的时间不同等因素，现实中国家之间也相互进口和出口完全相同的产品，即同质产品也有产业内贸易。同质产品产业内贸易通常有以下情形。

　　第一，为节省运输成本发生的同质产品产业内贸易。有些产品像水泥、木材、石油等，自身重量大，运输成本在总成本中占较大比重，比如中国东北生产和出口水泥、华南进口水泥。由于高昂的运输成本存在，一国从邻国进口比从本国更远的地区购买，价格更低，比如美国从加拿大西部进口牛肉，又向加拿大的东部地区出口牛肉。

　　第二，因季节性因素发生的同质产品产业内贸易。就农产品而言，人们的需求是连续的，因季节变化或自然灾害会使一个国家进口一些在同年度其他时间出口的商品。比如南北半球国家之间为满足彼此需求相互进出口花卉、水果和蔬菜等。

第三，经济合作或因经济技术因素发生的同质产品产业内贸易。由于引进外资及合作经营或厂商在本国市场的垄断性，引起一些完全相同的服务或产品进入国际贸易。比如各国之间的银行业、保险业走出去、引进来，又比如波音和空客的大飞机相互进入对方母国市场。由于身处开放环境下，竞争性加强，两国生产同样产品的企业为了占领更多的市场，不得不进入对方市场进行相互倾销而发生产业内贸易。此种情形下的同质产品产业内贸易之所以会发生，是由于企业特别是寡头厂商的策略性行为。

第四，大量的转口贸易形成的同质产品产业内贸易。从事转口贸易的国家或地区同时进口和出口同类产品，是统计意义上的产业内贸易。一些国家和地区比如新加坡和中国香港就大量开展转口贸易。

2. 异质产品的产业内贸易

异质产品也称差异产品（Differentiated Products），是指消费上可替代但不能完全相互替代的产品。进行双向贸易的一种是质量、价格都相同或相似但特征或属性不同的产品，如档次、价格相同但款式、颜色等不同的汽车，这称为水平差异产品的产业内贸易；另一种是质量不同、价格也不同的相似产品，如意大利在出口高级服装的同时也进口低档次的服装，这称为垂直差异产品的产业内贸易。国家之间相互进出口异质性同类产品的情形比比皆是，异质产品是大多数产业内贸易研究的对象，是产业内贸易的主要商品形式。

二、产业内贸易水平的测度

产业内贸易指数是用来测度一个产业的产业内贸易程度的指数。根据现有国内外文献，最常使用的主要有以下三个指数。

（一）格鲁贝尔－劳埃德指数（G-L 指数）

1975 年，格鲁贝尔和劳埃德在巴拉萨（B. Balassa）（1966）的产业内贸易指标的基础上提出了 G-L 指数，用公式表示为：

$$GL_i = 1 - \frac{|X_i - M_i|}{X_i + M_i}$$

式中，GL_i 为 i 产业的格鲁贝尔－劳埃德指数，X_i 为某年该产业的出口总额，M_i 为某年该产业的进口总额。很显然，$0 \leq GL_i \leq 1$，GL_i 的值越接近 1，则表示该国 i 产业的产业内贸易水平越高。GL_i 趋近于 0，则表示 i 产业的产业内贸易水平程度越低。以每个产业进出口额占总进出口额的比重作为权重，对所有产业的产业内贸易指数加权平均，可得出一个国家的产业内贸易指数：

$$GL_j = 1 - \frac{\sum_{i=1}^{n} |X_i - M_i|}{\sum_{i=1}^{n} (X_i + M_i)}$$

GL_j 为国家 j 的产业内贸易指数。同样，$0 \leqslant GL_j \leqslant 1$，$GL_j$ 与一国产业内贸易水平成正比。GL_j 越接近 0，则该国产业内贸易程度越低，GL_j 越接近 1，则该国产业内贸易程度越高。

G–L 指数是静态的产业内贸易指数，在现有文献中被广泛接受和使用。

（二）阿奎诺指数（AQ 指数）

在格鲁贝尔和劳埃德之后，阿奎诺（Aquino A., 1978）认为 G–L 指数存在一些不足，特别是没有完全消除贸易不平衡带来的计量误差。因此，阿奎诺对每一个产业的产业内贸易指数的计量进行调整，提出了 AQ 指数，具体为：

$$X_i = \frac{X_i \cdot \frac{1}{2} \sum_{i=1}^{n} (X_i + M_i)}{\sum_{i=1}^{n} X_i}$$

$$M_i = \frac{M_i \cdot \frac{1}{2} \sum_{i=1}^{n} (X_i + M_i)}{\sum_{i=1}^{n} M_i}$$

由此可得到国家 j 的产业内贸易指数为：

$$AQ_j = \frac{\sum_{i=1}^{n} (X_i + M_i) - \sum_{i=1}^{n} |X_i - M_i|}{X_i + M_i}$$

AQ 指数的提出在理论界引起了不小震动，但由于它忽视了周期等因素对一国整体贸易收支的影响，也存在着较多问题，在实证研究中较少采用。

（三）Brülhart 指数——边际产业内贸易指数（MIIT 指数）

由于 G–L 指数无法反映一个国家产业内贸易水平的流量变化，1994 年 Brülhart 提出了边际产业内贸易指数，用增量替代总量，计算公式为：

$$MIIT_i = \frac{\Delta X_i - \Delta M_i}{|\Delta X_i| + |\Delta M_i|}$$

式中，ΔX_i 表示某年 i 产业出口贸易额的变化量，ΔM_i 为某年 i 产业进口贸易额的变化量。很显然，$-1 \leqslant MIIT_i \leqslant 1$，$MIIT_i$ 的值越接近 0，说明贸易量增加主要来自产业内贸易，当 $MIIT_i = 0$ 时，表示该行业为完全边际产业内贸易；$MIIT_i$ 的值越趋近于 1 或 –1，说明贸易量增加主要来自产业间贸易，当 $MIIT_i = 1$ 或 –1 时，表示该行业为完全边际产业间贸易。

该指标较好地反映净进口增加与净出口增加非对称性的同时，也反映了产业部门的贸易绩效。当 $MIIT_i > 0$ 时，说明该部门绩效良好；反之，当 $MIIT_i < 0$ 时，说明该部门绩效不良。MIIT 指数是动态的产业内贸易指数，实证研究中被越来越多的文献采用。

三、产业内贸易的理论解释

根据传统赫克歇尔－俄林要素禀赋理论，国际间的贸易模式应该是：各国出口其丰裕要素密集型产品，进口其稀缺要素密集型产品；换言之，国际贸易主要是产业间贸易，产业内贸易不会发生，更不可能成为国际贸易发展的主要模式。然而现实的情况恰恰相反。

为解释产业内贸易这种新的贸易模式，经济学家提出必须修正传统贸易理论。2008年 10 月 13 日，瑞典皇家科学院在瑞典首都斯德哥尔摩宣布，将 2008 年诺贝尔经济学奖授予美国普林斯顿大学经济学教授保罗·克鲁格曼（Paul R. Krugman），以表彰他在分析国际贸易模式和经济活动地域等方面的杰出贡献——产业内贸易理论，或者称为新贸易理论。

产业内贸易理论的发展实际上经历了如下三个阶段。

20 世纪 70 年代中期以前为第一阶段，是对产业内贸易的经验性统计和直观推断。这一时期主要包括：1960 年，弗得恩（P. J. Verdoom）对"比荷卢经济同盟"的集团内贸易格局变化的统计分析表明，与集团内贸易相关的生产专业化形成于同种贸易类型之内，而不是在异种贸易之间；密切里（M. Michaely）对 36 个国家 5 大类商品的进出口差异指数进行研究发现，高收入国家的进出口商品结构呈明显的相似性，而大多数发展中国家则相反；巴拉萨（B. Balassa）用国际贸易标准分类体系对欧共体贸易商品结构的分析表明，欧共体制成品贸易的增长大部分发生在分类标准体系划分的商品组内，而不是在商品组间。

20 世纪 70 年代中期以后为第二阶段，是对统计现象的理论解释。这一时期的里程碑是格鲁贝尔和劳埃德于 1975 年编写的《产业内贸易：差别化产品国际贸易的理论与度量》。在这本最早的关于产业内贸易理论的著作中，两位学者做了开创性的研究，他们认为：产业内贸易是一种由各种复杂的原因所导致的一种复杂的贸易现象，多种原因的组合都可能导致产业内贸易发生。但大部分理论没有形成一个体系化、模型化的理论体系。

此后为第三阶段，是理论解释的丰富发展阶段。这一阶段在前一阶段理论研究的基础上，创立了很多模型。其中以克鲁格曼为代表的一批经济学家吸收了传统贸易理论的合理因素，提出了一个新的分析框架，以不完全竞争为基础，运用产业组织理论和博弈论分析工具对不完全市场进行分析，用产品的异质性、规模经济等来阐释产业内贸易的基础和成因，创建了"新贸易理论"。

（一）不完全竞争与产业内贸易

传统贸易理论中完全竞争的市场结构的假定不符合实际情况。经济学理论发展史上有一个著名的巧合，英国剑桥大学的琼·罗宾逊（Joan Robinson）撰写的《不完全竞争经济学》和美国哈佛大学的爱德华·张伯伦（Edward H.Chamberlin）撰写的《垄断竞争理论》同时于 1936 年出版。通常来讲，同时出版著作并不巧合，巧合的是这两本书讨论的实际上是同一个问题，而且是同时对传统古典经济学的完全竞争和相应的完全垄断理论发起挑战与质疑。

完全竞争理论认为，市场上有无数的买家和卖家，所有卖家生产的产品是完全相同且没有丝毫差异的。所以，无论哪个卖家提高自己产品的价格，买家就会转向另一个卖家。因此，买家和卖家都无法影响市场价格，都是市场价格的被动接受者。完全竞争的市场可能会因为大鱼吃小鱼、小鱼吃虾米而进展为完全垄断的市场，即一种产品只有一个卖主，而且这个产品没有任何相似的可替代产品。

但是，罗宾逊夫人和张伯伦同时发现，不说别的，光是欧洲人喜欢的咖啡这一产品，市场上就有许多略有差异但又可以相互替代的品牌，在咖啡因含量、香味和风味等方面都有所不同。而且，即使在存在大量卖方的市场中，每家厂商的产品也不会是完全相同的。比如说，一个城市中有几十家手机店，虽然卖的都是手机，但在消费者心中，这些手机的差别可能较大，其差别反映在手机的种类、品牌以及颜色和款式上，甚至不同手机店提供的售后服务、手机摆放方式及其商店所处位置的不同在消费者看来都可以是一种差别。这些差别，既不能使产品完全相同而形成完全竞争，也不能使产品完全不同而形成完全垄断，这就是琼·罗宾逊说的不完全竞争的情形，或者张伯伦所说的垄断竞争情形或者寡头垄断情形。

在 20 世纪 30 年代琼·罗宾逊和张伯伦绝对想不到，不完全竞争或垄断竞争理论的出现会为几十年后经济学家们研究国际贸易的另一个起源提供理论基础，即成为产业内贸易理论的基础。

（二）产品的异质性与产业内贸易

现实中垄断竞争和寡头垄断的不完全竞争市场结构才是常态，传统贸易理论中同一产业部门生产同质产品的假定也不符合实际情况。同类产品的异质性比同质性出现得更频繁，特别是对于工业品而言，大多数工业品的市场结构是不完全竞争的，其同类产品相似但并不完全相同。

同一产业部门生产的同类产品可以有两种差异：一是垂直差异，即产品质量不同，以满足不同收入的消费者的需求；二是水平差异，即产品质量相同但特征不同，以满足同等收入消费者的多样性需求。这两种差异都可以形成各个不同的生产者在消费市场上不同程度的垄断地位。

一方面，消费者对同类产品的需求是多样性的，客观需要产品的异质性；另一方面，产品的异质性导致产业内部的专业化分工。每个产业内，由于产品的质量、规格等的不同而形成了差异化系列产品，以满足不同消费心理、消费欲望和消费层次的消费需要。当不同国家的消费者对彼此同类产品的异质产品产生相互需求时，就催生了国家之间的产业内分工和产业内贸易的发生。因此，产品的异质性是产业内贸易的重要基础。

（三）规模经济与产业内贸易

传统贸易理论还假设产品生产的规模报酬不变，同样不符合实际情况。现实世界中许多产品的生产存在着规模经济。规模经济（Economies of Scale）或规模报酬递增是指在产出的某一范围内，平均成本随着产出的增加而递减，如果厂商进行大规模生产，会使成本降低、报酬递增。一般来说，在产品的生产具有规模经济时，一个国家的厂商要生产所有品种的产品极为不经济，但是贸易可以使市场规模扩大，成本和价格降低，生产者从生产规模扩大中受益，同时消费者也受益。

产业内贸易是以产业内的国际分工为前提的，产业内的国际专业化分工越精细、越多样化，不同国家的厂商就越有条件从事更加专业化的生产，从而提高生产效率、降低成本。国际贸易开展后，厂商面对更广大的市场和更细分的专业化分工，生产规模可以扩大，规模经济使扩大生产规模的厂商的生产成本、产品价格下降，生产相同产品而规模不变的其他国内外厂商因此被淘汰。当产品完全无差异时，企业水平上的规模经济会导致完全垄断的出现。但现实中差异产品使得没有一家企业能轻易地完全垄断全产业的世界市场。当市场上有许多厂商，而且进入市场没有障碍或准入壁垒较低时，市场是垄断竞争的结构；而当市场上只有少数几家厂商时，市场是寡头的格局。规模经济必然导致一个不同于完全竞争的市场结构，即垄断竞争或不完全竞争。

1985 年，克鲁格曼和赫尔普曼（Helpman）合著出版了《市场结构与对外贸易》一书，书中提出了规模经济贸易学说。该书的主要观点为：规模收益递增为国际贸易直接提供了基础，当某一产品的生产发生规模收益递增时，随着生产规模的扩大，单位产品成本递减而取得成本优势，由此导致专业化生产并出口这一产品。

规模经济提高劳动生产率有两条途径：一是全行业的产出不变，单个厂商生产规模的扩张使得单位产品的生产成本下降；二是每家厂商产出不变，但行业规模扩张和行业中厂商数目增加，因集中从事生产促使专业化供应商形成、共享劳动市场以及有助于知识外溢等带来生产率提高和成本下降。前者是内部规模经济，后者是外部规模经济。一个存在外部规模经济的行业往往由许多相对较小的厂商组成，比如温州的纽扣行业，多半是家庭小企业。这种存在于行业内部而不是单个厂商内部的规模经济，就是外部规模经济。内部规模经济则是指单位产品成本的下降取决于单个厂商的规模而不是厂商所在的行业规模。一个存在内部规模经济的行业中，大厂商比小厂商更具有规模优势。

传统贸易理论认为国家之间的贸易利益来自生产要素禀赋的国际差异，克鲁格曼用规模经济揭示了贸易利益的另一个重要来源。规模报酬递增的存在意味着即使是两个经济情形相似的国家之间，也可以从贸易中获利，这种贸易利益区别于比较利益而独立存在。很多国际经验都表明，一个国家如果缺乏规模经济或只在国内具有规模报酬递增的产业，在开展贸易后就能获得更多的规模收益；并且本国的制造业和服务业都可得到更快更好的发展，消费者也能获得更多福利。

但是与产业间贸易不同的是，根据比较优势展开的产业间贸易可以预测到一国会生产和出口什么产品、进口什么产品，而源于规模经济展开的产业内贸易不能肯定每个国家生产和出口产品的种类。同一行业里，一国只生产某些种类的产品，别国则生产其他种类的产品，这种格局可由偶然因素决定或者由政府扶持产生。此外，与传统贸易理论倡导自由贸易的政策主张不同，由于国际市场上的不完全竞争和规模经济的存在，一国政府可以通过补贴或保护国内市场的手段实施战略性贸易政策，助推本国产业及企业占领更多国际市场份额以获取更多规模经济收益。

从供给的角度，规模经济或规模报酬递增是产业内贸易的成因之一和主要利益来源。追求规模经济促进了各国在产业内部的专业化分工，在存在规模经济的某一产业部门内，各国将各自专注于该产业部门的某些差异产品的发展。而且，国家间的要素禀赋越相似，产业结构的差异越小，越容易形成同一产业内部的专业化分工，越可能生产更多相同类型的产品，发生产业内贸易的可能性越大。

（四）需求偏好的相似性和多样性与产业内贸易

产品的异质性为产业内贸易的发生准备了可能性条件，而产业内贸易的内在动力来自不同国家消费者需求偏好的相似性与多样性。

工业制成品的生产，在初期往往是为了满足国内的需求。生产工业制成品的企业通过国内市场建立生产的规模经济和竞争力后，才会去开拓国际市场。由于产品是为满足国内市场偏好而生产的，所以产品出口会更多地流向需求偏好与出口国相似的国家。

由于人均收入与商品需求之间存在很强的相关关系，因此，需求偏好的相似性可以用收入水平的相似性来代替。人均收入水平是决定购买力水平和购买商品结构的重要因素。国家之间收入水平越相近，消费偏好越相似，越容易对彼此的产品形成广泛的相互需求。因此重叠需求越大，发生产业内贸易的可能性越大；反之，则发生产业间贸易的可能性越大。

产业内贸易最初发生在收入水平接近的发达国家之间而不是收入水平接近的发展中国家之间，表明需求偏好的相似性是其必要条件，其发生的充分条件还在于需求偏好的多样性。当经济发展水平较低时，人均收入水平较低，需求层次较低，消费者对产品的需求比较单一，并不重视产品的异质性。只有当经济发展水平较高时，人均收入水平越高，消费者的需求偏好越多样化，从而越需要产品的异质性来满足需求偏好的多样性，由此带来产品品种的增加或更低的价格使两国消费者可以获得更大满足，从而可以提高两国福利水平。

从需求的角度，需求偏好的相似性与多样性是产业内贸易的另一个成因和利益来源。国家之间收入水平越接近且经济发展水平越高，相似的多样性需求重叠越多，越容易发生产业内贸易。

综上所述，造成产业内贸易现象的主要原因是产品的异质性、规模经济、消费需求多样性以及国家之间产品层次结构和消费层次结构的重叠。关于产品的异质性、规模经济和需求多样性，迪克西特（A. K. Dixit）和约瑟夫·斯蒂格利茨（Joseph E. Stiglitz）1977年在《垄断竞争和最优产品的多样性》一文中建立了一个规模经济和多样性消费需求之间的两难冲突模型（D-S模型）。一方面，消费者有多样性需求偏好，希望可消费产品的品种多多益善；另一方面，从生产者角度，由于规模经济的存在，规模越大产品种类越少越单一，成本越低。因此大规模生产的单一化和消费者需求的多样性之间存在两难冲突。克鲁格曼（1979，1980，1981）引入产业组织理论对D-S模型进行了完善。解决这一两难冲突，完全可以通过国家之间产业内分工和贸易来解决。产业内贸易可以提供差异化产品，既可满足单一厂商的规模经济需求，也可满足消费者的多样性需求。

产业内贸易理论放开传统贸易理论的假定，从不完全竞争市场结构、产品的异质性、规模经济、需求偏好的相似性与多样性等多方面探讨了国际贸易形成动因，突破了基于比较优势参与国际分工和贸易的传统贸易理论，解释了当代无法用传统贸易理论解释的贸易现象和问题，无论是从理论上还是实践上都深刻影响着人们对全球贸易发展的理解。

第四节　新新贸易理论

一、理论的产生及基本思想

20世纪90年代以来，新新贸易理论主要研究的是企业层面的贸易现象，关注的是企业的异质性与出口和FDI决策的关系，以及企业在国际生产中对每种组织形式的选择。新新贸易理论认为，由于企业的异质性存在，贸易会导致市场份额在产业内企业间的重新配置，市场份额向高生产率企业靠近，而那些具有最低生产率的企业被迫退出，从而提高行业生产率，使得那些在封闭经济中本可以继续生产的企业被迫退出市场。因为贸易会导致市场份额在产业内企业间的重新配置进而可以提高行业生产率，所以它可以提高社会福利水平，即使可能导致国内企业的减少，也不影响国内消费者的福利，因为国外市场可以提供价格更低且种类更丰富的产品。新新贸易理论有两个分支：一个是以马克·梅里兹（Marc J. Melitz）为代表的学者提出的异质企业贸易模型，另一个是以安特拉斯（Antras）为代表的学者提出的企业内生边界模型。

（一）异质企业贸易理论模型

1. 假设条件

（1）存在两个对等的国家，两国均有一个生产部门、一种生产要素L，同时存在贸易成本和沉没成本。

（2）企业将分化为X型企业（Export Firms）、D型企业（Domestic Firms）和N型企业（Non-producers）。其中，X型企业的生产率最高，其产品将同时在国内市场销售并出口国际市场；D 型企业的生产率居中，其产品只能在国内市场销售；N 型企业因其生产率最低、成本过高而被淘汰出市场。

（3）梅里兹模型还假定效率最高的 X 型企业可以经受住国内国际市场的激烈竞争，而那些效率低下的企业只能被淘汰出局，整个行业的效率都会因国际贸易的自由化而得到提升。

梅里兹模型的企业异质性主要表现为企业生产率、专用性技术、产品质量的差异，尤其是企业生产率的差异。梅里兹的异质企业贸易模型就是探讨异质企业是如何从事国际贸易的，贸易对企业的生产率增长和福利究竟会产生哪些影响等问题。

首先，梅里兹模型考虑的是企业的国际化策略是选择出口、FDI 还是只在国内市场销售。各个产业都是由生产率水平不同的异质性企业组成的。其中生产率水平最高的企业会选择 FDI、出口或者将二者结合，而生产率最低的企业则会被挤出市场，生产率居中的企业只能选择在国内市场销售。

其次，梅里兹模型将企业异质性的原因归结为生产效率的差异，并将竞争性技术、国际贸易成本、具备异质性技术水平的工人这三个因素归结为产生企业异质性的原因。同时企业雇用与该技术相匹配的拥有异质性技术水平的工人，这样企业的产品或服务就具有异质性贸易优势。该模型还很好地解释了不断增加的技术溢价为异质性企业带来的超额收益。

2. 梅里兹模型的结论

（1）贸易使停止营业点生产率提高到某一门槛值，这使原来本可以获得利润的部分企业因为生产率低于停止营业点生产率而被迫退出。

（2）生产率较高的企业也不是都从事国际业务，只有那些生产率大于门槛值的企业才能在国际市场上获得额外的高额利润，而生产率在门槛值以下的企业，只能从事国内业务，除非它们的其他动机导致它们即使在国际业务亏损的情况下，也仍然选择不退出国际市场。

（3）最低生产率的企业退出市场，市场份额转移到高生产率企业，从而使行业的整体生产率提高，同时国内企业数量降低。

（二）企业内生边界理论

企业内生边界模型用来解释为什么海外生产通常发生在企业边界之内，而不是通过交易、外包或许可的方式进行。该模型考虑到南北两国贸易的情况，并假定企业会选择不同的组织形式、不同的产权结构和不同的生产地。这些差异反映了企业异质性的存在。新的企业内生边界模型发现生产率差异影响了企业进入国际市场的决策。

二、理论的贡献与局限性

（一）新新贸易理论的贡献

（1）新新贸易理论从企业异质性角度提出了新的贸易理论观点。

（2）新新贸易理论从企业这个微观层面来研究贸易的基本问题，使得国际贸易理论获得了新的微观基础和视角。

（二）理论的局限性

（1）新新贸易理论仅用生产率差异来反映企业异质性，忽略了其他诸如企业组织结构、企业进入国际市场的方式、企业战略、市场定位等因素的影响。

（2）早期的异质性模型假定对称性国家、市场规模一定，不考虑政策因素的影响。该理论也没有充分考虑产品差异性。

（3）新新贸易理论也没有考虑家庭和企业的动态最优化决策。

（三）新新贸易理论蕴涵着丰富的政策含义

（1）根据新新贸易理论，贸易或自由贸易可以提高行业生产率水平和社会福利。

（2）新新贸易理论还指出，在不提高单个企业生产率水平的情况下，一国仍然可以通过贸易和开放来提高一个产业甚至全国的生产率水平。

⚠ 关键术语

绝对优势	比较优势	生产要素禀赋
要素密集度	施托尔珀 – 萨缪尔森定理	要素价格均等化
里昂惕夫之谜	国际需求方程式	提供曲线
人力资本	要素密集度	产业内贸易
同质产品	异质产品	规模经济
需求偏好的相似性	完全竞争和不完全竞争	G–L 指数
AQ 指数	MIIT 指数	企业异质性

🕐 习题与思考

1. 简要说明绝对优势理论与比较优势理论的主要思想。

2. 绝对成本和比较成本的区别是什么？为什么说绝对成本是比较成本的一个特例？

3. 简要概述李嘉图模型的基本观点与思想。

4. 简要分析 H–O 模型与李嘉图模型的内在联系与主要区别。

5. 马歇尔是如何用提供曲线解释相互需求理论的？

6. 试解释要素价格均等化过程，要素价格均等化原理有无现实意义？为什么中国和美国已经发生了大规模的贸易往来，两国的工资差别仍然很大？

7. 对里昂惕夫之谜的解释主要有哪些？

8. 试述产品生命周期贸易模式新要素理论对生产要素的外延进行了怎样的拓展？

9. 什么是产业内贸易？其产生和发展的基础和原因是什么？

10. 试分析比较古典、新古典贸易理论和新贸易理论在基本假设、主要结论和政策主张方面的不同。

11. 新新贸易理论研究的层面是什么？有几个分支？

延伸阅读 2-1

传统贸易理论、新贸易理论、新新贸易理论的比较

国际贸易理论作为理论的专门分支始于亚当·斯密。他在《国富论》中提出了绝对成本的概念，后经李嘉图修正，形成了比较成本理论。比较成本理论提示了互利贸易的基础以及贸易利益的来源。继而俄林在其《区域间贸易和国际贸易》一书中对此做出了解释，提出了要素禀赋理论（即 H-O 模型）。这一理论指出：比较成本差异的原因在于各国资源禀赋的不同，并且就国际贸易的商品和要素模式给出了确定性的结论。至此，以上理论奠定了传统国际贸易理论的两个层次的核心。新贸易理论是指 20 世纪 80 年代初以来，以保罗·克鲁格曼为代表的一批经济学家提出的一系列关于国际贸易的原因、国际分工的决定因素、贸易保护主义的效果以及最优贸易政策的思想和观点。起初新贸易理论旨在用实证的方法解释贸易格局，填补传统贸易理论的逻辑空白，后来发展成为以规模经济和非完全竞争市场为两大支柱的完整的经济理论体系。

新贸易理论（不完全竞争和规模经济理论、产品生命周期理论）和传统贸易理论（古典和新古典贸易理论）其实是一脉相承的，本质上都是比较优势理论，不管是古典和新古典所说的生产率差异、资源禀赋差异，还是现代贸易理论说的规模经济差异、生命周期差异，都是想说明各国各种生产因素的差异造成不同的比较优势，而通过贸易则会带来福利增加。

一、新贸易理论和传统贸易理论的差别

新贸易理论和传统贸易理论存在较大的差别，其最大的不同点在于如下几个方面。

第一，理论假设的不同。传统贸易理论基于规模报酬不变和完全竞争的假设，但新贸易理论则基于规模报酬递增和不完全竞争的假设，可以说新贸易理论是比较优势理论的动态发展，更贴近近代国际贸易的现实。

第二，理论的思想渊源不同。以斯密为代表的古典贸易理论是从生产技术差异的角度，来解释国际贸易的起因与影响的，在古典生产函数中，劳动是唯一的生产要素；新贸易理论则指出，要素禀赋的相对差异是比较优势的来源之一，但更重要的是规模经济优势带来的比较优势。而规模经济优势不仅取决于国家大小和国家经济规模大小，而且一定程度上取决于政府对产业的干预情况。

第三，贸易模式不同。传统贸易理论研究的是发达国家与发展中国家之间的产业间贸易；新贸易理论研究的侧重点则是产业内贸易。

传统贸易理论和新贸易理论均不涉及企业的边界问题，现有企业理论仅限于部分均衡分析而忽视了公司内贸易的国际维度。传统国际贸易理论没有对单独企业的研究，主要研究的

是产业间贸易。在新古典贸易理论中，大多数研究都假定规模报酬不变的条件下，一般均衡模型只是限定了企业所在产业部门的规模，企业的规模则是模糊的。新贸易理论主要研究的是规模报酬递增和不完全竞争条件下的产业内贸易，虽然赫尔普曼－克鲁格曼差别产品模型对企业的规模做出了限定，但为简化起见，选用的是典型企业，也不考虑企业间差异。近期的实证研究表明，考虑企业间的差异对于理解国际贸易至关重要，同一产业部门内部企业之间的差异可能比不同产业部门之间的差异显著，而且现实中并非所有的企业都会从事出口，无论是在企业规模还是企业的生产率方面，企业都是异质的。

二、新新贸易理论与传统贸易理论、新贸易理论的区别

新新贸易理论与传统贸易理论、新贸易理论的区别在于：无论是"传统贸易理论"还是"新贸易理论"，都将"产业"（Industry）作为研究单位，而"新新贸易理论"则将研究重点放在异质企业上，将分析变量进一步细化到企业层面，研究企业层面变量（Firm-level Variations），较好地将产业组织理论和契约理论的概念融入贸易模型，从而开拓国际贸易理论和实证研究新的前沿。

新新贸易理论更关注企业的异质性与出口和 FDI 决策的关系，关注企业在国际生产中对每种组织形式的选择，考虑企业层面异质性来解释更多新的企业层面的贸易现象和投资现象，在企业全球化生产这一研究领域做出了重大理论突破。新新贸易理论有两个分支：一是梅里兹为代表的学者提出的异质企业贸易模型，另一个是安特拉斯为代表的学者提出的企业内生边界模型。异质企业贸易模型主要解释为什么有的企业会从事出口贸易而有的企业则不从事出口贸易；企业内生边界模型主要解释是什么因素决定了企业会选择公司内贸易、市场交易还是外包形式进行资源配置。二者同时都研究了什么决定了企业会选择以出口方式还是 FDI 方式进入到海外市场。

资料来源：吕连菊 . 新新贸易理论、新贸易理论和传统贸易理论的比较研究 [J]. 经济论坛，2011(09): 27-30.

延伸阅读 2-2

技术差距理论

一、技术差距理论概述

技术差距理论（Technological Gap Theory），又称技术差距模型（Technological Gap Model），是把技术作为独立于劳动和资本的第三种生产要素，探讨技术差距或技术变动对国际贸易影响的理论。由于技术变动包含了时间因素，技术差距理论被看成是对 H-O 理论的动态扩展。

技术差距理论产生于 1961 年，代表人物为美国学者波斯纳。他在《国际贸易与技术变化》一文中，提出了国际贸易的技术差距模型。技术差距理论认为，技术实际上是一种生产要素，并且实际的科技水准一直在提高，但是在各个国家的发展水准不一样，这种技术上的差距可以使技术领先的国家具有技术上的比较优势，从而出口技术密集型产品。随着技术被

进口国模仿，这种比较优势消失，由此引起的贸易也就结束了。

技术差距理论认为，工业化国家之间的工业品贸易，有很大一部分实际上是以技术差距的存在为基础进行的，通过引入模仿时滞（Imitation Lag）的概念来解释国家之间发生贸易的可能性。在创新国（Innovation Country）和模仿国（Imitation Country）的两国模型中，创新国的一种新产品开发成功后，在模仿国掌握这种技术之前，创新国具有技术领先优势，可以向模仿国出口这种技术领先的产品。随着专利权的转让、技术合作、对外投资或国际贸易的发展，创新国的领先技术流传到国外，模仿国开始利用自己的低劳动成本优势，自行生产这种商品并减少进口。创新国逐渐失去该产品的出口市场，因技术差距而产生的国际贸易量逐渐缩小，最终被模仿国掌握，技术差距消失，以技术差距为基础的贸易也随之消失。

1963 年，哥·登·道格拉斯（Gordon Douglas）运用模仿时滞的概念，解释了美国电影业的出口模式。即一旦某个国家在给定产品上处于技术领先的优势，该国将在相关产品上继续保持这种技术领先的优势。1966 年，盖·瑞·胡佛鲍尔（G. C. Hufbauer）利用模仿时滞的概念，解释了合成材料产业的贸易模式。即一个国家在合成材料出口市场的份额，可以用该国的模仿时滞和市场规模来解释。当他按照各国的模仿时滞对国家进行排序时发现，模仿时滞短的国家最先引进新合成材料技术，并开始生产和向模仿时滞长的国家出口，随着技术的传播，模仿时滞长的国家也逐步开始生产这种合成材料，并逐步取代模仿时滞短的国家的出口地位。对技术差距理论的经验研究，支持了技术差距理论的观点，即技术是解释国家贸易模式的最重要的因素。

二、技术差距理论的前提

（一）最初的技术进步必须建立在存在于某国经济中的一系列制度性内生变量的基础之上

所谓制度性内生变量（Systematic and Endogenous Variables），是指一国同他国相比能够引发技术进步的诸多他国所不具备的因素。以二战以后的美国为例，美国之所以能够长期居于世界科学技术水平的领先地位，主要就是得益于诸如美国拥有雄厚的总体经济实力、较高的人均国民收入、国际竞争能力强劲的大型和特大型公司企业、充足的科技投入和庞大的科技队伍、完善的风险投资机制等一系列其他国家无法望其项背的有利条件。这就是美国经济中独有的制度性内生变量。这些因素或者从需求的方面提出了技术创新的要求，或者从供给的方面保证了技术创新的现实可能性。例如，人均国民收入越高，居民的消费就越倾向于能带来较高层次的多重满足的高科技新产品，因而刺激了技术的发展与创新。同时，全社会较高的工资水平又使这些高科技新产品能够较为顺利地进入市场，并通过市场进入居民的日常生活消费。再如，实力雄厚、队伍庞大的科技人员和受教育程度较高的劳动大军，以及完善的风险投资机制，使技术创新的机会不断萌生。同时，一方面，日益激烈的市场竞争迫使各行各业的大公司、大企业将更多的人力、物力、财力投入技术研究和新产品开发；另一方面，随着各行业公司和企业规模的扩大、利润的积累，它们也有能力增加投入，从事大规模的研究与开发，进而使技术创新转化成为一系列的高科技新产品，并使之商品化。可以说，正是基于这样一些制度性内生变量的作用，才使美国成为二战以后新一轮科学技术革命的发祥地。

（二）技术成果的国际传递受多方面因素的制约，难以顺利进行。所以，在一定时期内，率先完成某项技术创新的国家，即所谓技术创新国，能较为稳定地保有因技术创新带来的技术差距比较优势

技术成果之所以难以在国家间迅速传递，一般说来是基于以下三个方面的原因。

第一，技术成果本身是获得巨额利润的源泉，因此在完成某项技术创新以后，技术创新国必然采取技术垄断和技术封锁等多种措施，首先充分地享受该项技术创新的创利效益，直到该项技术创新从某种意义上来说已经成为一种相对成熟的技术以后，技术创新国才有可能愿意考虑该项技术成果的转让问题。

第二，技术成果本身同时又是耗费巨大的现实资源投入（包括人力、物力和财力）的产物，而且，技术创新投资从本质意义上看是一种高风险投资，所以，在国家间进行技术转让的过程中，技术成果作为一种特殊的商品，也体现着使用价值与价值的统一。其使用价值表现为该项技术成果创造利润的能力，其价值表现为研究完成该项技术成果的过程中全部投入和所承担风险的价值总和，以及该项技术创利能力的价值表现。因此，技术成果的价格既要包括研制过程中的全部现实投入和风险投资及其回报，又要包括该项技术成果转让后在剩余的使用年限内继续为其所有者创造利润能力的一定比例。所以，以"专利转让费"或"生产特许权转让费"的形式出现的技术成果的转让价格一般相当昂贵。这就从需求的方面制约着技术成果的迅速转让。

第三，与上述两个方面因素相联系，非技术创新国也可能试图通过自身的研究与开发取得某项技术成果，实现变相的技术转移。但极有可能受到该国自身的诸多制度性内生变量的制约，遇到多方面的困难和障碍，使其在短期内难以实现掌握某项技术成果，并将之用于现实生产的目的。

资料来源：MBA 智库百科——技术差距理论，https://wiki.mbalib.com/wiki/%E6%8A%80%E6%9C%AF%E5%B7%AE%E8%B7%9D%E7%90%86%E8%AE%BA。

第三章
CHAPTER 3

国际贸易政策

学习目标

- 掌握国际贸易政策的概念及其类型，了解影响国际贸易政策制定的因素
- 掌握自由贸易政策和保护贸易政策的理论依据，了解自由贸易政策和保护贸易政策的实施措施
- 掌握战略性贸易政策理论体系及其新发展，了解认识战略性贸易政策的本质

国际贸易政策可以归纳为三种基本类型：自由贸易政策、保护贸易政策和管理贸易政策。从时间序列的脉络来看，在资本主义原始积累时期，出现了重商主义；在资本主义自由竞争时期，自由贸易政策与保护贸易政策并存；在资本主义垄断时期，出现了超保护贸易政策。二战后，国际贸易政策随着时代的发展而不断发生变化：20世纪50年代～70年代初期，发达国家再次推行自由贸易政策，同期发展中国家则选择进口替代和出口导向贸易政策；70年代中期以后，出现新贸易保护主义、介于纯粹的自由贸易和完全的保护贸易之间的管理贸易政策；80年代初期，大多数发展中国家选择贸易自由化道路；2008年金融危机后，保护贸易政策又一次呈现。国际贸易政策与各国经济发展密切相关，国际贸易政策的改变与实施既反映了不同时期国际贸易形势的变化，也影响着各国对外贸易的发展，又影响着世界经济的发展。

第一节 国际贸易政策概述

一、国际贸易政策的概念及其类型

(一)国际贸易政策的概念

国际贸易政策(International Trade Policy)是各国在一定时期内对进口贸易和出口贸易所实行的政策,是运用国际贸易理论指导国际贸易实践的杠杆和中介。从单个的国家角度出发,有关的国际贸易政策就是一国的对外贸易政策,因而关于国际贸易政策的分析就是对各国对外贸易政策的分析。

1. 对外贸易政策的目的

总的来说,一国对外贸易政策是为本国利益服务的。具体来说,对外贸易政策的目的表现在以下几个方面。

(1)保护本国市场。一国通过征收关税等贸易保护措施,限制外国产品输入,以便把本国市场留给本国生产的产品,保护本国的产业发展,特别是保护缺乏竞争力的本国幼稚工业的发展。

(2)扩大本国产品的出口市场和国际竞争力。一国通过对厂商提供出口补贴、出口信贷、出口信用担保等贸易措施,帮助企业拓展国际市场和提高本国产品在国际市场上的竞争能力。

(3)积累资本或资金。一国通过对外贸易政策扩大出口或限制进口,是增加外汇收入或节约外汇的重要途径。

(4)开展国际经济技术合作,促进本国经济发展。

(5)维护本国政治经济的安全与稳定。

2. 一国对外贸易政策的构成

一国对外贸易政策一般由对外贸易总政策、对外贸易进出口商品政策和对外贸易国别(或地区)政策等构成。

(1)对外贸易总政策。

对外贸易总政策包括进口总政策和出口总政策,是指一国在总体上采取的是相对自由贸易政策还是保护贸易政策。对外贸易总政策通常与一国的经济发展战略相联系,会在一个较长的时期内加以贯彻。例如,19世纪的英国率先完成第一次产业革命后,生产力大大提高,其产品在国际市场上具有很强的竞争力,因而主要选择自由贸易政策;而同时期的德国、美国则因生产力低下、产品竞争力弱而主要选择保护贸易政策,保护本国幼稚工业发展。

(2)对外贸易进出口商品政策。

对外贸易进出口商品政策是一国在对外贸易总政策的基础上,根据本国不同产业的发展需要、不同商品在国内外的需求和供应情况以及在世界市场上的竞争能力，针对各种进出口商品的生产、销售分别制定的具体政策，对不同商品的进出口给予不同的待遇。例如，国家有意识地扶植某些出口部门，如某些新兴产业等，或暂时限制某些种类商品的进口，如对某些高污染、高能耗、高排放等产品征收高额的出口关税。一国的对外贸易进出口商品政策通常与该国的产业发展政策有关。

（3）对外贸易国别（或地区）政策。

对外贸易国别（或地区）政策是根据对外贸易总政策及世界政治经济形势、本国与不同国家（或地区）的政治经济关系，分别制定的适应特定国家（或地区）的对外贸易政策，即一国根据有关国际经济格局、政治社会关系以及本国经济结构的特点等，对不同的国家或地区采取不同的贸易政策。

在现实经济生活中，上述三方面是紧密联系、相互贯通的。无论是商品的进出口政策，还是国别贸易政策，总是离不开对外贸易总政策的指导；对外贸易总政策也不是抽象的东西，它是通过具体的商品的进出口政策和国别（或地区）贸易政策体现出来的。

（二）国际贸易政策的类型

从国际贸易政策的实践来看，对外贸易政策按照性质基本上可分为两种类型：自由贸易政策和保护贸易政策。但在不同时期，一个国家采取自由贸易政策或保护贸易政策的程度是不同的。

1. 自由贸易政策

自由贸易政策（Free Trade Policy）是指国家取消对进出口贸易的限制和障碍，取消对本国进出口商品的各种特权和优惠，使商品自由地进出口，在国内外市场上自由竞争。

2. 保护贸易政策

保护贸易政策（Protective Trade Policy）是指国家广泛利用各种限制进口和控制经营领域与范围的措施，保护本国产品和服务在本国市场上免受外国商品和服务的竞争，并对本国的出口商品和服务贸易给予优待与补贴，以鼓励其出口。保护贸易政策的基本特征就是"限入奖出"。

（三）对外贸易政策的制定和执行

对外贸易政策一般是按照分权制衡的原则来制定和实施的，即通过国家立法机构制定或修改对外贸易政策，然后由有关的行政机构来监督和管理对外贸易。

一国的最高立法机构在对外贸易政策方面也是最高权威机构。这类立法机构在美国是国会，在英国是议会，在法国是国民议会，在德国是联邦议会，在日本是国会，在中国是全国人民代表大会。这些拥有立法权的机构制定、修改通过和颁布与对外贸易有关的各种法令。这些法令往往是该国为期较长的一段时期内要实行的对外贸易的总方针和基本原则，规定某些重要的措施和授予行政机构特定的权限。

对外贸易政策的具体实施过程则由行政机构负责，政府部门根据有关的法令来制定具体的实施细则。例如在政府中设立外贸部或商务部作为对外贸易的行政管理机构；在对外开放的口岸地点设立海关作为进出口商品的通道，对商品进行监督查验、征收关税、查缉走私；设立进出口银行，从金融上支持商品的进出口，发放出口信贷、办理国际支付结算；设立商品检验局和卫生检疫机构，从进出口商品的质量、卫生和技术标准等方面进行把关。

二、国际贸易政策制定的影响因素

国际贸易政策从单个国家或地区的角度看就是对外贸易政策。对外贸易政策属于上层建筑，是为经济基础服务的。它反映了经济发展与当权阶级的利益与要求。追求本国、本民族经济利益和政治利益的最大化，是一国或地区制定对外贸易政策的基本出发点。一般来说，一个国家或地区在制定对外贸易政策时，要考虑下列因素。

（一）本国的经济发展水平和商品竞争能力

经济发展水平较高、商品竞争能力较强的国家往往实行自由贸易政策，而经济发展水平较低、商品竞争能力较弱的国家则常常实行保护贸易政策。因此，在当今世界上，发达国家多倡导贸易自由化，发展中国家则多推崇贸易保护主义。

（二）本国的经济结构和比较优势

传统产业（如农业、手工业）占主导地位而现代工业尚未成长起来的国家，为保护传统产业和促进幼稚产业的成长，往往实行保护贸易政策；经济结构已高度现代化的国家则推行自由贸易政策。

（三）本国的经济状况

如一国国内经济出现严重萧条和失业，对外贸易出现逆差，国际收支出现赤字，劳动生产率和商品竞争力有所下降，其对外贸易政策就会出现保护主义色彩；反之，其对外贸易政策就会增加自由贸易成分。

（四）本国各种利益集团力量的对比

一国在制定对外贸易政策时，往往要考虑某种利益集团的要求。由于实行不同的对外贸易政策对不同的利益集团会产生不同的利益影响，这就不可避免地造成各种利益集团在对外贸易政策上的冲突。一般说来，那些同进口商品竞争的行业和与之有生产联系的各种力量是贸易保护主义的推崇者；相反，以出口商品生产部门为中心参与许多国际经济活动的各种经济力量，则是自由贸易的倡导者。这两股力量都力图影响对外贸易政策的制定和实行，以维护和扩大自己的利益。它们之间力量对比的消长，直接给对外贸易政策的变动带来重大影响。

（五）政府领导人的经济贸易思想

虽然各国对外贸易政策的制定与修改是由国家立法机构来进行的，但是政府机构尤其是政府领导人往往拥有某些特殊的合法权力。例如，美国国会往往授予美国总统在一定范围内制定某些对外贸易法令、进行对外贸易谈判、签订贸易协定、增减关税和确定数量限额等的权力。因此，政府领导人的经济贸易思想也是影响一国对外贸易政策取向的重要因素之一。

（六）本国与他国的政治、外交关系

一般说来，一国往往对那些政治、外交关系友好，经济上不会构成威胁的他国开放国内市场，扩大商品和技术的出口；对那些政治或经济上的敌对国家则采取保护贸易政策。需要指出的是，一国实行自由贸易政策，并不意味着完全的自由。发达资本主义国家在标榜自由贸易的同时，总是或明或暗地对某些产业实行保护。事实上，自由贸易的口号历来是作为一种进攻的武器，即要求别国能够实行自由贸易；而且只有在双方都同意开放市场之后，自由贸易政策才会付诸实施。另外，一国实行保护贸易政策也并不是完全封闭，不与别国开展贸易，而是对某些商品的保护程度高一些，对有些商品的保护程度则低一些甚至很开放。在保护国内生产者的同时，也要维持同世界市场的某种联系。更有一些国家实际上实行保护贸易的政策，而口头上却宣称自由贸易。所以说，绝对的自由贸易政策和完全的保护贸易政策是不存在的。无论是自由贸易政策，还是保护贸易政策，都是相对而言的。

（七）一国对外贸易政策的国际协调

一国对外贸易政策的制定固然是从本国或本民族的利益出发的，但也要考虑到他国的利益，这样才能使互利性的贸易得到长远的发展。实践证明，各国制定对外贸易政策的"天平"总是倾向于本国利益，因此，要真正体现互惠互利，就必须有贸易政策的国际协调，以使贸易遵循某些共同的"竞赛规则"。贸易政策的国际协调要求把各国的对外贸易政策当作国际贸易总体政策的不同组成部分，考虑到各方利益。可见，一国的对外贸易政策不能不考虑其他国家的利益，不能不考虑某些国际规则。

第二节   自由贸易政策

一、自由竞争时期的自由贸易政策

在资本主义自由竞争时期，资本主义生产方式占统治地位，自由贸易政策是这一时

期国际贸易政策的基调。虽然各个国家由于工业发展水平和在世界市场上的竞争地位不同，采取了不同的对外贸易政策，但是从总体上看，自由竞争资本主义时期，西方国家的对外贸易政策是仍以自由贸易为特征的。

（一）自由贸易政策的产生背景

英国是最早实行自由贸易政策的国家。在 18 世纪后半期，英国最先进入了产业革命，确立了资本主义在国内的统治地位，机器大工业代替了工场手工业，工业生产迅速发展。19 世纪英国成为最强的工业国家，它的商品销往世界各地，原料、食品来自世界各地，英国的地位被形容为"世界工厂"。重商主义的保护贸易政策已经成为束缚英国经济发展和影响英国工业对外扩张的严重阻碍。为此，英国新型工业资产阶级迫切要求废除以往的贸易保护政策，主张实行在世界市场上进行无限制的自由竞争和自由贸易政策。从 19 世纪 20 年代开始，伦敦和曼彻斯特的英国工业资产阶级展开了一场大规模的自由贸易运动。运动的中心内容就是反对保护贸易的立法——《谷物法》。经过数十年的斗争，工业资产阶级终于取胜，英国开始实行自由贸易政策。

（二）自由贸易政策的主要表现

英国在这个时期实行自由贸易政策主要表现在以下几个方面。

1. 废除《谷物法》

《谷物法》是英国推行重商主义保护贸易政策的重要立法，主要内容是运用关税政策，限制或禁止谷物的进口，维持国内谷物的高价，保护贵族地主阶级的利益。《谷物法》的实施引起了其他粮食输出国家对英国工业品的关税报复，英国工业资产阶级的利益受到极大损害。所以工业资产阶级在自由贸易的口号下与贵族地主阶级展开了反《谷物法》的斗争。1838 年英国棉纺织业资产阶级组成"反谷物法同盟"（Anti-Corn Law League），对农产品贸易保护进行无情的抨击。1844～1846 年爱尔兰发生大面积饥荒，使得英国限制谷物自由输入变得不可容忍。1846 年英国政府被迫宣布废除《谷物法》，工业资产阶级最终取得了胜利。马克思称英国《谷物法》的废除是 19 世纪自由贸易所取得的最伟大的胜利。

2. 简化税法、降低关税税率和减少纳税商品项目

经过几百年重商主义实践的英国制定的有关关税法令达 1 000 件以上，不同的法令通常对同一商品规定不同的税率。1825 年起英国开始简化税法，废止旧税率，对制成品进口关税的平均税率规定在 30% 左右，原料进口税率为 20%，而且所征关税完全是财政关税，禁止出口的法令完全被废除。1841 年英国征收进口税的商品项目有 1 163 种，1853 年减少到 466 种，到 1882 年时已逐步减少到 10 余种。

3. 废除原《航海法》

原《航海法》是英国限制外国航运业竞争和垄断殖民地航运事业的政策。该法规定，

凡亚洲、非洲、美洲产品必须由英国船舶装运进口。从 1824 年开始，英国逐步废除这些限制性法令，到 19 世纪 50 年代，英国的沿海贸易和对殖民地贸易全部开放给其他国家，重商主义时代制定的《航海法》全部废除。

4. 取消特权公司

1813 年和 1834 年东印度公司对印度和中国贸易的垄断权分别被废止。从此，对印度和中国的贸易被开放给所有的英国人。

5. 改变对殖民地的贸易政策

18 世纪英国对其殖民地的航运享有特权，殖民地的货物输出英国享受特惠关税的待遇。1849 年《航海法》废止后，殖民地亦可以对任何国家输出商品，也可以从任何国家输入商品。通过关税法的改革，废止了对殖民地商品的特惠税率，从此，殖民地与外国输入的商品均处于同等的竞争地位。同时也准许殖民地与外国签订贸易协定，英国不再干涉殖民地与任何国家建立直接的贸易关系。

6. 与外国签订贸易条约

1860 年，英国与法国签订了第一个体现自由贸易精神的贸易条约，即《科伯登－谢瓦利埃条约》。该条约规定，英国对法国的葡萄酒和烧酒的进口税予以降低，并承诺不限制煤炭的出口；法国则保证对从英国进口的制成品征收不超过 30% 的从价税。该条约中还列有最惠国待遇条款。19 世纪 60 年代，英国与意大利、荷兰等国缔结了 8 个类似的条约。英国实行自由贸易政策达 60 年之久。自由贸易政策对当时英国经济和对外贸易的发展起到了巨大的促进作用，使英国经济跃居世界首位。1870 年，英国的工业生产总值占世界工业生产总值的 32%；煤、铁产量和棉花消费量各占世界总量的一半左右；对外贸易额占世界贸易总额的近 1/4，几乎相当于法、德、美三国的总和；拥有的商船吨位居世界第一，约为荷、美、法、德、俄五国的总和；伦敦成为国际金融中心。在英国的影响下，欧洲各国分别签订了类似的贸易条约，相互提供最惠国待遇，放弃贸易歧视。在欧洲各国间，形成了一个完整的条约网，从而出现了关税普遍降低的时期。但是，真正采取全面自由贸易政策的国家只有英国和荷兰。

（三）自由贸易政策的理论基础及简要评价

亚当·斯密和大卫·李嘉图的国际分工、自由贸易理论为英国推行自由贸易政策提供了理论上的依据。他们的理论在于说明在自由贸易条件下，各国按照比较优势进行分工和交换，有利于提高专业技能，使资源和生产要素得到最优化配置，提高劳动生产率，通过国际交换，节约社会劳动，增加国民财富。另外，自由贸易还有利于反对垄断、加强竞争、提高经济效率，有利于提高利润率、促进资本积累。这些理论完全满足了当时英国工业资产阶级的愿望，成为反对重商主义保护贸易政策、推行自由贸易政策的有力武器。

但是，1870 年开始的第二次产业革命帮助美国和德国迅速崛起，却对英国等欧洲老牌资本主义工业国构成威胁。英国逐步丧失了在世界经济中的主宰地位，自由贸易政策越来越难以维持。经过一战，英帝国的经济实力终于为后起的美国所超越，国际竞争力急剧下降，不得不废除维持了半个多世纪的自由贸易政策。

二、二战后至 20 世纪 70 年代中期发达国家的贸易自由化

二战后，世界的政治与经济形势发生了深刻的变化，各国的对外贸易政策也随之出现了重大变化。战后初期，发达国家，尤其是西欧、日本等国为了经济重建，一度继续实行超保护贸易政策，严格限制商品的进口，以保护本国市场。但是，美国在战后一直致力于推动贸易自由化，并促使成立了《关税及贸易总协定》（General Agreement on Tariffs and Trade，GATT），在各缔约方之间进行关税减让，以打开别国市场。在美国的压力之下，再加上各国经济的恢复和发展的需要，20 世纪 50 年代开始，西欧和日本等主要发达国家也开始推行贸易自由化。

（一）二战后贸易自由化的主要表现

1. 建立了以自由贸易为目标的国际贸易机构

成立于二战后期 1947 年的 GATT，其目的在于"大幅削减关税和其他贸易障碍，取消国际贸易中的歧视待遇"，以"扩大世界资源的充分利用及发展商品生产和交换"。1995 年，WTO 代替 GATT 行使职能，从而在更为广泛的领域和更深的层次上推广自由贸易政策。

2. 关税水平的大幅度下降

二战后以来，经过 GATT 主持的 8 轮多边贸易谈判，发达国家的平均关税水平大幅下降。此外，发达国家还以普惠制、《洛美协定》等方式向发展中国家提供单方面的贸易优惠。其中普惠制是广大发展中国家经过长期斗争，于 1968 年在联合国贸易和发展会议上通过的一项决议。《洛美协定》则是欧洲经济共同体（现欧盟）与非洲、加勒比海沿岸及太平洋地区的发展中国家于 1975 年、1979 年、1986 年和 1990 年分别签订的有关协议。根据这些协议，欧洲经济共同体对来自 3 个地区国家的全部工业品和大多数农产品给予免税进口的待遇。[○]

3. 非关税壁垒有所减少

二战后初期，发达国家对许多商品进口实行严格的进口限额、进口许可证和外汇管

○ 1975 年 2 月 28 日，非洲、加勒比海沿岸和太平洋地区 46 个发展中国家（简称"非加太地区国家"）和欧洲经济共同体 9 国在多哥首都洛美开会，签订贸易和经济协定，全称为《欧洲经济共同体—非洲、加勒比和太平洋（国家）洛美协定》，简称《洛美协定》。2000 年 2 月，欧盟和非加太集团就第五期《洛美协定》达成协议，并于同年 6 月在科托努正式签署，被称《科托努协定》，该协定自 2003 年 4 月 1 日起正式生效。《洛美协定》就此宣告结束。

理等措施，以保护国内经济。后来随着经济的恢复和发展，这些国家在不同程度上放宽了对进口数量的限制。如到 20 世纪 60 年代初，参加 GATT 的经济合作与发展组织（Organization for Economic Cooperation and Development，OECD）成员方之间的进口数量限制已经取消了 90%，欧洲经济共同体成员方之间则于 1961 年取消了工业品进口数量的限制。与此同时，西方发达国家还在不同程度上放宽或解除了外汇管制，恢复了货币自由兑换，实行了外汇自由化。

（二）二战后贸易自由化的主要特点

二战后的贸易自由化本质上是垄断资本对外扩张的要求，其实质是为垄断资本服务的，它与自由竞争资本主义时期的自由贸易有着本质的区别，并表现出一系列有利于发达国家的特点。

1. 发达国家之间的贸易自由化程度超过了它们对发展中国家的贸易自由化程度

发达国家根据 GATT 等国际多边协议的规定，较大幅度地降低彼此之间的关税水平和放宽相互之间的数量限制，但对于发展中国家的一些商品，特别是劳动密集型产品却征收较高的关税，并实行其他的进口限制措施。

2. 区域性经济集团内部的贸易自由化程度超过了集团对外部的贸易自由化程度

例如，在一般的自由贸易区组织内部，对大多数商品取消关税和进口限制，实行商品的自由流通。而在关税同盟、共同市场及经济联盟等较高层次的区域性经济集团中，则不仅在成员内部完全取消关税，实行商品、资本等生产要素的自由流动，而且还建立统一的关税税率，抵制集团外国家的商品输入。

3. 不同商品的贸易自由化程度也有所不同

从二战后实践来看，工业制成品的贸易自由化程度要高于农产品的贸易自由化程度。二战后随着西方国家经济的发展，其工业制成品的生产对国外市场的依赖性日益增长。为了促进相互之间在工业制成品和半制成品方面的贸易，西方国家在工业领域广泛地推行贸易自由化。而在农产品方面，为了保护本国农产品的生产和农场主利益，西方发达国家则多采用严格的贸易保护措施。此外，西方发达国家在机器设备上的贸易自由化程度超过了工业消费等方面的贸易自由化程度。一些工业消费品，特别是所谓的"敏感性"劳动密集型商品，如纺织品、鞋、罐头食品、皮革制品等，因与发达国家的同类行业产生竞争，因此常常受到发达国家的进口限制，从而延缓了贸易自由化的发展。

（三）二战后贸易自由化的主要原因

（1）美国在二战后发展成为世界头号经济强国，为了实现对外经济扩张，美国积极主张削减关税、取消数量限制，成为贸易自由化积极的倡导者和推行者。

（2）《关税及贸易总协定》的签订有力地推动了贸易自由化。GATT 以实现自由贸易为己任，通过多边贸易谈判和贸易规则的实施，不仅大幅度地削减了关税，而且在一定程度上限制了非关税壁垒的使用。

（3）经济一体化组织的出现加快了贸易自由化的进程。各种区域性的自由贸易区、关税同盟、共同市场均以促进商品自由流通、扩大自由贸易为宗旨。

（4）跨国公司的大量出现和迅速发展促进了资本在国家间的流动，加强了生产的国际化，客观上要求资本、商品和劳动力等在世界范围内自由流动。

（5）国际分工的广泛和深入发展、分工形式的多样化，使商品交换的范围扩大，在一定程度上促进了贸易自由化的发展。

（6）西欧和日本经济迅速恢复与发展，发展中国家为了发展民族经济，扩大资金积累，也愿意通过减少贸易壁垒来扩大出口。

（四）对二战后贸易自由化的简要评价

发达国家的自由贸易政策不仅限于相互之间提供贸易便利，而且对发展中国家也实行某种程度的贸易便利，如发达国家对发展中国家提供普惠制（Generalized System of Preferences，GSP）待遇。这种待遇意味着发达国家对来自发展中国家的产品提供普遍的、非对等的优惠待遇。这种待遇使得发展中国家在将产品出口到发达国家时可以享受比发达国家相互给予的优惠关税还要低的进口关税，因而可以起到鼓励发展中国家产品出口的作用。欧洲联盟给予非洲、加勒比海沿岸和太平洋地区各联系国的贸易优惠待遇（《洛美协定》）是发达国家给予发展中国家贸易优惠待遇的一个典型事例。然而应该看到，正是因为发展中国家在主要工业品的生产上难以与发达国家竞争，发达国家才会比较慷慨地对发展中国家采取更自由的贸易政策。

三、20 世纪 80 年代以来贸易自由化向纵深发展

（一）贸易自由化向纵深发展的主要表现

1. 世界贸易组织建立后继续推动贸易自由化

1986～1993 年，在《关税及贸易总协定》的主持下，举行了 8 年的乌拉圭回合多边贸易谈判，终于达成了建立世界贸易组织等众多协定和协议。1995 年 WTO 取代 GATT，成为多边贸易体制的组织和法律基础。截至 2020 年 5 月，世界贸易组织有 164 个成员，比 1995 年的 113 个增加了 51 个。还有一些国家和地区正在进行加入 WTO 的谈判，这势必使 WTO 的多边贸易体制和贸易自由化更趋于全球化。

WTO 建立后，继续坚持和扩展 GATT 的基本原则，根据有关协定和协议在国际货物贸易、服务贸易和投资等领域进一步推进贸易自由化向纵深发展。在货物贸易方面，各方通过大幅度降低关税和取消非关税壁垒等措施，推动货物贸易自由化的进程，促进国际货物贸易的发展。在服务贸易方面，除了管辖与推动《服务贸易总协定》的实施外，还相继达成四个重要协议，即《自然人流动服务协议》（Agreement on

Movement of Natural Persons Supplying Services)、《基础电信协议》(Agreement on Basic Telecommunications)、《信息技术产品协议》(Information Technology Agreement)、《金融服务协议》(Agreement on Financial Services),扩大了服务贸易自由化的领域。在投资方面,WTO 监督和推进了成员方实施与贸易有关的投资协议,推进了投资自由化的进程,扩大了对外投资的领域和数量。根据争端解决规则和程序协议,加速解决成员间的争端案件。⊖

2. 地区经济一体化推动贸易自由化

20 世纪 80 年代中期以后,地区经济一体化出现了新的高潮,地区经济一体化的形成、范围、广度、深度以及成员参与状况均发生了较大变化,发展中国家较多地参与了不同层次的地区经济一体化。地区经济一体化的贸易自由化向纵深发展。

3. 发展中国家和转型国家也推行和实施贸易自由化措施

20 世纪 80 年代到 90 年代初,《关税及贸易总协定》的 72 个发展中成员的缔约方,有 58 个实施了贸易自由化改革,巴基斯坦等国家在 90 年代实行了较为自由化的经济改革。原实行计划经济的国家相继转向市场经济体制,改革和完善贸易体制,主动对外开放,并已参加或正在申请加入 WTO 和参与地区经济一体化的活动,加快贸易自由化的步伐。

总之,20 世纪 80 年代以来,全球性贸易自由化向纵深发展,在一定程度上遏制了贸易保护主义的蔓延。但是,由于各国和地区经济发展不平衡和市场竞争的尖锐化,一些成员仍在不同程度地实施各种进口限制措施,贸易保护主义有所抬头。

(二) 20 世纪 80 年代以来发展中国家的自由贸易政策

20 世纪 80 年代初,由于实行出口导向战略的一些发展中国家和地区成功经验的示范作用,以及世界银行等一些国际经济组织的大力推动,大多数发展中国家纷纷放弃进口替代的工业化战略,转而实行更加开放的贸易政策,从而拉开了发展中国家贸易自由化的序幕。

1. 世界银行对发展中国家的建议

根据世界银行的观点,发展中国家要从贸易保护走向贸易自由化,需要进行以下三个方面的工作。

一是取消商品进口的数量限制,以关税作为贸易保护的唯一手段。在数量限制这种比较严厉的贸易保护措施下,无论出口商如何降低成本或价格,都难以打进进口国的市场,增加商品的销售,因为进口的数量是一定的。所以一国贸易自由化首先要用关税代替数量限制。

⊖ 2019 年 12 月 11 日,因世界贸易组织上诉机构成员只剩一位,低于有效运行的人数下限,世界贸易组织争端解决机制上诉机构在运行了 20 多年后正式停摆。

二是改革关税制度。关税制度改革包括两方面的内容：第一降低进口关税的总水平，第二缩小不同商品间关税率的差异幅度。根据各国的经验，降低关税水平的操作方法主要有四种：等比例地削减所有商品的关税，即将每种商品的关税都降低同样的比例；等比例地削减某个指标之上的高关税；较大幅度地削减较高水平商品的关税；或上述几种方法的结合运用。世界银行推荐的是"蛇腹式"削减关税法，即先将某个上限的关税降到这个上限以下，然后重新设定一个较低上限，再将在这个新上限以上的关税降到这个上限以下，依此不断进行下去。这种方法带来的调整成本最低，同时还能够保持原有的贸易保护结构。

三是努力保持贸易收支平衡。贸易自由化必须建立在扩大出口的基础上，因为随着本国市场的逐步开放，必然会大幅增加进口，进口国为进口所需要的资金将会不断增加。如果在进口不断增加的同时不增加出口，会造成入不敷出，该国政府将不得不限制进口，从而中断贸易自由化的连续性。另外，商品的大量进口可能挤垮国内竞争力比较弱的企业或产业，造成失业人数增加。当这些失业人口不能被出口行业的扩展所吸收时，退回到保护贸易的压力就会增加。为了使贸易自由化能够持久进行，政府应该在实施贸易自由化的过程中尽可能减缓自由化带来的冲击。因此，在实行贸易自由化的过程中，要配合采用其他的鼓励出口、限制进口的政策措施。

对于转型经济休而言，贸易自由化过程中还需要逐步取消价格管制，减少政府干预，明晰产权，赋予中央银行独立执行货币和汇率政策的权力，加快资本和金融市场改革，不断提高经济的市场化程度，从而为贸易自由化和经济的快速稳定发展奠定基础。

2. 1980 年以来的发展中国家贸易自由化的特征

第一，这次贸易自由化更多地伴随着国内的制度改革和市场经济建设，越来越多的国家发现，如果没有国内制度的完善，贸易自由化并不能取得长久的成功。

第二，随着经济的发展，贸易自由化的范围开始突破工业原料和工业制成品，逐渐涵盖了服务业和农业，提出了服务贸易自由化的概念。

第三，贸易自由化定期向前推进，贸易自由化的政策措施改革也从关税延伸到非关税壁垒领域。

3. 发展中大国贸易政策改革主要从单方面的贸易改革入手

发展中大国贸易政策改革主要从单方面的贸易改革、加强区域经济一体化和积极参与多边贸易谈判三个方面入手。其中，尤其是单边贸易改革和积极参与多边贸易体制的贸易改革，在发展中大国取得了实质性进展。从单边贸易改革看，为了适应经济全球化的发展趋势，许多发展中大国采取了重大的经济改革措施，纷纷放宽一些贸易和投资限制，为发展对外贸易和促进外资流入提供多种优惠措施，例如，普遍降低关税，使关税结构合理化，缩小关税税率差幅，逐渐以关税取代进口许可证制度，取消对进口的数量限制，逐渐扩大贸易自由化涉及的产品种类和行业，等等。这种单方面的自由化使发展中大国经历了二战以来最深刻和最广泛的贸易改革。

4. 发展中大国贸易体制改革的阶段

按照贸易改革的效果，可以将发展中大国贸易体制的改革大体分为两个阶段：早期阶段（20 世纪 80 年代中期至 90 年代初期）和晚期阶段（20 世纪 90 年代初期至今）。早期阶段，发展中大国虽然在关税改革和数量限制改革等方面取得了一些进步，但是幅度较小，总体的体制还是具有限制性的。20 世纪 80 年代后期，尤其是从 1991 年开始，发展中大国的贸易自由化开始加速。1985 年各地区发展中大国的主要贸易政策改革如表 3-1 所示。

表 3-1　1985 年以来分地区主要发展中大国主要贸易政策改革

地区	改革背景	改革特点	改革内容
东亚地区	（1）20 世纪 80 年代中期以来东亚贸易政策改革的环境很好 （2）各国改革动力不同	（1）国内政策改革作用大 （2）坚持出口导向政策 （3）宏观经济状况影响了改革的持续性	大量减少数量限制，降低关税率，改革外汇市场
其他亚洲地区	（1）关税率非常高 （2）存在长时间的经常账户赤字，外汇储备流失 （3）外汇市场高度受控，通过进口许可制度分配外汇，采取二元外汇市场	（1）自由化过程比较缓慢，通常不能持续 （2）贸易改革模式中性化	提高出口激励，有选择地减少数量限制，合理化关税结构，降低关税率，减少数量限制，改革外汇市场
拉美地区	（1）经历过严重债务危机 （2）早期改革的国家和后期改革的国家在贸易与汇率政策方面完全不同 （3）税收收入对进口的依赖很低	（1）进口限制、出口限制和外汇市场改革同时进行 （2）自由化过程经常中断 （3）改革速度和程度大 （4）改革方向是中性化的，提高自由度	减少关税壁垒，减少出口税和出口限制，增加间接出口支持，减少数量限制，减少外汇市场干预
非洲地区	（1）数量限制普遍，几乎涵盖所有的商品 （2）外汇控制厉害，并且作为很重要的限制进口的措施 （3）黑市溢价现象严重 （4）税收收入主要来源于进口关税	（1）从外汇市场改革开始 （2）关税降低不多 （3）加强税收管理或征收来抵消改革带来的收入损失 （4）改革的过程经常发生逆转	货币贬值，简化许可制度，减少数量限制，放松外汇管制，改革汇率体制

资料来源：Dean J M, Desai S, Riedel J. (1994). Trade Policy Reform In Developing Countries since 1985：A Review of The Evidence，World Bank Discussion Papers. 转引自：涂红. 发展中大国的贸易自由化、制度变迁与经济发展 [M]. 北京：中国财政经济出版社，2006：83。

第三节　保护贸易政策

一、重商主义的保护贸易政策

15 世纪末，欧洲社会进入封建社会的瓦解时期，资本主义生产关系开始萌芽和成长；地理大发现扩大了世界市场，推动了工商业、航海业的发展；工商业资本发挥着突出的作用，促进各国国内市场的统一和世界市场的形成，推动工商业和对外贸易的发展；在工商业资本加强的同时，西欧一些国家建立起开明专制的中央集权国家，运用国家力量支持工商业资本的发展。随着工商业资本的发展和国家支持工商业资本的政策的实施，产生了从理论上阐述这些经济政策的要求，逐渐形成了重商主义的理论。

重商主义（Mercantilism）也称作"工商业本位"，是 15～17 世纪欧洲资本原始积累时期，代表商业资本利益的经济思想和政策体系。重商主义前后经历了两个发展阶段，大约从 15～16 世纪中叶是早期重商主义阶段，16 世纪下半叶～17 世纪为晚期重商主义阶段。

（一）重商主义学说

1. 早期重商主义

早期重商主义以英国的威廉·斯塔福（W. Stafford，1554—1612）为代表，其代表作有《对中国同胞的某些控诉的评述》。早期重商主义高度重视金银，视金银为一国货币的基础，认为货币不但是国家富有的象征，也是衡量一国财富的标准，金银储备则是一国最有用的宝藏。因此，早期重商主义也被称为重货币主义、重金主义或货币差额论。

早期重商主义主张：①对外贸易中绝对要多卖少买；②用强制手段控制货币的国际流通，使金银留在国内。在这种思想的影响下，许多欧洲国家采取了行政和法律措施，严格禁止金银出口和奢侈品进口，并设立管理机构，规定外国商人必须将其出口售货的货款用于购买当地的商品，而本国外贸商人则必须将其出口收入换回金银。

正如恩格斯的形容，当年一些欧洲国家"各国彼此对立着，就像守财奴一样，双手抱住他心爱的钱袋，用嫉妒和猜疑的目光打量着自己的邻居。他们不择手段地骗取那些和本国通商的民族的现钱，并把侥幸得来的金钱牢牢地保持在关税线以内"。

2. 晚期重商主义

晚期重商主义也称为贸易差额论，是名副其实的重商（即重国际贸易）主义，以英国的托马斯·孟（Thomas Mun，1571—1641）、约西·蔡尔德（Josiah Child，1630—1699）和查尔斯·达芬南（Charles Davenant，1656—1714）为主要代表。托马斯·孟的主要著作是 1644 年出版的《英国得自对外贸易的财富》，该书被认为是重商主义的"圣经"。

16 世纪下半叶，商业资本高度发展，工场手工业已经产生，信贷事业开始发展，商品货币经济迅速发展。当时的封建王朝和商业资产阶级更加需要货币，"他们开始明白，一动不动地放在钱柜里的资本是死的，而流通中的资本却会不断增殖。于是，各国之间的关系比较友好起来。人们开始把自己的金币当做诱鸟放出去，以便把别人的金币引回来……"[一]所以，对货币的运动，就不应当过分加以限制。于是管理金银进出口的政策变为管制货物的进出口，力图通过奖出限入，保证贸易出超，以达到金银流入的目的。

　　㊀　马克思，恩格斯 . 马克思恩格斯全集 [M]. 中共中央马克思恩格斯列宁斯大林著作编译局，译 . 北京：人民出版社，1956：596.

在《英国得自对外贸易的财富》一书中，托马斯·孟认为增加英国财富的手段就是发展对外贸易，但是必须遵循一条原则，就是卖给外国人的商品总值应大于购买他们的商品的总值，从每年的进出口贸易中取得顺差，增加货币流入量。他把货币与商品联系起来，指出"货币产生贸易，贸易增多货币"[注]，只有输出货物，才能输入更多的货币。为了保证有利的贸易差额，孟主张扩大农产品和工业品的出口，减少外国制品的进口，反对英国居民消费本国能够生产的外国产品。他还主张发展加工工业，以及转口贸易。

（二）重商主义政策与措施

重商主义者根据自己对财富和贸易的理解，提出了一系列关于贸易政策方面的主张。由于当时西欧各国的具体情况不同，各国所奉行的政策也不尽一致，但综合起来看，这些政策都有一个特点，即都属于奖出限入的贸易保护政策。这些政策措施主要如下所述。

1. 国家管制对外贸易的政策

一是管制金银货币。早期重商主义者严禁金银出口，16～17 世纪的西班牙、葡萄牙、荷兰、英国、法国等国流行此禁令。西班牙执行最久，也最严格，对于输出金银币或金银块者甚至可以判处死刑。政府还通过法令规定外国商人必须将出售货物所得的全部金银用于购买当地商品，以限制金银外流。

二是实行对外贸易的垄断。设立有独占经营特权的殖民地贸易公司（如英、法、荷等国的东印度公司），在殖民地经营独占贸易与海运，使殖民地成为本国制成品市场和原料供给地。例如，16 世纪的葡萄牙和西班牙实行贸易垄断，葡萄牙国王直接掌握并垄断对东方的贸易。西班牙则垄断它和美洲殖民地的贸易，不许外国人插手经营。1600年，英国给予东印度公司以贸易独占经营权，以发展并控制其海外殖民地的贸易，开组织海外公司之先河。

三是通过《航海条例》。1651 年英国该法案规定，一切输往英国的货物必须用英国的船载运，或由原出口国船只装运；对亚洲、非洲及北美的贸易必须使用英国或殖民地的船只，禁止外国船只从事英国沿海航运和本土与殖民地之间的航运。

2. 奖出限入的政策

为了实现贸易顺差，重商主义者大都提倡奖出限入的政策。

在进口方面，重商主义者反对进口奢侈品，对一般制成品的进口也采取严格的限制政策，对进口货无一例外地征收重税，往往高到使人不能购买的地步。

在出口方面，重商主义者主张阻止原料或半成品出口，但允许自由输入原料，加工后再出口；奖励制成品出口，对本国商品的出口给予津贴，降低或免除对一些商品的出口关税；实行出口退税，即对出口商品的原料所征的税收，当出口后，把原征税退给出口厂商。例如在英国，如果本国货在国际或国内难以与外国货竞争时，可以退还对原料

　　⊖　托马斯·孟 . 英国得自对外贸易的财富 [M]. 袁南宇，译 . 北京：商务印书馆，1965：16.

征收的税款，必要时国家还会给予津贴。

3. 管制本国工业、鼓励和扶植幼弱工业的政策

重商主义者主张政府对本国工业的发展进行严格管制，并采取包括保护关税等措施来扶植本国幼弱工业的发展，并提出了鼓励工业发展的一些具体建议，例如，奖励增加人口，以增加劳动力的供应；实行低工资政策以降低生产成本；政府通过《职工法》，高薪聘请外国工匠，禁止本国熟练技工外流和工具设备的出口；实施《行会法》，给本国工场手工业者发放贷款和提供各种优惠条件以扶持工业发展。

（三）对重商主义的评价

1. 进步性

重商主义的理论和政策在历史上曾起过进步作用，促进了资本的原始积累，推动了资本主义生产方式的建立与发展。马克思对重商主义的保护贸易政策曾经有这样的评价："保护关税制度是制造工厂主剥夺独立劳动者，使国民的生产资料和生活资料变成资本、强行缩短从旧生产方式向现代生产方式过渡的一种人为手段。"[一]不仅如此，重商主义的思想和政策主张一直影响着后世的经济学家和各国的对外贸易政策。人们从凯恩斯主义的外贸理论和政策主张中，从当代日本等发达国家的外贸政策中，不难窥见重商主义思想的影子，以致有人称之为"新重商主义"。

2. 局限性

重商主义的理论体系和政策主张，属于保护贸易的范畴。重商主义学说建立在对国际贸易作用错误理解的基础上。它把货币看作财富的唯一形态，认为开展对外贸易的目的就是获取金银货币，而通过对外贸易，并不能使双方互利，一方之所得必然是另一方之所失。因此，重商主义的保护贸易政策也必然是以损人利己为目的。重商主义学说，财政思想重于经济思想，一心只想着通过对外贸易积累货币财富，对社会经济现象的探索只局限于流通领域，未深入到生产领域，因而是不科学的。

二、自由竞争时期的保护贸易政策

在 19 世纪资本主义自由竞争时期，美国与德国先后实行了保护贸易政策。

（一）美国《关于制造业的报告》

1. 提出《关于制造业的报告》

1776 年美国建国，此时美国在政治上虽然独立，但在经济上仍属于殖民地经济形

　　㊀ 马克思，恩格斯 . 马克思恩格斯全集 [M]. 中共中央马克思恩格斯列宁斯大林著作编译局，译 . 北京：人民出版社，1975：825。

态，国内产业结构以农业为主，工业方面仅限于农产品加工和手工业品制造，工业发展水平落后于英国、法国等国家。因此，美国北方工业资产阶级要求实行保护关税政策，以独立地发展本国的经济；南部种植园主则仍主张实行自由贸易政策，继续向英国、法国、荷兰等国出售小麦、棉花、烟草、木材等农林产品用以交换这些国家的工业品。

在这样的背景下，美国第一任财政部部长汉密尔顿（A. Hamilton，1757—1840），代表主张独立发展美国经济的新兴工业资产阶级的愿望和要求，在1791年12月向国会提出《关于制造业的报告》（*Report on Manufactures*），明确提出"实行保护关税政策"的主张。

2. 保护和发展制造业的必要性和重要性

汉密尔顿在《关于制造业的报告》中提出，一个国家如果没有工业的发展，就很难保持其独立地位。美国工业起步晚，基础薄弱，技术落后，生产成本高，根本无法同英国、法国等国的廉价商品进行自由竞争。因此，美国应实行保护关税制度，以使新建立起来的工业得以生存、发展和壮大。

汉密尔顿还较详细地论述了发展制造业的直接和间接利益。他认为，制造业的发展，有利于推广机器使用，提高整个国家的机械水平，促进社会分工的发展；有利于扩大就业，诱使移民移入，加速美国国土开发；有利于提供更多的开创各种事业的机会，使个人才能得到充分发挥；有利于消化大批农业原料和生活必需品，保证农产品销路和价格稳定，刺激农业发展。

3. 提出了一系列具体的政策主张

为了保护和促进制造业的发展，汉密尔顿在《关于制造业的报告》中提出了一系列具体的政策主张：

（1）向私营工业发放政府信用贷款，为其提供发展资金。

（2）实行保护关税制度，保护国内新兴工业。

（3）限制重要原料出口，免税进口极端必需的原料。

（4）为必需品工业发放津贴，给各类工业发放奖励金。

（5）限制改良机器输出。

（6）建立联邦检查制度，保证和提高制造品质量。

汉密尔顿提出报告时，自由贸易学说仍在美国占上风，因而他的主张遭到不小的反对。随着英法等国第一次工业革命的不断发展，美国的工业遇到了来自国外越来越强有力的竞争和挑战，汉密尔顿的主张才在美国的贸易政策上得到反映。1816年，美国提高了制造品进口关税，这是美国第一次实行以保护为目的的关税政策。1828年，美国再度加强保护措施，工业制造品平均税率（从价税）提高到49%。保护关税使美国工业得以避免外国竞争而顺利发展，使美国经济很快赶上了英国。19世纪80年代，美国的工业产值跃居世界首位，1900年美国在世界对外贸易总额中仅次于英国占第二位。

4. 思想与政策主张与重商主义不同

汉密尔顿的保护贸易思想和政策主张，与旨在增加金银货币财富、追求贸易顺差、采取保护贸易政策的重商主义不同，它反映的是经济不发达国家独立自主地发展民族工业的正当要求和愿望，它是落后国家进行经济自卫并通过经济发展与先进国家进行经济抗衡的保护贸易学说。汉密尔顿保护关税学说的提出，标志着保护贸易学说基本形成。

（二）德国李斯特贸易保护主义

德国在19世纪70年代以后，为使新兴的工业即幼稚产业免受英国商品的竞争，使之能充分发展，需要采取强有力的贸易保护政策措施。1879年，奥托·冯·俾斯麦（Otto Von Bismarck，1815—1898，德国19世纪伟大的政治家、外交家）改革关税，对钢铁、纺织品、化学品、谷物等征收进口关税，并不断提高关税率，而且与法国、奥地利、俄国等进行关税竞争。1898年，德国又通过修正关税法，成为欧洲高度保护贸易的国家之一。

保护幼稚产业政策的积极倡导者是德国政治家、理论家、经济学家李斯特。李斯特（1789—1846）是德国历史学派的先驱者，早年在德国提倡自由主义。自1825年出使美国以后，李斯特受到汉密尔顿的影响，并亲眼见到美国实施保护贸易政策的成效，于是转而提倡贸易保护主义。他在1841年出版的《政治经济学的国民体系》一书中，系统地提出了以生产力理论为基础、以经济发展阶段为依据、以保护关税制度为核心、为经济落后国家服务的保护幼稚工业的学说。在保护贸易的理论中，就影响而言，李斯特的保护幼稚工业的理论最具代表性。

1. 对古典派自由贸易理论提出批评

古典派自由贸易理论认为，在自由贸易下，各国可以按地域条件、比较成本形成和谐的国际分工。然而，19世纪上半叶，英国已完成了工业革命，法国近代工业也有长足的发展，德国还是一个政治上分裂、经济上落后的农业国，资本主义起步较晚。李斯特认为"比较优势理论"不利于德国生产力的发展，普遍的自由贸易理论是无边无际的世界主义经济学，它抹杀了各国的经济发展与历史特点，错误地以"将来才能实现"的世界联盟作为研究的出发点。

2. 李斯特贸易保护主义主要内容

（1）主张保护幼稚工业。李斯特关于生产力与财富关系的认识是保护幼稚工业的理论基础。"财富的生产力比之财富本身，不晓得要重要多少倍"，因为有了生产力的发展，才有了财富本身。

李斯特认为，向外国购买廉价的商品，表面上看起来是要合算一些，但是这样做的结果是，德国的工业就不可能得到发展，而会长期处于落后和从属于外国的地位。如果德国采取保护关税政策，一开始会使工业品的价格提高，但经过一段时期，德国工业得到充分发展，生产力将会提高，商品生产费用将会下降，商品价格甚至会低于外国进口的商品价格。

（2）发展阶段论。李斯特主张根据各国经济发展的不同阶段，采取不同的对外贸易政策。李斯特根据国民经济发展程度，把国民经济的发展分为五个阶段，即"原始未开化时期、畜牧时期、农业时期、农工业时期、农工商业时期"[一]。各国经济发展所处阶段不同，采取的贸易政策也应不同。

处于农业阶段的国家应实行自由贸易政策，以利于农产品的自由输出，并自由输入外国的工业产品，以促进本国农业的发展，培育工业化的基础。处于农工业阶段的国家，由于本国已有工业发展，但并未发展到能与外国产品相竞争的地步，故必须实施保护关税制度，使本国工业不受外国产品的打击。而处于农工商业阶段的国家，由于国内工业产品已具备国际竞争能力，国外产品的竞争威胁已不存在，故应实行自由贸易政策，以享受自由贸易的最大利益，刺激国内产业进一步发展。

李斯特认为英国已达到最后阶段（农工商业时期），法国在第四阶段与第五阶段之间，德国与美国均在第四阶段，葡萄牙与西班牙则在第三阶段。因此，李斯特根据其经济发展阶段说，主张当时德国应实行保护工业政策，促进德国工业化，以对抗英国工业产品的竞争。

（3）主张国家干预对外贸易。为了保护幼稚工业，李斯特提出："对某些工业品可以实行禁止输入，或规定的税率事实上等于全部、或至少部分地禁止输入，或税率较前略低，从而对输入发生限制作用。"[二]同时，对"凡是在专门技术与机器制造方面还没有获得高度发展的国家，对于一切复杂机器的输入应当允许免税，或只征收极轻的进口税，直到在机器生产上能与最先进国家并驾齐驱时为止"[三]。

（4）保护的对象为幼稚工业。李斯特保护贸易政策的目的是促进生产力的发展。经过比较，李斯特认为大规模机器的制造工业生产力远远大于农业。他认为着重农业的国家，人民精神萎靡，一切习惯与方法偏于守旧，缺乏文化福利与自由；着重工商业的国家则不然，其人民充满增进身心与才能的精神。工业发展以后，农业自然会跟着发展。

李斯特提出的保护对象的条件具体如下。①农业不需保护，只有那些刚从农业阶段跃进的国家，距离工业成熟期尚远才适宜于保护。②一国工业虽然幼稚，但在没有强有力的竞争者时，也不需要保护。③只有刚刚开始发展且有强有力的外国竞争者的幼稚工业才需要保护。李斯特提出的保护时间以30年为最长期限。在此期限内，若被保护的工业仍扶植不起来，不再予以保护，任其自行垮台。

（5）保护幼稚工业的手段。通过禁止输入与征收高关税的办法来保护幼稚工业，以免税或征收轻微进口税的方式鼓励复杂机器进口。

3. 对李斯特保护幼稚工业理论的评价

（1）积极作用。相对于汉密尔顿第一个明确提出保护幼稚工业的政策主张，李斯特

㊀ 李斯特 . 政治经济学的国民体系 [M]. 陈万煦，译 . 北京：商务印书馆，1961：265.

㊁ 李斯特 . 政治经济学的国民体系 [M]. 陈万煦，译 . 北京：商务印书馆，1961：261.

㊂ 李斯特 . 政治经济学的国民体系 [M]. 陈万煦，译 . 北京：商务印书馆，1961：265.

则是第一个从理论上探讨在面临国际竞争的条件下，如何运用保护贸易的政策与措施来促进本国经济发展，并建立了具有完整体系的保护贸易理论。

李斯特保护贸易理论的提出在国际贸易理论史上具有重要的地位，他主张以保护贸易为过渡时期，而以自由贸易为最后目的，在长期内对指导发展中国家发展民族生产力、实行经济自卫起到了积极的作用，具有重大参考价值。

（2）消极影响。但在当代，对李斯特保护贸易理论政策主张需要批判地加以借鉴。这除了幼稚产业标准的确定比较困难以外，还在于当代各国经济联系日益密切，各国市场不断融合，在世界经济总体格局呈现供大于求的条件下，一国已不可能再如李斯特所论述的，根据自己经济发展所处的阶段、经济的国际竞争力状况，来独立自主地确定保护的对象、水平。否则，这样做必将招致别国的报复。

三、垄断时期的超保护贸易政策

（一）超保护贸易政策的兴起

1929 年的世界大危机之后，空前严重的经济萧条使市场问题进一步尖锐化，垄断代替了自由竞争，成为社会经济生活的基础。同时，资本主义社会的各种矛盾进一步暴露，世界市场的竞争开始变得激烈。于是，各国垄断资产阶级为了垄断国内市场和争夺国外市场，导致许多国家大幅提高关税，广泛采用外汇管制、数量限制等手段，阻止外国商品的输入。另外，英国和德国等国家积极干预外贸，加强了奖励出口的政策。在激烈的商品战中，各国政府在对外贸易方面无所不用其极，如采用禁止性关税、外汇战争等。1930 年美国把关税税率率先提升到极高水平，进口商品的平均税率高达 52.2%，由此引发世界主要国家之间的关税大战，使超保护贸易政策得到空前的发展。

（二）超保护贸易政策的特点

垄断时期的超保护贸易政策与自由竞争时期的保护贸易政策有明显的区别，是一种带有侵略性的保护贸易政策。超保护贸易政策主张放弃自由贸易政策，干预对外贸易，具有以下特点。

（1）保护的对象扩大。超保护贸易政策不但保护幼稚工业，而且更多地保护国内高度发展或出现衰落的垄断工业。

（2）保护的目的改变。以前贸易保护主义是防御性地限制进口，培养自由竞争的能力，而超保护贸易主义是要在垄断国内市场的基础上对国外市场实行进攻性的扩张，保护从防御转为进攻。

（3）保护的阶级利益改变。保护的阶级从一般的工业资产阶级转向保护大垄断资产阶级。

（4）保护的措施多样化。保护的措施不仅有关税，还有其他各种各样的奖出限入的措施。

（5）组成排他性的货币集团。1931 年英国放弃了金本位，引起了统一的世界货币体系瓦解，主要帝国主义国家各自组成了排他性的、相互对立的货币集团。1931 年后，资本主义世界的货币集团主要有英镑集团、美元集团、法郎集团、德国双边清算集团及日元集团，等等。

（三）超保护贸易政策的理论

在两次世界大战期间，超保护贸易政策发展最值得重视的是理论根据发生了重大的变化。各国经济学家提出了各种支持超保护贸易政策的理论根据。其中，有重大影响的是约翰·梅纳德·凯恩斯（John Maynard Keynes，1883—1946）有关推崇重商主义的学说。

超保护贸易政策的理论被有的学者称为凯恩斯主义的超保护贸易理论，是由凯恩斯及其追随者马克卢普、哈罗德共同创立的。

凯恩斯是著名的英国资产阶级经济学家，并且是同其前辈大卫·李嘉图一样的集经商、从政与治学于一身的成功的经济学家。他既是凯恩斯主义的创始人，也是现代宏观经济学的奠基人，其代表作是 1936 年出版的《就业、利息和货币通论》（*The General Theory of Employment, Interest and Money*）。凯恩斯没有一本全面系统地论述国际贸易的专门著作。但是，他和他的弟子们有关国际贸易方面的观点与论述却为对外贸易政策，尤其是超保护贸易主义提供了重要的理论根据。

1. 凯恩斯立场的转变

在资本主义 1929～1933 年经济大危机以前，凯恩斯是一个自由贸易论者。当时，他否认保护贸易政策会有利于国内的经济繁荣与就业。在大危机以后，凯恩斯改变立场，转而推崇重商主义，他认为重商主义保护政策确实能够促使经济繁荣，扩大就业。

2. 对古典派自由贸易理论的批评

凯恩斯与其追随者认为传统的外贸理论不适用于现代社会。

古典派的贸易理论是建立在国内充分就业这个前提下的。他们认为，国与国之间的贸易应当是进出口平衡，以出口抵偿进口，即使由于一时的原因或人为的力量使贸易出现顺差，也会由于贵重金属的移动和由此产生的物价变动得到调整，进出口仍归于平衡。他们认为不要为贸易出现逆差而担忧，也不要为贸易出现顺差而高兴，故主张自由贸易政策，反对人为的干预。

凯恩斯与其追随者认为古典派的自由贸易理论过时了。首先，20 世纪 30 年代大量失业，自由贸易理论"充分就业"的前提条件已不存在。其次，凯恩斯和其追随者认为，古典派的自由贸易论者虽然以"国际收支自动调节说"说明贸易顺差、逆差、最终均衡的过程，但忽略了在调节过程中对一国国民收入和就业所产生的影响。他们认为贸易顺差能增加国民收入，扩大就业；贸易逆差则会减少国民收入，加重失业。因此，他们主张贸易顺差，反对贸易逆差。

3. 对外贸易乘数理论

对外贸易乘数（Foreign Trade Multiplier）理论是凯恩斯投资乘数理论在对外贸易方面的运用。为证明增加新投资可以对就业和国民收入带来利好，凯恩斯提出了投资乘数理论。

凯恩斯把反映投资增长和国民收入扩大之间的依存关系称为乘数或倍数理论，主要观点为：新增加的投资引起对生产资料的需求增加，从而引起从事生产资料生产的人们（企业主和工人）的收入增加。他们收入的增加又引起对消费品需求的增加，从而又导致从事消费品生产的人们收入的增加。如此推演下去，结果由此增加的国民收入总量会等于原增加投资量的若干倍。

在国内投资乘数理论的基础上，凯恩斯的追随者们引申出对外贸易乘数理论。他们认为，一国的出口和国内投资一样，有增加国民收入的作用；一国的进口，则与国内储蓄一样，有减少国民收入的作用。当商品劳务出口时，从国外得到的货币收入，会使出口产品部门收入增加，消费也增加。它必然引起其他产业部门生产增加，就业增多，收入增加……如此反复下去，收入增加量将为出口增加量的若干倍。当商品劳务进口时，必然向国外支付货币，于是收入减少，消费随之下降，与储蓄一样，成为国民收入中的漏洞。他们得出结论：只有当贸易为出超或国际收支为顺差时，对外贸易才能增加一国的就业量，提高国民的收入。此时，国民收入的增加量将为贸易顺差的若干倍。

计算对外贸易顺差对国民收入的影响倍数公式为：

$$\Delta Y = [\Delta I + (\Delta X - \Delta M)] \cdot K$$

式中，ΔY 代表国民收入的增加额，ΔI 代表投资的增加额，ΔX 代表出口的增加额，ΔM 代表进口的增加额，K 代表乘数。

在 ΔI 与 K 一定时，则贸易顺差越大，ΔY 越大；反之，如贸易差额是逆差时，则 ΔY 要缩小。因此，一国越是扩大出口，减少进口，贸易顺差越大，对本国经济发展作用越大。由此，凯恩斯及其追随者的对外贸易乘数理论为超保护贸易政策提供了重要的理论根据。

（四）对超保护贸易政策的理论的评价

1. 进步性

凯恩斯主义的超保护贸易理论学说是贸易保护理论的发展，它用宏观经济分析的方法说明了贸易顺差与国民所得和就业增长间的数量比例关系，并以此调节资本主义经济，是经济学理论的重大发展。对外贸易乘数理论用定量分析的方法，通过对出口贸易的增加而使国民收入倍数增加作用的分析，把贸易流量与国民收入流量结合起来进行考察，这反映了对外贸易与国民经济发展之间的内在联系分析，较过去单纯的因素分析是一个巨大的进步。日本"贸易立国"政策的成功和"亚洲四小龙"以出口为主导带动经济起飞的实绩，完全证实了对外贸易乘数论的研究是有现实意义的。

2. 局限性

凯恩斯主义贸易理论具有一定的局限性。

一是该理论对贸易伙伴国的反应未能给予充分考虑。凯恩斯理论分析的一个前提就是假定贸易伙伴国的收入不变，但当一国实行贸易保护政策而令伙伴国收入减少时，伙伴国的进口必然减少，这会使实行贸易保护国的出口下降，贸易乘数下降，而且伙伴国也会采用同样手段来报复，这样贸易保护政策的效力将很难发挥。

二是一国扩大出口对国民收入和就业所产生的乘数效应，只是近似地反映了二者之间的关系，而且这种乘数效应对不同产业部门的影响也是不同的，不同的产业部门对其他产业部门的传递作用也有较大的差异，这样贸易保护政策对国内产业结构的影响就必须给予关注，而凯恩斯贸易保护理论未对国内产业问题进行深入分析。

三是扩大出口并不能解决资本主义的根本矛盾。对外贸易乘数理论是代表当代垄断资本利益的理论，这一理论忽略了阻碍新投资和正常贸易顺差增长的一系列因素，旨在通过奖出限入，增加对外贸易出超来解决国内经济停滞，摆脱周期性经济危机。但是，在资本主义制度下，要从根本上解决经济危机和就业问题是不可能的。

四、二战后主要发展中国家限入奖出的对外贸易政策

二战以后，经济发展水平落后于发达国家的广大发展中国家，为了发展民族经济和实现工业化，纷纷走上了保护贸易的道路。但由于各国经济发展水平相差悬殊，它们的对外贸易政策各不相同，但主要分为两种基本形式：进口替代政策和出口导向政策。

（一）进口替代政策

1. 进口替代政策的含义

进口替代（Import Substitution）政策又称为进口替代工业化政策，是内向型经济发展战略的产物。它是指一国通过采取各种措施限制某些外国工业品进口，促使本国工业生产，逐渐实现以本国产品替代进口产品以满足国内需求，为本国工业发展创造有利条件的战略。

进口替代一般要经过两个阶段。在进口替代政策的初级阶段，主要是发展消费工业替代消费品进口，如食品、服装、家电制造业以及相关的纺织、皮革、木材工业等。由于发展非耐用消费品的生产所需的资金相对于重工业更少，同时，这些产品的技术含量较低，可以进行小规模生产，对劳动力素质的要求也不高，所以发展中国家比较容易进入这个阶段。在进口替代政策的高级阶段，主要是发展国内的中间产品、机器设备及耐用消费品替代同类产品的进口。这个阶段需要发展中国家具备一定的工业基础。

2. 进口替代的理论基础

（1）"普雷维什 – 辛格假说"（Prebisch-Singer Hypothesis）。20 世纪五六十年代，阿

根廷著名的经济学家劳尔·普雷维什（Raul Prebisch）和德国籍经济学家辛格（H. W. Singer）提出了"普雷维什-辛格假说"。他们认为传统的比较优势理论并不适用于发展中国家。因为基于比较优势的贸易利益更多地表现为静态利益，而较少体现规模经济等动态利益，所以对发展中国家经济发展作用不大，甚至会因为本国相对价格下降过快（贸易条件恶化）带来经济福利损失。普雷维什更进一步将整个世界分为两类国家，一类是处于"中心"地位的经济发达的国家，另一类是处于"边缘"地位的发展中国家。边缘国家依附于中心国家经济，为中心国家的经济增长服务。中心国家通过不等价交换剥削了边缘国家，使发展中国家本身难以发展，长期面临贸易条件恶化和经常性收支逆差。因此他提出发展中国家应该摆脱这种不合理的国际分工体系，走独立自主的发展经济的道路。

（2）二元经济结构论。采取进口替代战略的另一个理由是某些国家的二元经济结构。所谓二元经济是指在一个发展中国家内形成了比较先进的、资本密集型且工资水平相对较高的工业部门和传统的落后农业并存的经济结构。二元经济的一般特点是：①比较先进的工业部门的劳动生产率比其他部门高；②工业部门的高产出率使该部门的工资率明显地高于其他部门；③尽管工资率较高，但工业部门的资本报酬率相对较低；④工业部门的资本密集度高于其他部门，与其他发达国家的工业部门有相近的生产设备；⑤城市中的高工资与大量失业并存。

二元经济既具有工业发展的基础，又有现代工业发展所需要的廉价劳动力。在存在二元经济结构的发展中国家内，整体经济发展水平的落后需要通过工业部门带动国民经济的发展。政府通过实施贸易保护措施，使国内企业排除来自先进国家企业的竞争，从而独占本国市场。

3. 进口替代政策的措施

（1）实行保护关税。对进口商品征收较高的关税限制其进入，而对建立替代工业所需的机器设备、中间产品采取减免关税的做法。

（2）采取进口限额。对某些进口商品规定进口数量，减少进口商品对本国工业的冲击。

（3）外汇管制集中运用外汇资金。使本国货币升值，减轻外汇不足的压力，降低进口商品的成本，以进口国内所需的机器设备。其中关税和配额是进口替代战略中最重要的保护措施。

4. 对进口替代政策措施的简单评价

（1）进口替代政策的成效。二战后，拉美发展中国家和新独立的许多亚非发展中国家先后把进口替代作为工业化的途径，并取得了较大的成功和效果。到20世纪50年代中期，拉美地区的制造业产值开始超过农业；到了60年代，拉美国家的生产能力也基本达到了满足本地居民消费需求的水平；到了70年代中期，一般的生产资料也自给有余，巴西、墨西哥、阿根廷等国开始向世界其他地区出口电动机械、交通运输工具、电动器材及电子通信设备等重要的制造业产品。

（2）进口替代政策的局限性。推行进口替代也有一定的局限性。该政策通过贸易保护，限制外国工业品进口使国内进口竞争工业在缺少竞争的条件下发育成长。这不仅会使国内消费者利益受损，而且还由于降低了该国与世界市场的联系程度，造成国内市场相对狭小，生产成本高，经济效益低，产品质量差，缺乏竞争力。因此，实行进口替代政策的发展中国家虽然在一定程度上促进了国内工业的发展，加快了工业增长速度，但难以长期保持。这就迫使这些国家进行调整乃至放弃该政策，转而实行出口导向政策。

（二）出口导向政策

1. 出口导向政策的含义

出口导向（Export Orientation）政策，又称出口替代工业化政策或出口导向工业化政策，是外向型经济发展战略的产物。20 世纪 60 年代中期，一些国家和地区在经过一段时间的进口替代工业化过渡后，采取了该经济发展战略。出口导向是指一国采取各种措施扩大出口，并通过积极引进国外资本和先进技术，发展出口工业，逐步用工业制成品出口替代初级产品出口，用精细加工制成品出口替代一般加工制成品出口，以带动经济发展，实现工业化政策。

2. 出口导向政策的措施

（1）给出口生产企业提供低息贷款，优先提供进口设备、原材料所需外汇，大力引进资本、技术、经营管理知识，建立出口加工区等，以降低生产成本，提高产品质量，增加创汇能力。

（2）给出口企业提供减免出口关税、出口退税、出口补贴、出口信贷和出口保险等，以降低企业出口成本，开拓国际市场，增强出口竞争能力。

3. 对出口导向政策的简单评价

（1）积极作用。

出口导向政策对一些发展中国家，尤其是新兴工业化国家和地区的工业化与工业品的出口起到了积极的作用。一些新兴工业化国家和地区的国内生产总值增长迅速，出口大幅度增加。1965～1980 年新加坡、韩国、马来西亚、泰国、巴西的国内生产总值年均增长率分别为 10%、9%、7.4%、7.3% 和 9%，大大超过全世界国内生产总值年均增长率 4.1% 的水平。而韩国、马来西亚、泰国、巴西的出口增长速度分别为 27.2%、9.1%、8.6% 和 9.3%，超过全世界同期出口平均增长率 6.7%。

（2）消极作用。

第一，出口导向产业主要面向国际市场，加强了对国际市场经济的依赖性，国际市场的波动会影响这些出口替代工业，进而影响国内经济的稳定。

第二，以出口为导向，重点扶植国内出口导向产业，加剧了国民经济结构的不平衡性。

第三，鼓励出口的措施运用不当，会扭曲国内的激励机制，导致出口导向产业效率低下。

（三）当代的适度贸易保护

考虑到经济发展所处的国际环境，当代发展中国家如果需要实行贸易保护，只能采取适度保护。所谓适度保护，包括三层含义。

一是保护对象的范围要适度。只能是关系国计民生的重要产业部门。

二是保护的水平要适度。只能采取与自己处在同一发展层次的国家所实施的一般保护水平。

三是保护的期限要适度。保护期限不可能无限期，也不可能再如李斯特所指出的以30年为限。WTO 在推动有关产品贸易自由化过程中给发展中国家的过渡期往往是 10年左右。若发展中国家（如中国）的市场对其他国家比较重要，如果保护期过长，不仅其他国家不会答应，而且被保护对象也许会因为一味地依赖保护，在没有成长起来之前就已变为夕阳产业了。

保护幼稚工业理论在发展中国家的实践中所取得的成效并不大。虽然发展中国家都很注重对幼稚产业的保护，但多数未达到预期效果，反而付出惨痛代价。而中国曾经保护了多个像汽车这样的产业，结果却使得国内企业安于现状，发展不快。

五、20 世纪 70 年代中期后的新贸易保护主义

新贸易保护主义是相对历史上的贸易保护主义和贸易自由化而言的。1973～1974年，世界性经济危机爆发，市场问题相对紧张，出现了新贸易保护主义。

（一）新贸易保护主义的主要特点

1. 被保护的商品不断增加

被保护的商品从传统产品、农产品转向高级工业品和服务部门。1977 年，欧洲经济共同体对钢铁进口实行限制。1978 年，美国对进口钢铁采取"启动价格"，即在钢铁价格降到按照生产成本规定的基点价格以下时，对进口钢铁征收反倾销税。1977～1979年，美国、法国、意大利和英国限制彩电进口。进入 20 世纪 80 年代以来，美国对日本汽车实行进口限制，迫使日本实行汽车"自愿出口限额"。加拿大、德国也相继采取限制汽车进口的措施。1982 年，美国与欧洲经济共同体签订钢铁"自愿"出口限额协议。1986 年 8 月，国际《多种纤维协定》对纺织品进口的限制进一步升级，把限制的种类从棉类合成纤维扩大到棉麻、棉丝混纺织品。高级技术产品如数控工作母机和半导体等也被纳入保护范围，此外，加强了劳务上的保护主义，如签证申请、投资条例、限制收入汇回等。

2. 限制进口措施的重点从关税壁垒进一步转向非关税壁垒

从 20 世纪 70 年代初的 800 多种增加到 70 年代末的 1 000 多种，非关税壁垒措施不断增加。在"有秩序的销售安排"（Orderly Marketing Arrangement）和"有组织的自由贸易"（Organized Free Trade）的口号下，新贸易保护主义国绕过 GATT 的原则，搞"灰色区域措施"（Grey Area Measures）。例如，1977 年美国与日本谈判"有秩序的销售安排"，要求日本减少彩色电视机、收音机、电炉、铁路设备等产品对美国的出口，规定日本到 1980 年每年对美国出口彩色电视机 175 万台，比 1976 年减少 40%。

3. 加强征收反补贴税和反倾销税的活动

加强征收反补贴税和反倾销税的活动，并按照有效保护税率设置阶梯关税。1980～1985 年发达资本主义国家反倾销案件达 283 起，涉及 44 个国家或地区。1983～1992 年，欧共体对第三国的出口产品进行反倾销调查案共达 345 起。其中，中国 35 起，占总数的 10%，被列入第一位。20 世纪 90 年代以来，国外对中国反倾销调查急剧增加，仅 1993 年一年时间，国外对中国出口产品的反倾销调查就有 37 起。

4. 贸易保护制度日益合法化、系统化

（1）合法化。许多发达资本主义国家重新修订和补充原有的贸易法规，使对外贸易保护有法可依。例如，美国国会通过《1988 年综合贸易与竞争法》某些条例，加强了美国政府对美国对外贸易保护的调节和管理的合法化。

（2）系统化。许多发达资本主义国家对各种对外贸易制度和法规，如海关、商检、进口配额制、进口许可证制、出口管制、反倾销法等，制定更为详细、系统、具体的细则，并与国内法进一步结合，以便各种管理制度和行政部门更好地配合与协调，为进出口贸易提供更为系统的保护。

5. 奖出限入措施的重点从限制进口转向鼓励出口

因为限制进口容易遭到对方的谴责和报复，故各国纷纷从经济、法律、组织等方面采取措施推动出口的扩大。如在经济方面，实行出口补贴、出口信贷、出口信贷国家担保制、商品倾销、外汇倾销、建立出口加工区等。在法律方面，用立法为扩大出口提供支持，以法律为武器强迫国外开放市场。例如，1989 年美国就对日本动用"超级 301 条款"，强迫日本在一年内向美国开放计算机、卫星、森林产品等市场。在组织方面，建立商业情报网络，设立权威的综合协调机构，为扩大商品出口服务。此外，各国都重视精神奖励，如法国设有"奥斯卡"出口奖，美国、日本等也有类似奖励。

（二）新贸易保护主义不断加强的原因

1. 发达国家失业率增高

20 世纪 80 年代以来，主要工业国家经济处于低速发展状态，失业率一直较高。

2. 主要工业发达国家的对外贸易发展不平衡

20 世纪 70 年代中期以后，美国对外贸易逆差不断增加，特别是对日本、德国的对外贸易逆差不断加重。为了减少贸易逆差，美国一方面迫使对它有巨额贸易顺差的日本等国开放市场，另一方面加强限制和报复的进口措施。

3. 国际货币关系的失调

汇率长期失调影响了国际贸易的正常发展，带来了巨大的贸易保护压力，汇率的过高与过低均易产生贸易保护主义的压力。

4. 贸易政策的相互影响

随着世界经济相互依赖的加强，贸易政策的连锁反应也更敏感。美国采取了许多贸易保护措施，它反过来又遭到其他国家或明或暗的报复，使得新贸易保护主义得以蔓延与扩张。

随着 GATT "乌拉圭回合" 的结束、世界贸易组织的成立、最后文件的生效与执行，新贸易保护主义受到抑制。

（三）介于纯粹的自由贸易和完全的保护贸易之间的管理贸易政策

20 世纪 80 年代以来，在国际经济联系日益加强的背景下，贸易保护主义又重新抬头。为了既保护本国市场，又不伤害国际贸易秩序，保证世界经济的正常发展，各国政府纷纷加强了对外贸易的管理和协调，从而逐步形成了管理贸易（Managed Trade）政策。管理贸易是一种以协调为中心，以政府干预为主导，以磋商为手段，对进出口贸易和全球贸易进行干预、协调和管理的贸易体制。它是一种介于纯粹的自由贸易和完全的保护贸易之间的贸易体制。

1. 管理贸易的主要特点

美国是奉行管理贸易最为突出的国家，是管理贸易的一个典型范式。美国的管理贸易具有以下特点。

（1）管理贸易法律化、制度化。这一特点主要体现在美国的两个贸易法案中：《1974 年贸易法》和《1988 年综合贸易与竞争法》。第一个法案的通过标志着美国管理贸易正式开始运转，第二个法案的通过标志着美国管理贸易已走上了成熟。另外，美国管理贸易的法律化与制度化也体现在美国的反倾销法中。美国的这些法案一方面强化了其贸易的立法作用，另一方面扩大了美国贸易立法的域外管辖范围，这充分显示了美国单边协调管理贸易的加强。

（2）双边、区域多边贸易协调日益加强，并与国际多边贸易协调体制相交织。在多边协调管理方面，美国积极参加 GATT 的乌拉圭回合多边贸易谈判，并尽可能地发挥其巨大的影响力；美国在北美自由贸易区的基础上，提出 "泛美自由贸易区" 的设想；美国甚至还提出 "新大西洋主义"，即以北约为主，以欧共体和欧洲安全与合作会议（简称"欧安会")为辅的三环结构。这样美国既可以协调世界格局变动所引起的美欧矛盾，还可使"新欧洲"发挥重要作用，促使美国在"新欧洲"的利益增加；除此之外，美国还对环太平洋经济区的设想持积极态度。

在双边协调管理方面，美国加强具有针对性的双边贸易谈判，强调"对等"及"公平"贸易的互惠条件，并在此条件下，迫使日本、德国甚至"亚洲四小龙"等对美国有大量贸易顺差的贸易伙伴做出了一些让步，比如有限度地开放市场、扩大内需及实行出口多元化乃至货币升值等来调整与美国的贸易关系；美国还积极活动，与加拿大和墨西哥成立北美自由贸易区。这些都是美国管理贸易的重要组成部分。

（3）管理措施以非关税措施为主。由于 GATT 多年的不懈努力，关税在国际贸易中限制进口的作用已明显降低。美国在限制进口方面已经转而实施隐蔽性较强的非关税壁垒，出现了绕过 GATT 的"灰色区域"措施，其中，"自动出口限制"是"灰色区域"措施中最重要的方式。

20 世纪 70 年代中期以来，美国对来自日本的汽车，来自亚洲其他国家或地区的纺织品、服装、鞋帽、食品、旅游箱包等实行"自动出口限额"，这大大降低了这些国家这类商品在世界出口份额中的增长速度。

（4）突出对服务贸易及知识产权的管理。美国管理贸易的重点主要是劳动密集型的制造业、农产品及劳务产品等服务贸易。美国是世界上最大的劳务贸易国，其以智力服务为主的劳务出口使美国劳务贸易存在大量顺差。而其他国家也竭力发展其劳务出口。因此，服务贸易领域的摩擦与争端激增。另外，随着国际技术贸易的迅猛发展，知识产权成为当今国际贸易的重要方面。作为世界上最大的知识产权贸易国，美国更关心，也更加强其对知识产权的保护和管理。因此，美国的贸易政策中对服务贸易与知识产权的管理更为突出。

除了美国以外，20 世纪 60 年代以后的日本也开始根据产业和国际竞争力的状况，精心地、有步骤地制订各种计划和选择实行自由化的商品。通过这一方式，日本促进了本国产业合理化和劳动生产率的提高。

（5）跨国公司逐渐成为管理贸易的主体。作为适应国际贸易新发展的管理贸易，其内容非常丰富，它融政治与经济于一体，运用贸易、金融方面的技术，综合开展各种有形和无形的国际贸易，以获取最大的和长远的经济效益，而最能适应这种管理贸易的是在世界经济中占据主导地位的跨国公司。目前，全球许多高科技、高层次、大规模的贸易与投资活动都是以跨国公司为主体进行的，它们垄断了全球货物贸易额的 90% 左右。因此，各国都通过跨国公司的跨国经营活动来贯彻其对外投资贸易的战略和政策，跨国公司成为各国争夺国际市场和获取管理贸易利益的主要力量。

2. 对管理贸易政策的简要评价

管理贸易首先创立于美国，美国的管理贸易措施也最为缜密、严厉，实施的范围最广，手段最全面，对世界经济的影响最大。其他国家如日本的管理贸易则较为平和，手段上也不像美国那样具有攻击性。发展中国家的管理贸易还处于起步阶段，更多的只是政府的强制性干预而已，对国际经济的影响很小。

管理贸易政策产生于20世纪70年代以来新贸易保护主义日益严重的背景之中，满足了发达国家既要遵循自由贸易原则，又要实行一定的贸易保护的现实需要，因此在一定程度上避免了极端形式的贸易冲突，减缓了各国之间的贸易摩擦，这种作用可以从诸多的贸易协定中看出来，如1986年、1991年的《美日半导体协议》，1992年美欧农贸方面的《布莱尔宫协定》，1995年的日本向美国开放汽车市场协定，以及1996年中国向美国出口蜂蜜的自动限额协定，等等。

但是，从各国所实行的管理贸易来看，既有保护又有自由的成分，但一般都侧重保护主义，都是通过单边、双边或多边的协调方式来管理各国贸易关系及世界贸易体系的，其本质都是有组织的自由和有协调的保护，尤其是它使贸易保护主义制度化和法律化，同时国际多边贸易关系也在向双边和区域内多边协调关系方向发展，这就为西方发达国家加大贸易保护力度提供了更大的可能性和合法性。从这个意义上来说，管理贸易政策又是进一步引发新的贸易争端的重要制度因素。

六、后危机时代贸易保护主义

进入21世纪，特别是2008年爆发次贷危机后，美国等发达资本主义国家相继掀起新一轮贸易保护主义浪潮，全球贸易保护主义再次抬头。与以往不同的是，后危机时代贸易保护主义具有较强的民意基础，在美国及欧洲多国蔓延，并且冲破了多边贸易体制的束缚。

（一）后危机时代贸易保护主义产生的原因

1. 经济危机是贸易保护主义盛行的根本原因

2008年以来，贸易保护主义大行其道、愈演愈烈，原因是主要资本主义国家进入垄断资本主义阶段，由此发生周期性的经济危机。垄断资本主义导致了资本高度集中和不合理流动，造成了产能过剩，进而使得经济危机的根源更加深厚，而贸易保护主义则是垄断资本主义国家应对经济危机的普遍做法。

2. 片面追求国家利益是贸易保护主义抬头的重要原因

国家利益是贸易保护主义的重要影响因素，它决定了一国贸易保护的方向、程度以及方式。为保护本国利益免遭或少遭经济危机的损害，保护本国产业发展、国民就业以及社会秩序稳定，贸易保护主义成为一些国家应对经济危机的普遍选择。特朗普政府实施"全球收缩，美国优先"经济政策，对内通过减税等措施推动制造业回流，对外通过惩罚性关税和设置技术壁垒保护本国产业。

3. 维护经济主导地位是西方发达国家采取贸易保护主义政策的强烈动因

西方发达国家实施贸易保护主义政策很大程度上是为了维护其在全球经济格局中的

主导地位。20 世纪 90 年代以来，西方发达国家在全球化过程中发挥着主导作用，但新兴市场国家和发展中国家的发展对此形成了冲击。

当前，中国等新兴市场国家迅速崛起，在国际政治经济体系中扮演着越来越重要的角色。2019 年国际货币基金组织《世界经济展望》数据显示，2018 年新兴市场和发展中国家的经济总量占世界经济总体比重的 59%，超过发达国家。随着中国、巴西、印度等新兴经济体的群体性崛起，打破了传统西方掠夺式全球化的利益链，发达国家在商品、资本、技术等领域的优势已不如从前。美国产业日益空洞化，出现了工业衰退的"铁锈地带"。而中国推出"中国制造 2025 计划"，逐渐摆脱对美国技术的传统依赖，不断促进高新科技产业的兴起，包括 5G、"天眼"、量子卫星等的研发。

而美国为了维护其国际经济体系主导地位，利用其强大的综合国力，不断扩大经济单边主义的使用范围，迫使一切与其有关的经济合作机制都在其主导下进行重新修订，并使其完全符合美国的意志以及根本利益，结果只能是现有国际经济合作机制遭到破坏、国际经济关系紧张。

（二）后危机时代贸易保护主义政策的特点

1. 贸易保护主义的实施方式更为多元

传统的国际贸易保护手段主要有关税、进口配额、外汇管制、补贴、烦琐的进出口海关手续、歧视性的政府采购政策、行政壁垒等。而绿色壁垒、技术壁垒、反倾销、知识产权保护、限制进口商品进关、实行非自动许可证制度、提高进口标准以延缓进口速度、加大行业补贴、利用区域经济一体化集团实施新贸易保护等非关税壁垒措施，逐渐成为后危机时代贸易保护主义的主要手段，且更具有隐蔽性。

根据联合国贸易和发展会议与世界银行联合发布的数据，2018 年非关税措施的总交易成本约为 3 250 亿美元。其中，技术性贸易壁垒（TBT）使用最多，占所有非关税措施的 41%。技术性贸易壁垒影响了超过 30% 的产品线和近 70% 的世界贸易，其涉及对包装、标签等的要求以及所有合格评定措施。卫生和植物检疫措施（SPS）居次，占所有非关税措施的 35%。卫生和植物检疫措施通常在农业中存在，包括确保食品安全并防止疾病传播的限制以及与食品安全有关的合格评定措施。这些措施影响了近 20% 的世界贸易。

西方国家针对中国产品发起的双反调查范围向知识产权领域、服务领域延伸，向新兴通信设备、汽车、钢铁等行业转变。美国认为，中国高新技术的发展政策导致不平衡竞争，政府补贴、优惠贷款、技术转移等对外国企业形成"歧视"，对全球贸易体系构成威胁，所以美国在技术和绿色产品等方面对中国设置重重壁垒。

2. 贸易保护主义的政策数量多于以往

博鳌亚洲论坛 2019 年年会发布的《新兴经济体报告》显示，根据英国经济政策研究中心（CEPR）全球贸易预警数据库统计资料，2009～2018 年，二十国集团中的 11

个新兴经济体实施的贸易保护主义措施总计达 4 766 项，平均每个经济体为 433.3 项；二十国集团中的 8 个发达国家实施的贸易保护主义措施总计达 5 310 项，平均每个经济体为 663.8 项，比前者多出 230.5 项。分国别来看，2009～2018 年，美国贸易保护主义措施多达 1 693 项，居全球首位，平均每年出台 169.3 项贸易保护主义措施；排在第二位的德国同期累计出台 1 225 项贸易保护主义措施，其中 2018 年新增 115 项，较 2017 年增长 113.0%。数据表明，发达国家是贸易保护主义的主要推手。[⊖]

3. 贸易保护主义的扩散效应显著增强

自 2008 年 9 月国际金融危机爆发以来，各个国家均采取了各种不同的政策和措施，通过减税、降息和扩大投资以达到增加消费、稳定就业和维持经济增长的目标。2008 年 11 月以来，美国共实施了 31 项大规模保护主义措施，影响了超过 5 万亿美元的贸易。美国的保护主义措施对象国不仅有中国、俄罗斯等新兴经济体，也有其传统盟友和安全伙伴。比如，美欧之间的贸易摩擦在 2019 年愈演愈烈。2019 年 10 月 2 日，世界贸易组织对"美国诉欧盟补贴空客案"做出仲裁决定，批准美国每年对价值约 75 亿美元的欧盟进口商品征收关税。随后，美国贸易代表办公室立即发布了一份拟征税清单，美欧贸易摩擦升级。

第四节　战略性贸易政策

20 世纪 80 年代以来，国际贸易发生显著变化，发达国家间的产业内贸易大量出现，传统贸易理论不能予以合理的解释。美国经济学家保罗·克鲁格曼、加拿大英属哥伦比亚大学教授布朗德（James Brander）和斯潘塞（Barbara Spencer）等经济学家，运用产业组织理论来解释国际贸易现象从而产生了"新贸易理论"，极大地推动了国际贸易理论的发展。其核心内容是战略性贸易政策理论，他们认为，传统的自由贸易理论是建立在规模收益不变和完全竞争的理想假设上的，但现实生活中，不完全竞争和规模经济是普遍存在的现象。在这种情况下，市场本身的运行处于一种"次优"的状态，他们从规模经济和不完全竞争的市场结构出发，论证了政府干预以实现本国得益最大化的合理性。该理论自产生以来，深受诸多学者的追捧，但同时也伴随着各种质疑与批评。本节将介绍战略性贸易政策理论体系及其新发展，并与重商主义、幼稚工业保护政策进行比较，进而对战略性贸易政策进行客观评价。

一、战略性贸易政策理论的基本模型

战略性贸易政策理论的基本模型由利润转移理论和外部经济理论两部分组成。利润转移理论是指在不完全竞争中，一国政府可以通过保护本国战略性产业来转移他国利

⊖　博鳌亚洲论坛 . 新兴经济体发展 2019 年度报告 [R]. 北京：对外经济贸易大学出版社，2019：49-50.

润。外部经济理论是指一国政府对本国存在巨大"外部效应"的产业进行扶持和保护，既可提升其国际竞争力，也可通过外部效应让其他产业受益，从而增加本国福利。

（一）利润转移理论

战略性贸易政策的利润转移理论包括关税抽租论、战略性出口补贴与R&D补贴和以进口保护促进出口。

1. 关税抽租论

布朗德和斯潘塞指出当国际市场存在不完全竞争时，特别是当外国企业预感到本国存在潜在进入时，本国政府可以在不造成国内扭曲的前提下通过实施关税而将外国利益转移至国内。

2. 战略性出口补贴与R&D补贴

战略性出口补贴与R&D补贴分古诺（Cournot）双寡头模型和伯特兰德（Bertrand）竞争方式两种情况。

一是战略性出口补贴与R&D补贴的古诺双寡头模型：两家企业（本国和外国），生产同质产品，全部出口第三国，运输成本为零，第三国不存在消费者剩余，政府掌握充分的产业信息并承诺进行出口补贴。两家企业在古诺竞争下的纳什均衡结果显示，本国企业的产出增加了，而外国企业的产出减少了；本国企业的净利润增加了，外国企业的净利润减少了，政府的补贴帮助将他国企业的利润转移到本国。因此，在古诺竞争中，政府的最优政策是出口补贴。

二是以伯特兰德竞争方式。研究结果显示，如果企业进行伯特兰德方式的"双寡头竞争"，则本国将获得更多的产出，且本国福利水平也将提高；如果国内消费不变，政府征收出口税可以让本国企业获得更多的利益。

3. 以进口保护促进出口

1984年，克鲁格曼研究发现由于存在"规模经济"，一国如果利用关税、配额等方式来保护和支持国内战略性产业，可以扩大其经营规模，降低边际成本，提升国际竞争力，从而有利于扩大出口，转移国外垄断利润。有学者在进一步分析本国市场保护下的国内福利变化时也得出：政府征收关税或者实行出口补贴，不仅可以增加本国的财政收入，还能使外国企业在本国市场上的处境更加不利。

（二）外部经济理论

外部经济分为技术外部经济与货币外部经济。技术外部经济是指企业在产业聚集中通过"技术溢出"和"干中学"而获得技术与知识；货币外部经济是指企业在产业聚集中获得的成本的降低。外部经济理论认为，政府通过对本国存在巨大的正外部经济的战略性企业进行支持和保护，不仅可以提升其国际竞争力，还可以通过外部经济效应惠于其他产业，从而拉动整个国民经济的增长，获得长期的战略利益。

（三）战略性贸易政策理论基本模型的拓展

巴格威尔（Bagwell）在战略性 R&D 补贴模型中引入了产品成本变化的不确定性因素，并假定政府的行动先于企业决策，从而证明了最优的 R&D 补贴其实与市场竞争中的战略变量没有关系。

帕克（Park）对布朗德 - 斯潘塞两阶段博弈模型进行了修改，结果却得出与传统"囚徒困境"不同的结论：博弈双方的福利效应会受到战略性 R&D 补贴政策的不对称性的影响，使用 R&D 补贴的一方会受益而征收 R&D 税的一方将受损。

有学者假设发达国家与发展中国家的企业进行竞争，可以采取政策协调的方式来避免形成纳什均衡，伯川德式竞争的均衡是发达国家采用战略性 R&D 补贴而发展中国家采取征收战略性 R&D 税，而在古诺式竞争时均衡是双方国家都征收战略性 R&D 税。

布朗德和斯潘塞的研究表明：如果博弈中的两国政府都通过对本国出口企业实施战略性出口补贴来增加本国的福利，结果将陷入"囚徒困境"，即两国的福利都不仅没有增加，反而比实施出口补贴之前降低了。

另一些研究发现：虽然在企业进行古诺竞争时，政府增加国民福利的最优战略性贸易政策是出口补贴，但当相对于外国企业，本国企业数量陡增时，因为本国的需求曲线越发凸向原点，因此，此时本国最优的战略性贸易政策却是征收出口税。

虽然战略性贸易政策理论源自对发达国家贸易现象的研究，但后来有不少学者就战略性贸易政策对于发展中国家的适用性问题也进行了探讨。还有部分学者研究了战略性贸易政策与国民福利、消费者利益和企业收益之间的关系。

二、战略性贸易政策理论的新发展

战略性贸易政策理论自产生以来，一直处于不断的扩展和完善之中，这不仅体现在对其基本理论模型的扩展上，也表现在其他热点问题如"小国"问题、发展中国家问题、信息不对称问题、与产业经济学的融合上。

（一）战略性贸易政策与竞争优势

在国际市场寡头垄断企业的博弈中，成本比较低的国家比成本比较高的国家政府给予本国企业的战略性出口补贴或者出口税要多。也即，成本比较低的国家比成本比较高的国家更有可能在政府的战略性贸易政策干预中获利。

（二）战略性贸易政策与产业政策

有学者研究了战略性贸易政策中的出口补贴与 R&D 补贴对企业利润的社会价值的影响，建立了在寡头竞争下动态的贸易政策与产业政策之间关系的理论模式，指出在不同的情况下，企业 1 单位基金的边际社会成本有可能大于 1，也有可能小于 1。同时，在研究战略性贸易政策和产业政策受收入约束条件的影响时得出：企业基金的边际社会成本与总的最优净补贴额成反比关系，最优净补贴上升，则企业基金的边际社会成本下降。

（三）战略性贸易政策与战略联盟

有学者研究了战略性贸易政策与战略联盟之间在促进本国福利增长上的替代关系，结论显示：如果一国出口贸易量和所占国际市场份额足够大，那么该通过战略联盟的方式来增加社会福利的作用就比战略性贸易政策更大；战略性贸易政策与战略联盟的相对效果并不会受到产品市场竞争性质变化的影响；至少对于消费者而言，无论是战略性贸易政策还是战略联盟，都比政府不干预时的福利效果要好；如果某种产业的产品全部出口他国，那么对该产业最好实行战略性贸易政策而非战略联盟；如果别国实行的是自由贸易政策，那么，战略性贸易政策能比战略联盟给本国带来更多的福利。

（四）战略性贸易政策与经济增长

有学者在研究战略性贸易政策对经济和社会福利的影响时发现，虽然实行自由贸易能够在短期中增加世界各国的福利，但在长期中，自由贸易却会导致增长率下降，社会利润减少；他们研究还发现，虽然对于国内资源再分配和 R&D 活动而言，战略性贸易政策所起作用很小，但对于技术与知识在国际范围内传播来讲，战略性贸易政策却有着重要作用。而技术和知识又将会刺激经济的增长。

（五）战略性贸易政策与信息不对称

有学者在布朗德 – 斯潘塞模型中引入市场需求的不确定性而建立了 CR 模型。该模型表明，如果市场需求容易发生波动，那么政府采取战略性补贴会更优一些，企业数量多的国家应征税，而企业数量少的国家应进行补贴。如果市场需求比较稳定，那政府的最优决策是控制产量。另一些研究则否定了 CR 模型，它们发现，政府使用什么样的战略性贸易政策其实取决于噪声信号的真实程度，一国福利是否能够通过战略性贸易政策来提升很大程度上受到政府掌握信息的数量和真假的影响，如果两国掌握企业的信息越少，反而越有可能实现两国福利的同时增进。还有一些研究发现如果企业的所有者对其委托的经理人的信息能够充分掌握并能对其行为进行绝对的约束，那么，最优的战略性贸易政策便不会受到市场竞争性质变化的影响。因此，解决战略性贸易政策问题的关键不在于市场模型而在于政策本身的正确性以及政策变动所存在的潜在效果。

（六）战略性贸易政策与“小国”

有学者在研究“小国”是否适合应用战略性贸易政策时发现，如果市场是寡占的，那么“小国”实行战略性贸易政策是最优选择；但如果市场是完全竞争的，那么“小国”

的最优选择是实行自由贸易政策。"小国"无论采取何种战略性贸易政策手段，都必须与"大国"企业保持战略合作关系。最优的选择是一次性的总额补贴，如果"小国"采用战略性产出补贴很可能会受到"大国"企业的报复而损失惨重。

三、对战略性贸易政策理论的评价

（一）战略性贸易政策是一种新贸易保护政策

如果把战略性贸易政策理论与重商主义和幼稚工业保护论进行比较，便可看出，战略性贸易政策理论其实是一种新的贸易保护政策理论。

1. 都是针对贸易困境而提出的

重商主义是通过分析西班牙的贸易困境而提出的，目的是通过各种措施来鼓励出口并禁止或限制进口，"诱使"黄金内流，从而增加本国财富。保护幼稚产业论是在美国和德国的工业革命比英国晚而国际竞争力不如英国的背景下提出来的，目的是保护落后国家的新兴工业或幼稚产业，从而培养其国际竞争力。战略性贸易政策理论也是在美国受到来自西欧和日本产业冲击的背景下提出来的，其目的是政府利用各种优惠待遇支持和保护本国的"战略性"产业，以帮助从事这些产业的垄断企业降低边际成本，扩大生产规模，提升国际竞争力从而转移他国垄断利润；或者通过这些产业的"外部经济"效应，惠及其他产业，从而提升整个国民经济的质量。

2. 都将规模经济与外部经济作为选择目标产业的标准

至于规模经济，李斯特也曾经论及过，幼稚产业如果得到政府的政策扶持和保护，可以降低生产成本，从而能够扩大生产规模获得规模经济效应，并最终取得价格优势和国际竞争力。战略性贸易政策理论，就建立在规模报酬递增的假设前提之上，通过国内市场的保护，帮助企业扩大经营规模，获得规模经济效应，并随着学习曲线的急速下降，获得更多的利润转移效果。关于外部经济效应，由于幼稚产业初期通常得不到完全的补偿，因此政府必须对幼稚产业进行保护，用关税等贸易手段来提高幼稚产业的利润率，从而推动幼稚产业的快速成长。战略性贸易政策理论包括两个部分，其中重要的一部分便是外部经济理论，它所强调的就是政府对本国存在巨大外部经济的产业予以保护，从而不仅可以提升该产业的国际竞争力，更能惠及其他产业乃至拉动整个国民经济的增长。

3. 更具有进攻性和掠夺性

在政策目标上，保护幼稚产业论是通过暂时保护本国幼稚产业以实现进口替代。因此，本国的福利在实施政策初期会减少，因为本国不可以从国外进口同类产品。而战略性贸易政策理论的目标却是极力扩大出口，在维护本国垄断企业利润的同时加强对别国垄断企业利润的"转移"和"抽取"，是一种赤裸裸的掠夺。在政策手段上，保护幼稚产业论主要强调关税的保护作用。而战略性贸易政策理论则强调贸易政策与产业政策的结合，并以产业政策为主。可见，战略性贸易政策理论是对重商主义思想和保护幼稚产业论的继承和超越，是一种新的贸易保护政策，具有更大的进攻性与掠夺性。

（二）战略性贸易政策是一种国际垄断资本主义政策

20 世纪 80 年代以来，受国内失业、需求及资源的限制，主要发达国家争夺世界市场的竞争越发激烈。这不仅为本国的失业与经济衰退寻找出路，更为国内垄断资本在全球范围内争夺市场，从而也把人类社会带到了国际垄断资本主义时代。在这个时代中，谁拥有更多的跨国公司，谁就能在国际分工格局中获得更多的利益回报。因此，跨国公司不仅成了全球经济、贸易、金融的主要载体，而且成了世界主要国家争夺世界资源的工具。而跨国公司作为大型垄断企业正是战略性贸易政策理论的研究单位。因而为了促进本国经济发展，为了争夺更多的世界市场，为了解决本国失业和经济衰退的困境，对垄断企业进行战略性保护以对别国进行掠夺便成了顺理成章之事。可见，战略性贸易政策实则为一种国际垄断资本主义政策。

（三）战略性贸易政策是一种国际竞争政策

比较优势是一种潜在优势，体现的是各国在劳动生产率或者要素禀赋结构上的差异；竞争优势才是一种现实的优势，它所强调的是各国在生产效率上的绝对差异。在经济全球化时代，一国只有将潜在的比较优势转换为现实的竞争优势，才能在国际分工与国际贸易中获得更多更好的比较利益。战略性贸易政策以规模经济和不完全竞争为理论前提，强调了在不完全竞争的现实中一国政府通过政策保护来帮助企业获得规模经济或外部效应以提升企业国际竞争力和拉动本国经济增长上的重要作用。可见，战略性贸易政策其实是一种国际竞争政策。

⚠ 关键术语

国际贸易政策　自由贸易政策　保护贸易政策　幼稚产业　奖出限入
管理贸易政策　战略性贸易政策

🕐 习题与思考

1. 各国对外贸易政策，由哪几个部分组成？
2. 一国对外政策的制定受哪些因素影响？
3. 中国对外贸易政策有哪些特点？
4. 二战后的贸易自由化的主要表现是什么？
5. 李斯特的保护幼稚工业理论的主要内容是什么？
6. 凯恩斯的对外贸易乘数理论的主要内容是什么？
7. 二战后发展中国家进口替代和出口导向政策的主要内容是什么？

8. 美国的管理贸易政策产生了怎样的经济影响？

9. 战略性贸易政策采取的主要措施是什么？

10. 如何看待和评价战略性贸易政策？

延伸阅读 3-1

美国管理贸易法案

一、301 条款

301 条款的最初形式是美国《1974 年贸易法》301 条款，系指该法第三编第一章，题目为"外国的进口限制和出口补贴"，包括 301 条和 302 条。

301 条规定：如果总统判定，外国实施不公正、不合理的关税或其他进口限制，执行不公正、不合理、歧视性的规定、政策或做法，对向美国出口的产品（一种或几种）提供补贴（或有补贴效果的鼓励措施），使具有竞争能力的美国产品的销售量减少，对食品、原材料、工业制成品和半成品的供应施加不合理的限制，加重美国经贸活动的负担，总统应在其权限范围内采取切实可行的行动，以便消除上述的限制或补贴，总统还可根据财政部部长或者国际贸易委员会（ITC）的意见采取行动。

《1979 年贸易法》301 条款修正案，对 301 条款做了修正，删除了原来的 302 条，增写了 302～306 条。《1984 年贸易法修正案》主要针对服务业贸易，并就对外直接投资和高技术贸易等方面的技术壁垒做了新的规定。《1988 年综合贸易与竞争法》根据美国执行 301 条款的经验对 301 条款进行了重大的修改，把总统采取行动的权力交给了贸易代表（USTR），增写了新内容，并有了"普通 301""超级 301""特殊 301"之别。

（一）普通 301 条款

根据"普通 301 条款"的规定，如果外国的贸易政策、法规、措施否定了美国依贸易协定所应享有的权利，或违反了与美国签订的贸易协定，或否定美国依协定应享有的利益，或不公正地、不合理地、歧视性地使美国商业受到限制，美国贸易代表（USTR）均应根据 301 条甲款第一项的规定采取行动，或在总统的权限范围内按总统的指示采取行动，以便行使美国的权利，消除上述外国法规、政策或做法。

"普通 301 条款"的保护对象是美国签订的贸易协定及依其所享受到的利益和权利，最终保护的是美国的商业利益。而这里所谓的商业利益不仅包括了货物贸易及农业与制造业生产，也包括了服务贸易与服务业，还包括了对外直接投资。"普通 301 条款"的目的在于行使美国的权利，消除或终止外国与 301 条款不符的法规、政策或做法，消除不公平贸易行为所导致的对美国经贸的负担和限制，补偿美国的贸易利益。

根据规定，如果外国政府所实施的法规、政策或做法违反了国际协定，不公正、不合理或具有歧视性，则属于报复对象。

（二）超级 301 条款

《1988 年综合贸易与竞争法》对《1974 年贸易法》"301 条款"修正案的第 310 条被称为

"超级 301 条款"，它是 1988 年美国大选时民主党总统候选人之一理查德·盖普哈特提出来的，所以也称为《盖普哈特修正案》。

"超级 301 条款"的核心是"确定进行贸易自由化工作的重点国家"，规定在 1989 年和 1990 年日历年度内，"外国壁垒报告"提交国会有关委员会 30 天内，美国贸易代表（USTR）应提出美国进行贸易自由化工作的重点国家。所谓重点国家指的是如果消除这些国家的重大壁垒和贸易扭曲措施（重点做法），可能对提高美国产品和服务的竞争力意义十分重大，可能释放出扩大美国出口的极大潜力。在确定了重点国家名单并向国会有关委员会提交了报告之后 21 天，美国贸易代表应该就该报告所确定的每个重点国家的重点做法开始调查，然后同有关国家进行谈判，以力求达成包括以下条款的协定：自调查开始之日起 3 年内消除或补偿由于不公平贸易行为的重点做法造成的贸易利益损失。3 年内逐步消除贸易扭曲的重点做法，将使美国向该国的出口逐年增加。

"超级 301 条款"虽然强调的是与重点国家进行谈判以签订双边条约，但是这种谈判是以贸易制裁作为压力的。对于确定的重点国家，在谈判没有达到美国的目的时，将按照"普通 301 条款"中的报复行动（主要是《1988 年综合贸易与竞争法》第 304 条、305 条）对该国进行制裁，并由贸易代表向国会进行报告。另外，"超级 301 条款"并没有将确定重点国家的工作作为一项长期制度化的工作，但这并不意味着"超级 301 条款"机制就此不再有效，事实上，克林顿总统就曾经以行政立法的方式再次祭起"确定重点国家"的法宝，以向其贸易伙伴施加压力。

（三）特殊 301 条款

"特殊 301 条款"是《1988 年综合贸易与竞争法》对《1974 年贸易法》的"301 条款"修正案的第 1303～1307 条，主要是第 1303 条，"确定对知识产权提供充分、有效保护的国家"，是增写的《1974 年贸易法》第一编第八章的第 182 条。

"特殊 301 条款"要求美国贸易代表（USTR）应该在向国会提交"外国贸易壁垒"报告的 30 天内确定哪些国家否定充分有效的知识产权保护，或不对依靠知识产权保护的美国法人提供公平的市场，并在此基础上确定哪些国家为优先考虑的重点国家。

除非美国贸易代表认为展开调查将损害美国的利益，否则在认定某国或若干国家为重点国家后的 30 天内，美国贸易代表应该展开调查，如果它不主动发起调查，应该将原因向国会报告；在开始调查之后 6 个月，应该决定是否可对其所列举的国家实施报复，以及采取什么手段加以报复，并要求在决定报复之后 30 天实施。

"特殊 301 条款"是美国维护海外市场知识产权保护的强大武器，是美国贸易伙伴们重点研究的对象。2016 年 2 月，美国时任总统奥巴马签署通过了对"特殊 301 条款"的修订法案，将"商业秘密"的立法保护纳入审查范围，又引入"重点观察名单"等制度，其程序上发生了一定的改变。此次修改强化了该条款的威慑作用，也通过设置替代程序的方式弱化了其实际使用的作用。

二、301 条款典型案例

美国总统特朗普 2017 年 8 月 14 日在白宫签署行政备忘录，指示美国贸易代表（USTR）

根据 301 条款来审查中国是否存在不合理和歧视政策会损害美国知识产权、技术革新和发展。2020 年 5 月 14 日美国商务部对变更出口管制现行政策进行公示，公示具体内容对于华为集团明确规定：第一，华为手机和海思应用美国商务接待管控明细 CCL 内的手机软件与技术性所设计方案生产制造的商品，都将被列入管控；第二，针对位于美国之外但被列入美国商务接待管控明细中的生产线设备，在成为华为手机和海思生产制造代工生产前，都必须得到美国政府部门的许可证书，包括出口、再出口，跟单装运给华为手机和海思。

中美在知识产权方面的争端由来已久，美国历史上曾对中国动用五次 301 条款。在 1990 年美国就将中国升级列为"重点观察国家名单"，并分别在 1991 年 4 月、1994 年 6 月以及 1996 年 4 月三次使用"特殊 301 条款"对中国知识产权实施"特别 301 调查"（分别历时 9、8、2 个月），最终通过谈判分别达成了三个知识产权协议（见表 3-2）。除了知识产权调查外，1991 年 10 月美国还对中国发起了市场准入的"301 调查"，为期 12 个月，主要针对中国对美国商品进入中国市场设置不公平壁垒问题，在 1992 年谈判达成协议。2010 年 10 月，美国针对中国清洁能源政策措施启动"301 调查"，最终通过谈判达成合意。

表 3-2　美国历次 301 条款调查事件

时间	国家	调查进程及内容
1985 年 11 月	针对韩国知识产权领域发起特别 301 调查	韩国在电影、书籍、医药专利和半导体芯片等商业领域存在着大量侵犯美国知识产权的现象，经过 4 轮磋商后，美韩于 1986 年 7 月达成协议，韩国同意实施药品专利保护，并打击国内的盗版活动
1987 年 6 月	针对巴西知识产权领域发起特别 301 调查	美国控诉巴西缺乏对药品提供专利保护。而巴西拒绝改变国内的知识产权政策，美国总统行使 301 条款，宣布对巴西出口至美国的部分纸质产品、非苯药品和日用电子产品按价加征 100%、共计 3 900 万美元的惩罚性关税。最终巴西在 1990 年 6 月立法提供专利保护，美国终止惩罚关税
1991 年 4 月	针对中国知识产权领域发起特别 301 调查	调查主要涉及中国专利法缺陷，美国作品著作权、商业秘密以及商标权保护的缺乏，在 1991 年年底公布了 15 亿美元报复清单作为谈判筹码。最终在 1992 年 1 月中美签订知识产权保护相关协议，中国对改进知识产权法律做出承诺
1991 年 10 月	针对中国市场准入发起 301 调查	针对美国商品进入中国市场遇到的不公平壁垒问题展开了为期一年的调查。在 1992 年 8 月美国贸易办公室公布了总价值 39 亿美元的报复清单，并称在 10 月 10 日前不达成协议将征收惩罚性关税，而在 10 月 6~10 日最后一轮谈判中，中美达成协议，中国承诺未来 5 年时间里对许多美国商品取消进口壁垒，美国最终没有发起贸易报复
1994 年 2 月	针对日本贸易自由发起超级 301 调查	美国在持续 8 个月与日本进行贸易谈判破裂的情况下，批准对日本启用超级 301 条款，对日本木材、环境、纸张、大型计算机、电脑、电信和保险等领域实施关税报复，随后日本决定对美国开放汽车、汽车零配件、计算机、医疗设备和保险等市场
1994 年 6 月	针对中国知识产权发起特别 301 调查	将重点转移到中国知识产权法律的实施上，还要求中国对其知识产权产品开放市场。双方在 1995 年 2 月达成第二个知识产权协议，美国要求在协议中落实
1996 年 4 月	针对中国知识产权发起特别 301 调查	中国再次被美国确定为重点国家，直接启动了制裁程序，因此中美展开第三次知识产权谈判，在 1996 年 6 月达成第三个知识产权协议
2010 年 9 月	针对中国清洁能源补贴发起 301 调查	美国贸易代表于 10 月宣布接受美国钢铁工人联合会申请，启动对华清洁能源政策的 301 调查，并决定在不超过 90 天内向中国提出磋商请求。12 月美国宣布调查最终决定并提起在 WTO 争端解决机制下磋商请求。最终中国同意修改政策中涉嫌禁止性补贴的内容

三、"301 条款"机制违反了多边贸易体系最惠国待遇原则

"301 条款"的作用：一是作为一种监督、威胁和干预工具，每年通过拟定"重点国家""重点观察国家"等各种名单，发布《国别贸易障碍评估报告》等措施，对其贸易伙伴施加压力，干预影响其国内政策乃至国内政治；二是作为进入世界贸易组织争端解决机制的前置磋商程序，经磋商后决定是否提交 WTO；三是为美国贸易代表办公室和业界提供了沟通和磋商的桥梁，使业界的诉求能够迅速地传递给美国政府并得到后者的支持。

美国的"301 条款"机制严重地违反了多边贸易体系的一般最惠国待遇原则，也是与自由贸易原则相背离的，因此受到了国际社会的普遍反对。

美国的"301 条款"机制实际上是一种以制裁为威慑力量以获取贸易谈判利益的机制，但是贸易制裁必然引起其他国家的反制裁，甚至引发贸易战。"301 条款"以一种法定形式向世人宣告，如果美国的贸易对手不就范，就会按照美国法定公开的程序一步步走向被制裁。按照博弈论中的"斗鸡模型"，如果双方的冲突将导致毁灭性的两败俱伤，一方确定无疑的进攻信息将导致另一方的退让。美国的"301 条款"机制与这种理论是有一定联系的。但是，美国贸易代表在决定是否调查和报复时还要看是否对美国有利，因此实际上这种威慑机制的作用又是有限的。而且，随着其他经济力量的逐渐壮大，美国"301 条款"将越来越变成一把双刃剑，并最终成为束缚美国对外政策的一种机制，或者成为一种毫无作为的空头法律。

资料来源：腾讯网. 纸老虎！美国对中国动用过 5 次"301 条款"但最终……[EB/OL]. (2017-08-17) [2021-02-10]. https://stock.qq.com/a/20170817/009644.htm；中国经济网. 美国贸易法"301 条款"分析 [EB/OL]. (2018-04-11) [2021-02-10]. http://finance.ce.cn/rolling/201804/11/t20180411_28784151.shtml.

延伸阅读 3-2

新中国 70 年对外贸易政策的演进

一、1949～1957 年：国家计划经济体制下保护贸易政策的建立

1949 年 3 月召开的中国共产党七届二中全会确定了新中国"对内的节制资本和对外的统制贸易"的基本经济政策。1949 年 9 月，《中国人民政治协商会议共同纲领》进一步明确了新中国"实行对外贸易的管制，并采用保护贸易政策"。到 1956 年，中国基本建立了高度集中、政企合一的外贸经营体制。

保护贸易政策是在特定的历史条件下形成的。新中国成立后的经济建设百废待兴，对外贸易必须为国民经济发展服务，因此由国家统一计划整合优势资源进行出口创汇，进口社会主义工业化所必需的机器设备、原料等，严格管理外汇使用，对消费品设置高关税，对国内不能生产的设备、原料等设置低关税或免税。这是进口替代贸易战略的典型模式。

二、1958～1977 年：国家计划经济体制下保护贸易政策的演进

从新中国成立到改革开放前，中国建立了一套计划经济体制下的贸易体系，主要包括进

出口计划、外贸经营权、国营贸易、进口保护外汇管制。所有的进出口活动都要以指令性计划为依据，这导致企业无法直接参与国际竞争，缺乏自主性与灵活性，难以发挥资源禀赋优势，使贸易真正成为推动国民经济发展的动力。此外，进口保护壁垒很高，1951 年算术平均关税水平高达 52.9%，其中制成品关税率为 47.7%。而 1979 年东京回合结束时，世界上 9 个主要工业国家制成品关税率平均已降至 4.7%。

三、1978～1991 年：兼顾进口保护和出口鼓励的开放贸易政策

1978 年开始的改革开放使中国对外贸易政策发生了历史性的变化。第一，打破国家计划经济体制下的外贸体系，逐步下放外贸经营权到地方和生产企业，减少和简化指令性计划。第二，设立深圳、珠海、汕头、厦门和海南五个经济特区，吸引了一大批外资企业进驻园区。第三，开放沿海城市，1984 年开放大连、天津等 14 个沿海城市和海南岛，1988 年进一步将杭州、南京等 140 个市县划入沿海经济开放区；1990 年设立中国第一个海关特殊监管区——上海外高桥保税区。

在出口鼓励政策方面，中国明确了加工贸易在资格审批、外汇使用、征税纳税、保税监管等方面的优惠；在外汇留成、出口退税、出口奖励、人民币汇率贬值以及出口导向型外资方面给予特别优惠；同时更加强调出口产品质量的提升和市场的多元化。

为了保护国内工业发展而继续坚持进口替代保护政策，几次关税制度调整基本调低了国内不能生产或短缺的设备、零部件、原料等的关税，同时调高了国内已经具备生产能力的制成品、机械设备等的关税。到 1991 年中国的平均关税水平仍在 40% 以上。

四、1992～2000 年：出口导向的贸易自由化政策

外贸领域的市场化改革从党的十四大后开始加速推进。在外贸经营主体方面，私营企业、外资企业和科研院所陆续获得自营进出口权。在外贸法制建设方面，中国颁布了《中华人民共和国对外贸易法》（1994 年）。在出口鼓励措施方面，中国专门成立中国进出口银行；利用财政资金设立基金或协会资助扶持中小出口企业开拓国际市场；进一步完善出口退税政策、加工贸易政策和出口商品管理制度等。在外汇制度方面，中国于 1994 年实现人民币汇率并轨，建立了以市场供求为基础的、单一的、有管理的浮动汇率制度。

为加快对内市场化与对外开放（尤其是加入 WTO 和参与 APEC）进程，中国进行了持续的大幅度进口贸易自由化改革。一方面，中国削减关税，从 1992 年 1 月开始取消全部进口调节税，实施大幅度自主关税减让。到 2000 年中国的简单平均关税率已降至 17.0%，加权平均关税率已降至 14.7%，减让幅度分别达到 60% 和 54%，均高于乌拉圭回合设定的所有参加方关税平均减让 33% 的谈判目标。不过，中国的关税水平仍然相对偏高，2000 年 GATT 发达成员的平均关税率为 3.8%，发展中成员的平均关税率为 12.3%。另一方面，中国加快规范和削减非关税措施，通过出台《一般商品进口配额管理暂行办法》《进口商品经营管理暂行办法》等制度，大幅度减少配额、许可证管理商品，简化优化进口程序，提高了贸易管制的透明度。

五、2001～2007年：履行入世承诺的贸易自由化政策

加入WTO后中国开始全面融入多边贸易体制和世界市场，切实履行入世承诺，对外贸易政策对标国际规则继续推进贸易自由化。如将外贸经营权的审批制改为备案登记制，提了国营贸易进出口程序的透明度，使贸易政策进一步公开透明；形成更符合WTO规则的贸易救济体制；修订相关的知识产权法规等。

中国货物贸易自由化的成果十分显著。中国进口商品的简单平均最惠国关税率从2001年的15.9%降至2007年的9.9%，加权平均最惠国关税率从2001年的14.1%降至2007年的5.5%，已经低于一些重要的发展中国家（如巴西、印度和墨西哥等）。在服务贸易自由化方面，中国的入世承诺涵盖了WTO《服务贸易总协定》（GATS）列表中12个大项160多个部门中的9项100多个部门，开放程度大大高于发展中国家的平均水平。

六、2008～2012年：应对金融危机冲击的调整政策

面对2008年全球金融危机的冲击，中国对外贸易政策，以"稳增长、调结构、促平衡"为重点，针对稳定与扩大出口实施了一系列出口激励措施，如加大出口信用保险和出口信贷力度，调高出口退税率，支持企业"走出去"以带动出口，促进以海关通关服务为主的贸易便利化，积极培育跨境电子商务等对外贸易新业态等，并提出将积极扩大先进技术设备、关键零部件和能源原材料进口作为外贸发展的基本任务；同时也采取了一些临时性的进口保护措施，如取消部分商品的临时优惠关税率、增加自动许可的商品清单等。总的来说，后危机时代的中国对外贸易政策响应了转变经济发展方式的要求，更加强调外贸发展的协调性、科学性和可持续性。

七、2013年至今：以高质量发展为导向的高水平、全方位开放政策

这期间中国拟构建开放型经济新体制和全方位对外开放新格局，追求高质量经济发展。其贸易政策主要表现在以下几个方面。

第一，积极主动扩大货物进口。2020年中国的简单平均关税率降至7.5%，超过所有发展中大国，正在接近发达国家水平。中国贸易开放的重心进一步转向主动扩大进口，推动进出口平衡发展、促进经济高质量增长成为全面开放的重要目标。

第二，在服务贸易自由化方面，在自由贸易试验区通过投资与服务贸易负面清单实施先行先试的"主动式"开放。

第三，在投资自由化方面，出台《中华人民共和国外商投资法》（2019年），对外资全面实行准入前国民待遇加负面清单管理制度，加强对外资的促进和保护。

第四，在开放模式方面，已分批建立21个自由贸易试验区，更多的对外开放，简政放权、优化营商环境的创新政策将在自由贸易试验区试点成熟后向全国复制、推广，同时加快建设海南自由贸易港和粤港澳大湾区，探索更高层次的贸易开放。

第五，在区域贸易合作方面，区域全面经济伙伴关系（RCEP）、中日韩自贸区等是中国构建高标准FTA（Free Trade Agreement，自由贸易协定）网络的重要组成部分。

新中国对外贸易发展 70 多年实践的特点与经验具备以下四个方面的特征：一是贸易发展战略从进口替代到贸易平衡；二是贸易发展目标从贸易大国到贸易强国；三是贸易政策体系从关税等边界措施到以投资、知识产权、政府采购、竞争政策、环保、劳工、数字贸易、国有企业等议题为代表的边界内措施；四是贸易发展动能从传统的要素优势向国际竞争综合新优势转变。

资料来源：盛斌，魏方. 新中国对外贸易发展 70 年：回顾与展望 [J]. 财贸经济，2019（10）：34-49.

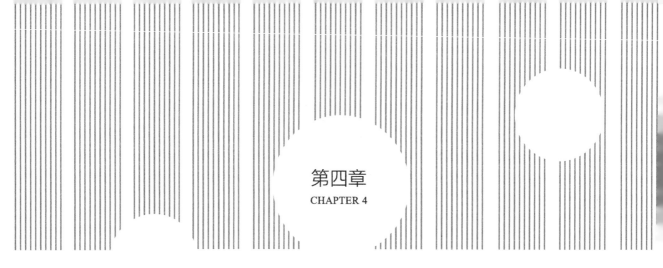

第四章
CHAPTER 4

国际贸易措施

学习目标

- 掌握关税的含义与作用、关税的分类、关税名义保护率与有效保护率的关系
- 了解海关的主要职责、通关手续、海关税则
- 掌握关税的经济效应分析
- 掌握非关税壁垒的主要措施、非关税壁垒的特点、各种非关税壁垒的效果
- 掌握鼓励出口和出口管制方面的主要措施，以及各种措施的经济效果

　　比较优势和专业化生产能实现世界资源的最佳配置和利用，自由贸易和专业化分工不仅提高了世界福利水平，也使每个贸易国能从中受益。在自由贸易的情形下，每个国家都能克服自身生产能力的限制，实现封闭环境下无法得到的消费组合。因此，自由贸易是否会深入人心，而不受到某种程度的抑制和阻止呢？答案显然是否定的。尽管自由贸易政策的理论依据非常充分，但是由于贸易收益分配带来的不公平现象也需要引起一定注意和重视，那些因进口竞争而收入下降的人们以及面临倒闭的企业和失业的工人，他们可能对自由贸易政策怀有敌意，从而导致自由贸易政策的实施受到很大程度的阻碍。在这种情形下，政策制定者可能在追求更高的全球效率和保持就业及收入等短期利益之间左右为难；自由贸易的收益可能需要很多年才能真正实现，但是贸易收益分配带来的不公却是立竿见影的，它们主要由国内的进口竞争企业和工人来承担自由贸易带来的损失，这样一来，一国的贸易政策可能会在自给自足和自由贸易之间取得平衡。围绕

贸易政策措施的讨论并不是一国经济体在这两点之间进行定位，而是政策制定者需要决定贸易自由化和贸易保护主义的程度而已，这样既保证本国资源因为自由贸易流动得到充分利用，又不会因为贸易收益分配带来的收入差距过大以及引起的社会政治运动导致动荡不安，从而保证一国经济体能够持续稳定地繁荣增长。

不同于自由贸易措施，本章介绍的国际贸易措施主要是针对自由贸易行为而采取的一些抑制措施，包括关税壁垒和非关税壁垒，以及出口管制、贸易救济和贸易制裁措施等。本章主要介绍这些措施的具体政策以及给经济和贸易带来的影响，从而为这些贸易措施的使用提供一定的政策依据，尽可能地优化这些贸易措施的政策效果。

第一节　关税措施

一、关税的概念和作用

（一）关税的概念

关税（Tariff or Customs Duty）是一国的海关对进出其关境的商品所征收的税收。关税的征收机构为海关，海关是一个国家设在关境上的行政管理机构，负责处理进出境事务，是贯彻执行本国有关进出口政策、法令和规章的重要工具，其职责是依照国家法令，对进出口货物等实行监督管理、征收关税、查禁走私货物、临时保管通关货物和统计进出口商品等。关税是最古老的国际贸易政策措施，也是被各国各地区普遍采用的国际贸易政策措施。需要注意的是，一国的国境和关境在通常情况下是一致的，但也有国境小于关境的情况（当一国与其他国家组成关税同盟时）或者国境大于关境的情况（当一国设有免税的特殊经济功能区时）。

（二）关税的特征

关税具有以下四个方面的特征。

（1）强制性。关税是国家海关凭借国家权利依法强制征收的，纳税人必须无条件服从。

（2）无偿性。关税是海关代表国家从纳税人方面征收的，国家无任何补偿。

（3）预定性。税收的种类、项目、对象、税率及征收方法和内容都有明确规定，不得随意变动。

（4）间接性。关税在商品流通过程中征收，进出口商将其作为成本转嫁给消费者，故为间接税。关税的税收主体是进出口商，客体是进出口货物。

（三）关税的作用

一般来说，关税具有以下几个方面的作用。

1.增加国家财政收入

对于绝大多数发达国家而言，关税收入在整个财政收入中的比重并不大，但是对于经济发展水平较低的国家而言，特别是那些国内工业不发达、工商税源有限、国民经济主要依赖于某种或某几种初级资源产品出口，以及国内许多消费品主要依赖进口的国家，由于国内的直接税收来源较少，关税就成了主要的财政收入来源之一。

2.保护国内市场和产业

对本国出口商品征收关税，可以抑制这些商品的出口，使国内市场得到充分供应，防止本国资源外流；对本国进口商品征收关税，可以削弱这些商品的价格竞争力，阻止外国同类商品的进入，从而保护和促进本国幼稚产业的发展。关税税率越高，保护作用越强，越能达到保护的目的，如果关税税率高到使进口减少，则变成"禁止性关税"（Prohibitive Tariff）。

3.调节国民经济和对外贸易

关税是执行对外贸易政策的重要手段之一，它能够起到调节进出口贸易的作用，通过关税税率的高低和关税的减免，调节进出口商品的数量和结构，促进国内市场商品的供需平衡，保护国内市场的物价稳定。

4.维护国家主权和经济利益

一国采取什么样的关税政策直接关系到国与国之间的主权和经济利益，关税已成为各国政府维护本国政治、经济利益，乃至进行国际经济斗争的一个重要武器，同时也是各国争取友好贸易往来、维持密切贸易关系的一种手段。

二、关税的基本分类

按照不同的标准，关税有不同的分类，以下按照图 4-1 所示的分类方法依次进行介绍。

（一）按照征税对象即货物的流向分类

关税按照征税对象即货物的流向可分为进口税、出口税与过境税。

1.进口税

进口税（Import Duties）是指进口国家或地区的海关在外国商品输入时，根据海关税则对本国进口商所征收的税收。通常提到的关税壁垒从狭义的角度上讲就是指进口关税壁垒。一般而言，进口税主要可分为最惠国税和普通税。

最惠国税适用于从与该国签订有最惠国待遇条款的贸易协定的国家或地区进口的商品。所谓最惠国待遇（Most-Favored-Nation Treatment，MFN）是指一成员方将在货物贸易、服务贸易和知识产权领域给予任何其他国家的优惠待遇，必须立即和无条件地给予其他各成员方。

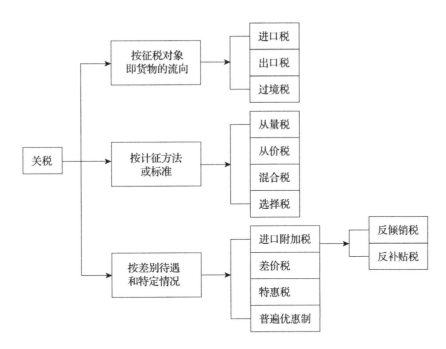

图 4-1　关税的基本分类

普通税适用于从与该国没有签订任何关税互惠贸易条约或协定的国家或地区进口的商品。

最惠国税的税率比普通税的税率低，但最惠国税率并不是最低税率，普通税率也不是被普遍实施的税率。当前越来越多的国家加入了 WTO，或者通过双边谈判达成了双边贸易协定或条约，相互提供最惠国待遇，享受最惠国税率，所以这种最惠国税实际上已成为普遍实施的关税。因此，正常进口税通常指最惠国税。一国对进口商品征收高额关税，可以提高其成本，削弱其竞争力，起到保护国内市场和生产的作用。

2. 出口税

出口税（Export Duties）是指出口国家或地区的海关在本国商品输出时，根据海关税则对本国出口商所征收的税收。目前，大多数国家对绝大部分出口货物都不征收出口税，因为征收出口税会提高出口产品的成本和售价，削弱其在国际市场上的竞争力，不利于扩大出口。

如果一些国家征收了出口税，其原因和目的主要有：

（1）对本国资源丰富、出口量大的商品征收出口税，以增加财政收入。

（2）为了保证本国的生产，对出口的原材料征税，以保障国内生产的需要和增加国外商品的生产成本，从而加强本国产品的竞争能力。

（3）控制和调节某些商品的出口流量，以保持在国外市场上的有利价格，防止"贫困化增长"。

（4）防止跨国公司利用"转移定价"逃避或减少在东道国的纳税，向跨国公司出口产品征收高额出口关税，可以维护东道国的经济利益。

3. 过境税

过境税（Transit Duties）又称"通过税"，是指对由他国出口通过本国关境运往另一国的商品所征收的关税，过境税盛行于交通运输不是很发达的资本主义发展初期，但随着交通运输事业的发展，各国在物流方面的竞争日趋激烈，同时过境货物对本国的生产和市场没有影响，所征税率低，财政意义不大。于是到 19 世纪后半期，很多国家都相继废除了过境税。二战后，大多数国家都不征收过境税，只在外国商品通过时征收少量签证费、统计费和单据印花费。

（二）按照计征方法或标准分类

按照计征方法或标准可将关税分为从量税、从价税、混合税和选择税。

1. 从量税

从量税（Specific Duties）是以进口货物的重量、数量、长度、容量和面积等计量单位为标准计征的关税。世界上多数国家在征收从量税时是以商品的重量为单位来征收的。例如，美国对薄荷脑的进口征收从量税，普通税率每磅⊖征收 50 美分，最惠国税率每磅征收 17 美分。但在实际应用中各国的计征方法有些差异，有的国家以毛重法计征，有的国家以半毛重法计征，有的国家以净重法计征。从量税额的计算公式如下：

$$从量税额＝商品实物量 × 每单位从量税$$

从量税具有以下特点：

（1）实施起来较为容易和方便，因为无须审定货物的品质、规格、价格等。

（2）不能随价格变化而调整，因为在从量税税率既定时，从量税税额与货物数量等相应计量单位的增减成正比，但与货物的价格没有直接关系，所以不能反映关税的实际保护作用。也就是说，从量税的保护作用在货物价格上升时得以加强，但在货物价格下降时则被削弱。这种关税征收方式实际上是鼓励同类产品中质量高、价格高的商品进口。

（3）税负未必合理公平，因为即使属于同一税目的货物也存在质量、价格等方面的差异，若按同一税率计征，其不合理性不言自明。比如，相同价值的笔记本电脑和大米的重量相差巨大，若按同一重量计征关税，则笔记本所征税额要低得多。

（4）由于按数量征税，因而税率固定无弹性，税额不随物价的涨落而变化，从而失去了税收的价格调节机能。

2. 从价税

从价税（Ad Valorem Duties）是以进口货物的价格作为计征标准的关税，税率为货物价格的一定百分比。例如，美国对羽毛制品的进口征收从价税，普通税率为 60%，最

⊖ 1 磅 = 0.453 6 千克。

惠国税率为 4.7%。从价税一般适用于工业制成品。从价税额的计算公式如下：
$$从价税额 ＝ 货物价值 \times 从价税率$$

从价税具有以下特点：

（1）从价税与货物的价格直接相关，即在税率既定时，从价税的税额及保护作用会随着进口货物价格的上升而上升，随着进口货物价格的下降而下降。

（2）适用性较强且税负较为合理，即它不仅能适用于各种不同货物，特别是有多重规格的工业制成品，而且能把不同质量、不同价格的差别反映出来，若产品质量高、价格高则税额高，若产品质量低、价格低则税额低。

（3）从价税率按进口货物价格的一定百分比来表示，从而税率明确，便于与其他国家和地区的税率进行比较。

（4）从价税对保护的调节作用与国内进口竞争厂商的保护要求方向相反，保护性相对较差。当进口商品价格上涨时，国内进口竞争产业面临的竞争压力减轻，但实际进口税额却随物价上涨而增加；当进口商品价格下跌时，国内进口竞争产业面临的竞争压力增加，需要提高保护程度，但实际进口税额却随物价下跌而下降。

在征收从价税时，如何确定进口商品的完税价格呢？世界各国所采用的完税价格标准很不一致，大体上可以概括为以下三种：出口国离岸价格（FOB）、进口国到岸价格（CIF）和进口国的海关估价。按 WTO《海关估价协议》的规定，海关征税应以"正常价格"为完税价格。正常价格是指正常贸易过程中，充分竞争条件下某一商品或同类商品的成交价格。如果出口商品发票中载明的价格与政策价格相一致，即以发票价格作为完税价格；如果发票价格低于正常价格，则根据海关估价作为完税价格。所谓海关估价是指进口商申报后，海关按本国关税法令规定的内容加以审查，估定其完税价格。由于各国海关估价规定的内容各异，有的国家借此变相提高进口关税，使之成为一种非关税壁垒。

3. 混合税

混合税（Mixed or Compound Duties）又称复合税，是指对进口货物同时征收从量税和从价税。比如对酒征收 5% 的从价税，另外每升加征 1 美元的从量税。在征收混合税时还有两种情况：一种是以从量税为主，另外加征从价税；另一种是以从价税为主，另外加征从量税。

由于混合税结合使用了从量税和从价税，扬长避短，哪一种方法更有利，就使用哪一种方法或以其为主征收关税，因而无论进口商品价格高低，都可起到一定的保护作用。目前世界上大多数发达国家和地区都使用混合税，如美国、欧盟、加拿大、澳大利亚、日本等，还有一些发展中国家也使用混合税，如印度、巴拿马等。

4. 选择税

选择税（Alternative Duties）是对一种进口商品同时规定有从价税和从量税两种税率，在征税时选择税额较高的一种征税。有时为了鼓励某种商品的进口，也可选择其中税额较低的征收。选择税可以根据经济形势的变化及政府的特定需要进行选择，灵活性较强。但由于征税标准经常变化，会使得外国厂商无所适从，容易引起贸易纠纷。

需要指出的是，在 WTO 框架下，关税的征收越来越规范、透明。混合税与选择税的使用容易造成 WTO 成员对自己所承诺的关税义务的违背，因此使用的余地越来越小。WTO 成员必须按关税减让表中自己承诺的关税义务征收关税。

（三）按差别待遇和特定情况分类

按照差别待遇原则和具体实施情况，关税可分为进口附加税、差价税、特惠税和普遍优惠制关税。

1. 进口附加税

（1）进口附加税概念。一个国家对进口商品，除了按公布的税率征收正常进口税，还往往出于某种目的再加征进口税。这种对进口商品在征收正常关税外，再加征的额外关税，就称为进口附加税（Import Surtaxes）。进口附加税又称特别关税，是一种出于特定目的而实施的临时性关税措施。其目的主要包括：应付国际收支危机，维持进出口平衡，防止外国产品低价倾销，对某个国家实行歧视或报复等。

比如 1971 年美国出现了自 1893 年以来的首次贸易逆差，国际收支恶化，为了应付国际收支危机，维持进出口平衡，时任美国总统尼克松宣布自 1971 年 8 月 15 日起实行新经济政策，对外国商品的进口在一般进口关税的基础上再加征 10% 的进口附加税，以限制进口。一般来说，对所有进口商品征收进口附加税的情况较少，大多数情况都是针对个别国家和个别商品征收进口附加税。

（2）进口附加税主要包括反倾销税（Anti-Dumping Duties）和反补贴税（Counter-Vailing Duties）两种，二者的含义及相关协议的比较如表 4-1 所示。

表 4-1　反倾销税和反补贴税及相关协议的比较

比较项目	反倾销税及相关协议规定	反补贴税及相关协议规定
定义	反倾销税是对实行倾销的进口货物所征收的一种进口附加税	反补贴税是对直接或间接接受任何奖金或补贴的进口货物征收的一种进口附加税
相关协议	《关于实施 1994 年关税及贸易总协定第 6 条的协议》，即《反倾销协议》	《补贴与反补贴措施协议》，即《反补贴协议》
相关协议的主要规定	实施反倾销措施的三个基本要件：倾销、进口国国内产业损害、倾销与损害之间的因果关系	实施反补贴措施的三个基本要件：补贴、进口国国内产业损害、补贴与损害之间的因果关系
	"倾销"是指一国出口厂商以低于国内市场甚至低于生产成本的价格，向国外销售商品的行为	"补贴"是指政府或任何公共机构对企业提供的财政资助以及政府对出口产品的任何形式的收入或价格支持
	"正常价值"是指在正常的市场条件下，出口国供国内消费的国内市场可比的批发价格，它要求两种价格在时间和销售规模上可比，如果不存在可比的国内价格，则采用同类产品出口至一个适当第三国的最高可比价格	WTO 进一步对不同进行了分类，分为"专向性补贴"和"非专向性补贴"。"专向性补贴"（即补贴只给予特定的产业、企业或地区）分为三类：①禁止性补贴；②可诉补贴；③不可诉补贴

（续）

比较项目	反倾销税及相关协议规定	反补贴税及相关协议规定
相关协议的主要规定	"损害"分为三种情况：①进口方生产同类产品的产业受到实质损害；②进口方生产同类产品的产业受到实质损害威胁；③进口方建立同类产业受到实质阻碍	禁止性补贴和可诉补贴造成的"损害"是指对另一成员的国内产业造成损害，或使另一成员的利益受到丧失或减损
	反倾销税的税额不得超过所裁定的倾销幅度	反补贴税的税额一般按奖金或补贴数额征收
	实施反倾销措施的基本程序：①申请人申请；②进口方主管机关审查立案；③反倾销调查；④行政复审和司法审议等	实施反补贴措施的基本程序类似于实施反倾销措施的基本程序

需要特别指出的是，为维护公平贸易和竞争秩序，WTO 允许成员方在进口产品倾销、补贴和过激增长等给国内产业造成损害的情况下，使用反倾销、反补贴和保障措施手段，保护国内产业不受损害。反倾销、反补贴和保障措施都属于贸易救济措施，反倾销、反补贴措施针对的是价格歧视这种不公平贸易行为，保障措施针对的则是进口产品激增的情形。"乌拉圭回合"达成的贸易救济措施协议包括《反倾销协议》《反补贴协议》和《保障措施协议》，这些贸易救济措施协议的目的不在于鼓励使用而在于有效约束和规范使用这些措施，防止对竞争和公平贸易造成扭曲。

（3）中国长期以来是世界上最大的反倾销受害国。根据 WTO 的统计，截至 2017 年年底，中国连续 23 年成为全球遭受反倾销最多的国家，连续 12 年成为全球遭遇反补贴调查最多的国家。中国每年遭受的反倾销立案调查数与反倾销肯定性仲裁数占世界的比重大约是中国占世界出口额比重的 3 倍左右。其原因主要有：

第一，中国 1979 年实行改革开放后，比较优势的发挥导致出口增长迅速，引起别国的恐慌与不满，有些产品在目标市场上的占有率确实过高。

第二，西方国家对中国的歧视。比如，欧盟采用列举的方式将世界一切国家分为市场经济与非市场经济国家。1998 年 7 月 1 日以前，中国、俄罗斯等国被欧盟列为非市场经济国家，1998 年 4 月欧盟将中国、俄罗斯从该名单中去掉，但没有将其加入市场经济国家名单，而是新增"特殊市场经济国家"，介于两个名单之间，且中国、俄罗斯是仅有的两个国家。2002 年，欧盟最终给予俄罗斯以市场经济国家待遇。在反倾销调查中，中国的企业如果能证明其受调查产品的生产、销售完全符合市场经济条件，则可用自己产品的销售价格或成本作为可比的正常价值，否则仍适用非市场经济国家待遇，采用替代国价格。实践中在欧盟进行调查时，中国绝大多数企业仍被视为"非市场经济国家"的企业。

第三，中国外贸秩序存在一定程度上的混乱，主要原因在于中国出口产品的商品结构与地理方向比较集中，差异化小，难免产生恶性竞争。此外，对国外进口产品反倾销不力，没有使反倾销成为对外谈判的筹码；出口厂商缺乏经验，缺乏精通外国法律、国际惯例的国际型人才，也是中国频繁遭受国外反倾销诉讼的原因。

2. 差价税

差价税（Variable Levy）又称差额税，是指当本国生产的某种产品的国内价格高于同类进口产品的价格时，为了削弱进口产品的竞争力从而保护国内生产和国内市场，按国内价格与进口价格之间的差额征收的关税。差价税是一种滑动关税，其税额随着国内外价格差额的变动而变动，能较好地起到限制进口的作用。征收差价税的目的是使该种进口商品的税后价格保持在一个预定的价格标准上，以稳定进口国内该种商品的市场价格。

现实中的典型例子是欧盟为保护其农畜产品免受非成员方低价竞争而对进口农畜产品征收差价税。首先，在欧盟内部以生产效率最低而价格最高的内地中心市场价格为准，制定统一的"目标价格"；其次，从目标价格中扣除从入境地运到内地中心市场的运费、保险费、杂费和销售费用后，得到"门槛价格"；最后，若外国农畜产品抵达欧盟入境地的"到岸价格"低于"门槛价格"，则按其间差额确定差价税率。实行差价税后，进口农畜产品的价格被抬至欧盟内部的最高价格，从而丧失了价格竞争优势。欧盟使用差价税实际上是其实施共同农业政策的一项重要措施，以此来保护和促进欧盟内部的农业生产。

3. 特惠税

特惠税（Special Preferences）是指某一国家或者经济集团对某些国家的所有进口商品或一部分商品在关税方面给予的特别优惠的低关税或免税待遇。它不适用于从非优惠国家或地区进口的货物，特惠税有的是互惠的，有的是非互惠的。

特惠税最早出现于二战之前宗主国与其殖民地附属国之间的贸易，其目的在于保证宗主国在殖民地附属国市场上的优势地位。最有名的特惠税是1932年英联邦国家在渥太华会议上确定的英联邦特惠税，该特惠税在英国于1973年加入欧共体（现为欧盟）后，从1974年1月到1977年1月逐步取消。

在二战之后出现的特惠税中，影响较大的是欧共体基于《洛美协定》向参加协定的非洲、加勒比海沿岸和太平洋地区的发展中国家单方面提供的特惠税。它主要包括三个方面的内容：

第一，欧共体国家在免税和不限量的条件下，接受这些发展中国家的全部工业品和96%的农产品，而不要求这些发展中国家提供反向优惠。

第二，欧共体对这些国家96%以外的某些农产品，如牛肉、甜酒、香蕉等做了特殊安排，每年对这些产品给予一定数量的免税进口配额，对超过配额的进口才征收关税。

第三，放宽原产地限制，即来源于这些发展中国家的产品，若在这些国家中的任何其他国家内进一步制作或加工，仍将被看作原产国产品。但协定规定，如果大量进口引起欧共体的某个经济区域或者某个成员方发生严重混乱，欧共体将保留采取紧急保障措施的权利。

4. 普遍优惠制关税

普遍优惠制（Generalized System of Preferences，GSP）简称"普惠制"，于1968年

为联合国贸易与发展会议第二届会议所通过，1970 年为第二十五届联合国大会所采纳。它是发达工业国家对来自发展中国家的某些产品，特别是工业制成品和半制成品给予的一种普遍的关税减免优惠制度。普惠制的原则是普遍性、非歧视性和非互惠性。普遍性是指发达国家应对发展中国家出口的制成品和半制成品给予普遍的优惠待遇；非歧视性是指应使所有的发展中国家都不受歧视，无例外地享受普惠制待遇；非互惠性是指发达国家应单方面给予发展中国家关税优惠，而不要求发展中国家提供反向优惠。

普遍优惠制的目标是：扩大发展中国家工业制成品和半制成品的出口，增强其产品的竞争能力，增加外汇收入；促进发展中国家的工业化以及加速发展中国家的经济增长。普惠制是国际贸易中一项重要的贸易政策，是发展中国家长期努力的结果。目前，实施普惠制的工业发达国家有 40 个，享受普惠制待遇的受惠国有 170 多个发展中国家和地区。

需要指出的是，普惠制对发达国家而言，并不是法定义务，也不是在 WTO 框架下统一实施的，而是由各个给惠国自主制订方案、各自实施的。因此，出于维护自己利益的需要，实行普惠制的国家在提供关税优惠待遇的同时，还规定了如下主要限制措施。

（1）对受惠国家或地区的限制。按照普惠制的原则，给惠国应该对所有发展中国家或地区无条件、无例外地提供优惠待遇，但是实际上，发展中国家能否成为普惠制方案的受惠国是由给惠国单方面确定的。因此，各普惠制方案大都有违普惠制的三项基本原则。各给惠国从各自的政治、经济利益出发，制定了不同的标准，限制受惠国家或地区的范围。例如，美国公布的受惠国名单中，就不包括某些与其政治制度不同的国家、石油输出国成员、与美国的贸易中有歧视或敌对的国家等。

目前给予中国普惠制待遇的国家共 40 个：英国、欧洲联盟 27 个成员方（法国、德国、意大利、荷兰、卢森堡、比利时、爱尔兰、丹麦、希腊、西班牙、葡萄牙、奥地利、瑞典、芬兰、波兰、匈牙利、捷克、斯洛伐克、斯洛文尼亚、爱沙尼亚、拉脱维亚、立陶宛、塞浦路斯、马耳他、保加利亚、罗马尼亚和克罗地亚）、瑞士、挪威、俄罗斯、白俄罗斯、乌克兰、哈萨克斯坦、日本、澳大利亚、新西兰、加拿大、土耳其、列支敦士登。美国也是给惠国，但是它没有给予中国相应的普惠制待遇。

（2）对受惠商品范围的限制。普惠制本应对受惠国的制成品和半制成品普遍实行关税减免，但实际上许多给惠国在公布的受惠名单中却把许多对发展中国家出口有利的一些"敏感性"商品排除在受惠商品的范围之外，如纺织品、服装、鞋类以及某些皮制品、石油制品。甚至一些发达国家和国家集团自 1980 年以来还在普惠制的实行中引入"毕业"的概念，通过"毕业制度"不断缩小受惠国和商品的范围。[⊖]

（3）对受惠商品减税幅度的限制。这里的关税削减幅度是指最惠国税率和普惠制税率之间的差额，即在最惠国税率基础上减免关税的幅度。由于多数普惠制方案对农产品实行减税，对工业品实行免税，所以一般工业品差幅较大，农产品差幅较小。

（4）对给惠国保护措施的限制。这是优惠提供国在实施普惠制方案时，为保护本国

⊖　如美国 1984 年通过"毕业制度"先后停止给予韩国、中国台湾普惠制，欧盟从 1998 年 1 月起将中国的皮革制品、鞋、帽、伞、部分金属制品、玩具、杂项制品列为"毕业"商品。

工业和制造商的利益而规定的措施，从各国的实践来看，主要有：

①免责条款，这是指给惠国认为从发展中国家进口的受惠商品进口量增加到对本国同类商品或者有竞争关系的商品造成了严重损害，或者已经形成严重威胁时，保留对这些商品取消或者部分取消关税优惠的权利。

②预定限额，给惠国对享受普惠制的工业品数量事先规定一个限额，在受惠国的受惠商品进口量达到限额后，就不再给予普惠制优惠关税待遇，对于超过限额的进口商品，有的规定征收正常的进口税，有的加征高额关税或罚款。

③毕业条款，这是指给惠国以受惠国因经济发展，其产品已能适应国际竞争力为由，从而取消这种产品的普惠制优惠待遇。

（5）对原产地规则的限制。为了确保普惠制待遇只给予发展中国家和地区生产制造的产品，各给惠国制定了详细和严格的原产地规则。原产地规则是衡量受惠国出口产品能否享受给惠国给予减免关税待遇的标准。它一般包括三个部分：

①原产地标准、直接运输规则和证明文件。所谓原产地标准，是指只有完全由受惠国生产制造的产品，或者进口原材料零部件在受惠国经过实质性改变而成为另一种不同性质的商品，才能作为受惠国的原产品享受普惠制待遇。

②所谓直接运输规则，是指受惠产品必须由受惠国直接运到给惠国。若由于地理上的原因或运输上的需要，受惠国产品不得不经过他国领土转运，则必须置于过境国海关的监管下，未投入当地市场销售或再加工。

③所谓证明文件，是指受惠国必须向给惠国提供由受惠国政府授权的签证机构签发的普惠制原产地证书，作为享受普惠制减免关税优惠待遇的有效凭证。

普惠制的实行在一定程度上改善了发展中国家的产品进入发达国家市场的条件，有利于提高发展中国家出口产品的竞争能力，扩大发展中国家工业制成品的出口。但是，发达国家为其自身利益，在普惠制的实施上设置了不同程度的障碍和限制，发展中国家想获得真正普遍的、非歧视的、非互惠的关税优惠待遇并非易事。

三、关税的征收依据和征收程序

（一）关税的征收依据

各国征收关税的依据是海关税则。海关税则，又称"关税税则"，是一国对进出口商品计征关税的规章和对进口、出口的应税商品、免税商品以及禁止进出口的商品加以系统分类的一览表。它是海关征收的依据，是一国关税政策的具体体现。

1.海关税则构成

海关税则一般包括两个部分：一是海关征收关税的规章、条例和说明；二是关税税率表。关税税率表主要由税则号、商品名称、关税税率等栏目组成。

税则中的商品分类，有的是按商品的加工程度划分，如原料、半制成品、制成品等；有的是按商品的性质划分，如水产品、农产品、畜产品、矿产品、纺织品、机械等；还有的是按商品的性质分成大类，再按加工程度分成小类。最初各个国家根据自身需要和习惯编制税则商品分类目录。由于分类方法不同、口径各异，使各国海关统计资料缺乏可比性，并给多边贸易谈判带来不便。为此，一些国际经济组织开始制定国际通用的商品分类目录，以解决这一矛盾。其中较权威的分类目录如表 4-2 所示。

表 4-2　国际贸易商品分类目录

分类标准	分类原则	分类目录
国际贸易标准分类（SITC）	按照原材料、半制成品、制成品顺序分类，并反映商品的产业来源部门和加工阶段	10 大类、63 章、233 组、786 个分组和 1 924 个基本项目
海关合作理事会税则商品分类目录（CCCN）	以商品的原料组成为主，结合商品的加工程度、制造阶段和商品的最终用途划分	21 类、99 章、1 015 项税目号，前 4 类为农畜产品，其余 17 类为工业制成品
商品名称及编码协调制度（H.S.）	按商品的生产部类、自然属性、成分、用途、加工程度、制造阶段等划分	21 类、97 章、5 019 个章目，1～24 章为农副产品，25～97 章为加工制成品，77 章空缺

2. 海关税则分类

（1）单式税则和复式税则。海关税则中的同一商品，可以用一种税率征税，也可以用两种或两种以上税率征税。根据关税税率栏目的多少，海关税则可分为单式税则和复式税则。

单式税则又称一栏税则，是指一个税目只有一个税率，即对来自任何国家的商品均以同一税率征税，没有差别待遇。目前只有少数发展中国家如委内瑞拉、巴拿马、冈比亚等仍实行单式税则。

复式税则又称多栏税则，是指同一税目下设有两栏或两栏以上的税率，对来自不同国家的同种商品按不同的税率征税，实行差别待遇。其中，普通税率是最高税率，特惠税率是最低税率，在两者之间，还有最惠国税率、协定税率、普惠制税率等。这种税则有两栏、三栏、四栏不等。目前，大多数国家都采用复式税则，中国目前采用两栏税则，美国、加拿大等国实行三栏税则，而欧盟等国实行四栏税则。

（2）自主税则和协定税则。根据海关税则中税率制定的不同，海关税则可分为自主税则和协定税则两种。

自主税则又称国定税则，是指一国立法机构根据关税自主原则单独制定而不受对外签订的贸易条约或协定约束的一种税率。

协定税则是指一国与其他国家或地区通过贸易与关税谈判，以贸易条约或协定的方式确定的关税税则，一般适用于有协定的商品。协定税则是在本国原有的固定税则之外，通过与他国进行关税减让谈判而另行规定的一种税率，因此要比固定税率低。

（二）关税的征收程序

征收关税的程序即通关手续或报关手续，通常包括申报、查验、放行三个基本环节。具体地说，进出口商在进出口货物时要向海关申报进口和出口，提交进出口货物的报关单及相关证明，接受海关的监督与检查，履行海关规定的手续；然后，海关按照有关法令和规定，查验审核有关单证和货物，计算进出口税额；最后，进出口商结清应征税额及相关费用，海关在有关单证上签印，以示货物可以通关放行。

通常进出口商于货物到达后在规定的工作日内办理通关手续。如果进口商对于某些特定的商品如水果、蔬菜、鲜鱼等易腐商品，要求货到时立即从海关提出，可在货到前先办理提货手续，并预付一笔进口税，随后再正式结算进口税。如果进口商想延期提货，则在办理存栈报关手续后，可将货物存入保税仓库，暂时不缴纳进口税。在存仓期间，货物可再行出口，就不必付进口税，若打算运往进口国国内市场销售，在提货前必须办理通关手续。货物到达后，进口商若在规定日期内未办理通关手续，海关有权将货物存入候领货物仓库，其间一切责任和费用均由进口商负责。如果存仓货物在规定期间内仍未办理通关手续，海关有权处理该批货物。

四、关税的经济效应

征收关税，首先会引起价格的变动，即引起进口商品的国际市场价格和国内市场价格的变动，然后通过价格的变动影响出口国和进口国在生产、贸易和消费等方面的调整，进而产生其他经济效应。这里主要分析进口关税对进口国的经济影响。

（一）关税对贸易小国的经济效应

首先假设进口国为一贸易小国，贸易小国是指该国对外贸易在国际贸易中所占的比重非常小，以至于其进口数量的任何变化都不足以影响国际贸易价格条件，因而只能是国际市场上价格的接受者。在图 4-2 中，D_d 和 S_d 分别代表进口国某种商品的国内需求曲线和供给曲线，在没有对外贸易即封闭经济条件下，国内均衡价格为 P_E，均衡产量为 Q_0，P_W 为国际市场价格。当该国开展国际贸易后，该国此种产品的国内市场价格就会跟国际市场价格接轨，最终国内市场价格也变为 P_W。在此价格下，国内需求量为 OQ_2，但国内供给量只有 OQ_1，国内需求量大于供给量的缺口 Q_1Q_2 需由进口来满足。现在假设该贸易小国对单位进口商品征收的关税为 t，这一关税会导致如下经济效应。

1. 关税的价格效应

关税导致进口商品的价格提高，进口需求相应减少，这就是关税的价格效应。国际市场价格不会因小国进口需求的下降而发生变动，关税全部由该国消费者承担。

征收关税导致进口商品的价格提高到 $P_t = (P_W + t)$，图 4-2 中水平线 P_t 代表征收关税后的国内市场价格，进口需求相应减少，这就是关税的价格效应。由于小国是国际市场价格的被动接受者，所以国际市场价格 P_W 不会因小国进口需求的下降而发生变动，这样，征税导致的进口商品价格提高就全部表现为小国国内价格的上升，关税全部由该国消费者承担。

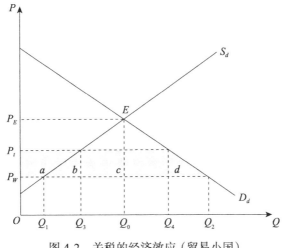

图 4-2 关税的经济效应（贸易小国）

2. 关税的消费效应

征收关税引起进口商品价格上涨，使消费者产生了直接损失。进口国为了保护国内生产，征收了进口关税，从而引起该进口国此种商品价格上升到 P_t。在图 4-2 中，征税后国内需求量由自由贸易时的 OQ_2 减少到了 OQ_4，总需求量减少了 Q_4Q_2，因此价格上升，消费减少，对消费者造成了福利损失。也就是说，消费者为征收关税付出了代价，这可用消费者剩余来说明。

消费者剩余是消费者愿意支付的价格与实际支付的价格之间的差额。根据效用理论，它表示消费者从消费某种商品中所增加的个人福利之和。在图 4-2 中，消费者剩余就是价格线、需求线和纵轴围成的面积。由于该国征收关税导致该国国内价格线上移，因此消费者剩余发生了变化，即消费者剩余减少了。消费者剩余减少的量可用图中 $a+b+c+d$ 的面积表示，$a+b+c+d$ 的面积即为该国征收关税对消费者造成的净损失。

3. 关税的生产效应

由于关税是对从外国进口到本国的外来产品征收的，所以关税使国内进口竞争产品生产者的福利水平提高。对于征收关税对生产者的影响，仍结合图 4-2 予以分析。未征收关税时，国内生产量为 Q_1，征收关税后，国内市场价格由 P_W 上升到 P_t，国内企业将生产量由 Q_1 扩大到 Q_3，总供给量增加了 Q_1Q_3，因此价格上升，生产增加，生产者的福利增加，这就是关税带来的生产效应，这可用生产者剩余来说明。

生产者剩余是指生产者愿意接受的产品价格和实际接受的价格之间的差额，它表示生产者获得利润。在图 4-2 中，生产者剩余就是价格线、供给线和纵轴围成的面积。由于该国征收关税导致该国国内价格线上移，因此，生产者剩余发生了变化，即生产者剩余增加了。生产者剩余的增加量可用图中 a 的面积表示，a 的面积即为该国征收关税后使生产者产生的净收益。在图 4-2 中还可以看出，国内生产者因本国政府征收进口关税而获得的收益小于消费者付出的成本。这是因为生产者从价格上升得到的收益只限于国内产品，消费者因价格上涨而多付的货币不仅包括国内产品，也包括进口产品。

4. 关税的贸易效应

关税的贸易效应是指一国征收关税会使该商品的进口量减少。在图 4-2 中表现为，在自由贸易下，该国的进口量为 Q_1Q_2，征收关税后的进口量为 Q_3Q_4。征收关税前后，该国对该商品的进口量减少了 $Q_1Q_2 - Q_3Q_4$ 的数量，也就是 $Q_1Q_3 + Q_4Q_2$ 的数量，这就是关税的贸易效应。进口量减少的原因是征收关税后国内价格上升，导致消费量减少。

5. 关税的财政收入效应

关税是一个国家财政收入的一部分，甚至对于某些国家是财政收入的一大部分。有些国家征收关税的目的就是增加财政收入，但即使政府出于保护本国工业的目的，对进口商品征收关税同样可增加政府的财政收入。财政收入等于每单位课税额乘以征税的进口商品的数量。因此在图 4-2 中，c 部分就是政府的关税收入。可见，政府也是征收关税的受益者。

6. 关税的再分配效应

征收关税之后，通常发生消费者的收入转移给生产者和政府的再分配现象。在图 4-2 中，征收关税后，消费者剩余损失的 $a+b+c+d$ 中，a 部分面积的福利，消费者因关税转移给了生产者，c 部分面积的政府关税收入也是由消费者福利损失的部分中转移过来的。

7. 关税对小国整体福利水平的影响

在图 4-2 中，消费者剩余损失的 $a+b+c+d$ 的价值量，其中没有消失而是转移给国内其他利益集团的 $a+c$ 部分中，a 部分转移给了生产者，c 部分转移给了政府。而 $b+d$ 则没有发生转移，而是损失了。在国际经济学的分析中，b 被称为生产效率的净损失，它是在征收关税之后，由于价格的提高导致的由国内生产要素需求的提高而使要素价格提高，从而引起国内进口替代品生产的边际机会成本提高而造成的损失。d 被称为消费净损失，它是在征收关税后，本国消费者因为减少了比现实价格较低的进口产品的消费所遭受的损失。生产效率的净损失和消费净损失之和，即 $b+d$，构成了关税的社会成本，或称社会的无谓损失、保护成本、关税的净效应、关税的福利损失效应。

从以上分析可见，贸易小国征收进口关税，关税完全由贸易小国的消费者承担，虽然某些集团（生产者、政府）从中获益，但是会导致社会整体福利的减少。

（二）关税对贸易大国的经济效应

在对小国关税经济效应分析的基础上，依据同样的原理和方法对大国征收关税的经济效应进行简要的分析。

国际经济学中的"大国"是与"小国"相对的概念，它是指该国对外贸易在国际贸易中占有很大的比重，其进出口数量的变化能够影响国际市场价格。大国对进口商品征收关税，使该进口商品的国内价格上升，而国内该进口商品价格的上升，使国内生产扩大，消费减少，总体效果会使进口需求下降。该大国进口需求的下降又使得该商品的国际市场供应量增加，直接导致该商品的世界市场价格下降。这样，该大国国内价格上升幅度会小于关税的幅度，但国内市场和国际市场上的价格差额仍正好等于关税。

在图 4-3 中，P_F 表示自由贸易时的价格，P_T 是本国征收关税后的国内价格，P_W 是外国在本国征收关税后的价格，它既是外国的出口价格，又是该商品的世界市场价格，还是本国的进口价格。P_T 和 P_W 的差价正好等于关税的幅度。在本国征收关税后，由于该商品价格上涨，本国该商品的供给由 Q_1 增加到 Q_2，本国需求从 Q_4 下降到 Q_3。于是，进口量由 Q_1Q_4 减少到 Q_2Q_3。大国征收关税的经济福利效应如下：消费者剩余为 $-(f+g+h+i)$，生产者剩余为 f，本国政府的关税收入为 $h+j$。从进口国总体来讲，生产者剩余的 f 和政府关税收入的 h 是由本国的消费者剩余的损失转移过来的。因此，其总福利变动为 $j-(g+i)$。如果 $j>g+i$，进口国就会因征税而使净福利水平增加，增加的幅度为 $j-(g+i)$；如果 $j<g+i$，进口国的福利就会因征收关税而受损，损失的幅度为 $(g+i)-j$。

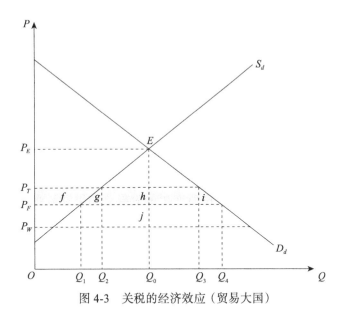

图 4-3 关税的经济效应（贸易大国）

在 j、g 和 i 这三部分中，g 被称为生产效率的净损失，i 被称为消费净损失，j 通常叫作贸易条件利得。贸易条件是反映一国的出口商品能换回的进口数量多少的指标，从动态变化上分析，在其他条件不变的情况下，如果本国出口商品换回的进口商品的数量增加了，则认为本国的贸易条件改善了；反之，则认为贸易条件恶化了。该大国征收关税后，国内进口量下降的结果直接导致国际需求的下降，该商品的世界市场价格下跌。如果该国出口商品的价格保持不变，则进口价格的下跌意味着本国贸易条件的改善。因此，j 是由于大国征收关税使得外国商品不得不降低出口价格造成的，通常把它看作外国出口商承担了本国部分进口关税，也就是说大国进口商在进口商品时支付的进口关税，不是全部由进口国的消费者承担的，而是由进口国的消费者和出口国的生产者共同负担的。

五、关税结构和有效保护率

（一）关税结构

关税对一国产品的最终保护程度不仅取决于关税税率，还与关税结构有关。关税结构是指一国关税税则中各类商品关税税率之间的相互关系。关税结构的特征是关税税率随产品加工程度的加深而不断提高，这种关税结构现象被称为阶梯关税结构，或瀑布式关税结构。世界各国因其国内经济和进出口商品的差异，关税结构也各不相同，但一般表现为：制成品的关税税率高于中间产品的关税税率，中间产品的关税税率高于初级产品的关税税率，这种随着国内加工程度加深关税税率不断上升的现象被称为瀑布式关税结构。

用有效保护理论可以很好地解释关税结构中的关税升级现象。有效保护理论说明，原料和中间产品的进口税率与其制成品的进口税率相比越低，对有关的加工制造业最终产品的有效保护率则越高。通过关税升级，一国可对制成品征收比其所用的中间投入品更高的关税，这样，对该制成品的有效保护率将大于该国税则中所列该制成品的名义保护率。

考虑一国对某商品的保护程度，不仅要考察该商品的关税税率，还要考察对其各种中间投入品的关税税率，即要考察整个关税结构。了解这一点，对于一国制定进口税率或进行关税谈判都有重要意义。

（二）有效保护率

关税的名义保护率是指在某种进口商品进入关境时，海关根据海关税则所征收的关税税率，其只考虑对最终产品征收关税所产生的效果。如果对最终产品和原料、零配件和组装件等中间产品都征收关税，关税的实际保护效果跟名义保护效果是不同的。有效保护率则是将用于最终产品生产的原料和中间投入上的关税因素考虑在内，分析关税对某类产品在生产过程中的净增值所产生的影响，使其成为比名义保护率更为准确的测度保护程度的方法。

有效保护率是相对于自由贸易的增值而言，征收关税导致的该产业每个单位产品附加值增加的百分比。有效保护率数值不仅取决于有关成品的名义关税，还受到所使用的原材料的进口关税，以及这些原材料在产品中所占的比重的影响。

有效保护率的计算公式为：

$$有效保护率\ (ERP) = \frac{V - V^*}{V^*} \times 100\%$$

式中，V^* 是自由贸易条件下单位产品的附加价值，V 是征收关税后单位成品的附加价值。

例如，假定在自由贸易条件下，某产品的价值为 100 元，其中 50 元为进口投入，50 元为国内附加值。如果对同类的进口商品征收 20% 的关税，对国内生产的进口替代品的进口投入如原材料或半制成品免税，这种产品在国内市场上的价格就会上升到 120 元。保护关税就使国内附加值增加到 70 元，那么对这种产品的有效保护率为：

$$ERP = \frac{70 - 50}{50} \times 100\% = 40\%$$

假如对这种产品的进口投入也同样征收 20% 的关税，则投入的价格上升到 60 元。保护关税就使国内附加值增加到 60 元，那么对这种产品的有效保护率为：

$$ERP = \frac{60 - 50}{50} \times 100\% = 20\%$$

假如对这种产品的进口投入征收 50% 的关税，则投入的价格上升到 75 元。保护关税就使国内附加值增加到 45 元，那么对这种产品的有效保护率为：

$$ERP = \frac{45 - 50}{50} \times 100\% = -10\%$$

通过以上例子的分析，得出如下结论：当最终产品的名义税率大于其中间投入的名义税率时，对最终产品的有效保护率大于名义税率；当最终产品的名义税率等于其中间投入的名义税率时，对最终产品的有效保护率等于名义税率；当最终产品的名义税率小于其中间投入的名义税率时，对最终产品的有效保护率小于名义税率；当对进口投入征收的税率过高时，则会出现负的有效保护率。

在现实经济生活中，由于一个产业部门的投入要素是多种多样的，在对生产该产品的原材料同时征收进口税的情况下，计算该产品的有效保护率时就复杂了一些。公式如下：

$$ERP = \frac{T - \sum a_i t_i}{1 - \sum a_i}$$

式中，T 表示该产品的名义进口关税率，a_i 表示在未征税前原材料价值在该产品全部价值中所占比重，t_i 表示原材料的名义进口关税率。

该公式的推导如下：假设进口国为小国，价格为一既定值，同时假定中间产品的国际价格也不变，P 为自由贸易下该最终产品的国际市场价格，则自由贸易条件下该进口国生产其最终产品所需进口投入品的总成本为：

$$a_1 P + a_2 P + \cdots + a_n P = \sum a_i P$$

式中，i 指任何 n 种进口投入品，$a_i P$ 是用于国内该单位产品生产的进口投入品 i 的成本，则该国生产最终产品的国内附加值为：

$$V = P - \sum a_i P = P(1 - \sum a_i)$$

现对最终产品、进口投入品征收进口税，则国内附加价值征税后为：

$$V' = P(1 + T) - P \sum a_i (1 + t_i)$$

将上面求得的 V、V' 代入定义式，有：

$$ERP = \frac{V'-V}{V} = \frac{P(1+T) - P\sum a_i(1+t_i) - P(1-\sum a_i)}{P(1-\sum a_i)}$$

$$= \frac{1+T-\sum a_i - \sum a_i t_i - 1 + \sum a_i}{1-\sum a_i}$$

$$= \frac{T - \sum a_i t_i}{1-\sum a_i}$$

上式反映出关税的有效保护率具有以下性质：

如果 $a_i = 0$，即如果没有进口投入要素，则有效保护率与名义税率相同。

如果 a_i、t_i 值不变，则名义税率越高，有效保护率越高。

如果 T、t_i 值不变，则 a_i 值越大，有效保护率越高。

如果 t_i 大于、等于或小于 T，则有效保护率小于、等于或大于 T。

如果 $a_i t_i > T$，则有效保护率小于 0，即这种关税结构不利于保护，反而会削弱国内产品的国际竞争力。

基于有效保护率的考虑，工业发达国家常常采用逐步升级的关税结构：对原料进口几乎完全免税，对半制成品征收适度关税，但对制成品特别是劳动密集型的制成品征收较高的关税。日本经济学家山泽逸平的研究表明，日本 1962 年关税的实际保护率大致等于名义保护率的 2～2.5 倍。例如，棉织品的名义税率为 16%，实际保护率为 36.2%；粗钢的名义税率为 12.5%，实际保护率为 47%。发达国家逐步升级的关税结构对发展中国家是不利的，它吸引发展中国家扩大原料等出口，但阻碍制成品、半制成品出口，从而影响发展中国家的工业化。

那么，发展中国家能不能也采用这种逐步升级的关税结构呢？这要做具体分析。如果为实现进口替代而对最终消费品维持着比中间产品和资本品高得多的有效保护率，那就会使得资本集于消费品生产部门，阻碍制造中间产品和资本品行业的建立与发展，最终妨碍进口替代工业的发展。如果为了促进制造中间产品和资本品行业的建立与发展而对这类产品征收高额关税，那就会提高最终消费品的生产成本和价格，削弱最终消费品的国际竞争力，导致进口增加，使国内产业特别是幼稚产业和新兴产业受到进口竞争的冲击。发展中国家在关税结构选择上的两难处境表明，不能简单地套用逐步升级的关税结构，而应根据本国工业发展水平的实际情况来选择合适的保护政策。

第二节 非关税措施

一、非关税措施概述

(一)非关税壁垒的含义

非关税壁垒（Non-Tariff Barries），泛指一国政府为了调节、管理和控制本国的对外贸易活动，从而影响贸易格局和利益分配而采取的除关税以外的各种行政性、法规性措施和手段的总和。

从历史上看，早在重商主义时期，限制和禁止进口的非关税措施就开始盛行。1929～1933年资本主义经济大危机时期，西方发达国家曾一度高筑非关税壁垒，推行贸易保护主义。尽管如此，"非关税壁垒"这一术语是在GATT建立以后才逐渐产生的。真正把非关税措施作为保护贸易政策的主要手段开始于20世纪70年代。其原因是多方面的：

（1）各国经济发展不平衡。它是非关税壁垒迅速发展的根本原因。美国的相对衰落、日欧的崛起，特别是20世纪70年代中期爆发的经济危机，使得市场问题显得比过去更为严峻，以美国为首的发达国家纷纷加强了贸易保护手段。

（2）二战后在GATT的努力下，关税大幅度减让之后，各国不得不转向用非关税措施来限制进口，保护国内生产和国内市场。

（3）20世纪70年代中期以后，许多国家相继进行了产业结构调整，为保护各自的经济利益，纷纷采用了非关税措施来限制进口。

（4）科技水平迅速提高，相应地提高了对进口商品的检验能力。通过检验，各国可获得各种商品对消费者健康的细微影响，从而有针对地实行进口限制，如对含铅量、噪声大小的测定等。对此，我们应持一分为二的态度。

（5）非关税措施本身具有隐蔽性，不易被发觉，而且在实施中往往可找出一系列理由来证明它的合理性，从而使受害国难以进行报复。

（6）各国在实施非关税措施时互相效仿，也使这些措施迅速扩大。

经过多年的演化发展，20世纪90年代以来，非关税壁垒呈现形式更加隐蔽、技巧更高的特点，以致很难区分其保护是否合理。具体来看，大致有以下几方面的变化：

（1）传统制度化的非关税壁垒不断升级。如反倾销的国际公共规则建立后，在制度上削弱了其贸易壁垒的作用，但频繁使用反倾销手段又使其演化为新的贸易壁垒。

（2）技术标准上升为主要的贸易壁垒。由于各国的技术标准难以统一，使技术标准成为最复杂的贸易壁垒，并常常使人难以区分其合理性。

（3）绿色壁垒成为新的行之有效的贸易壁垒。一些国家特别是发达国家往往借环境保护之名，行贸易保护之实。

（4）政治色彩越来越浓。发达国家甚至利用人权、劳工标准等带有政治色彩的贸易壁垒，大肆推销其国内人权标准，干涉别国内政。据不完全统计，非关税壁垒已从20世纪60年代末的800多项上升至21世纪初的2 000多项。

非关税壁垒可分为直接非关税壁垒和间接非关税壁垒两大类。前者是由进口国直接对进口商品的数量和金额加以限制或迫使出口国直接限制商品出口，如进口配额制、自愿出口限额制等。后者是对进口商品制定严格的条例，间接地限制商品进口，如进口押金制、进口最低限价、繁苛的技术标准、卫生安全检验和包装、标签规定等。

（二）非关税壁垒的特点

与关税措施相比，非关税壁垒具有以下几个明显的特点：

（1）有效性。关税措施主要是通过影响价格来限制进口，而非关税措施主要是依靠行政机制来限制进口，因而它更能直接、严厉且有效地保护本国生产与本国市场。

（2）隐蔽性。与关税不同，非关税措施既能以正常的海关检验要求和有关行政规定、法令条例的名义出现，又可以巧妙地隐蔽在具体执行过程中而无须做出公开规定，人们往往难以清楚地辨识和有力地反对这类政策措施，增加了反贸易保护主义的复杂性和艰巨性。

（3）歧视性。一些国家往往针对某个国家采取相应的限制性非关税措施，更加强化了非关税壁垒的差别性和歧视性。

（4）灵活性。关税是通过一定立法程序制定的具有一定延续性的贸易政策，在特殊情况下做灵活性调整比较困难。而制定和实施非关税措施，通常可根据需要运用行政手段做必要的调整，具有较大的灵活性。

（三）非关税壁垒的作用

对于发达国家而言，非关税壁垒具有如下作用：

（1）作为防御性武器限制外国商品进口，用以保护国内陷入结构性危机的生产部门及农业部门，或保障国内垄断资本能获得高额利润。

（2）在国际贸易谈判中用作筹码，逼迫对方妥协让步，以争夺国际市场。

（3）用作对其他国家实行贸易歧视的手段，甚至作为实现政治利益的手段。

对于发展中国家而言，非关税壁垒具有如下作用：

（1）限制非必需品进口，节省外汇。

（2）限制外国进口产品的强大竞争力，以保护民族工业和幼稚工业。

（3）发展民族经济，以摆脱发达资本主义国家对本国经济的控制和剥削。

二、进口配额

（一）进口配额的定义和分类

进口配额，又称为进口限额，是一国政府在一定时期内对某种商品的进口数量或金额加以直接限制。在规定的期限内，配额以内的货物可以进口，超过配额不准进口，或者征收较高关税后才能进口。它是进口国实施数量限制的主要手段之一。根据控制的力度和调节手段，进口配额可分为绝对配额和关税配额两种。

1. 绝对配额

绝对配额（Absolute Quotas）是指在一定时期内，对某种商品的进口数量或金额规定一个最高限额，达到这个数额后，便不准进口。在具体实施过程中它有三种形式。

（1）全球配额（Global Quotas）。它是指对某种商品的进口规定一个总的限额，对来自任何国家或地区的商品一律适用。具体做法为：政府按进口商的申请先后或过去某一时期的进口实际数额批给一定的额度，直至总配额发放完为止，超过总配额就不准进口。全球配额不限定进口国别或地区，因而进口商取得配额后可从任何国家或地区进口。

（2）国别配额（Country Quotas）。它是指政府不仅规定了一定时期内的总的进口配额，而且将总配额在各出口国家和地区之间进行分配。因此，按国别配额进口时，进口商必须提供进口商品的原产地证明书。国别配额又分为自主配额和协议配额。自主配额是由进口国单方面规定在一定时期内从某个国家或地区进口某种商品的配额；协议配额是由进口国与出口国双方通过谈判达成协议规定的某种商品的进口配额。

（3）进口商配额（Importer Quotas）。进口国政府把某种商品的配额直接分配给进口商。分到配额的多寡决定着进口的多寡。发达国家政府往往把配额分给大型垄断企业，中小进口商难以分到或分配的数量甚少。

2.关税配额

关税配额（Tariff Quotas）是指对商品的进口绝对数额不加限制，而对在一定时期内，在规定的配额以内的进口商品给予低税、减税或免税待遇，对超过配额的进口商品则征收较高的关税或附加税甚至罚款。关税配额措施的显著特征是它拥有两个调控手段：一是配额数量，二是配额内外的税率，由此，又产生了三种形式。

（1）当关税配额的配额内关税税率等于0或近似等于0时，配额数量对进口有绝对的限制性。采用这种配额的商品往往是进口需求大、国内价格没有优势的生活必需品。

（2）当关税配额的配额数量较大时，配额内的进口数量可能会满足国内的需求，此时真正起作用的关税税率是配额内税率，配额外税率实际上不起作用，只形成了一个保护框架。

（3）当关税配额的配额外关税税率很高时，有接近进口绝对配额的趋势。

（二）进口配额的经济效应

进口配额的经济效应如图 4-4 所示。假定实行进口配额的是个小国，则当该国实行进口配额时，不会改变国际市场价格。在图 4-4 中，D_d 为该国某进口商品的需求曲线，S_d 为该国某进口商品的供给曲线，P_W 为国际市场价格。当该国开展自由贸易时，该国此商品的价格就会跟国际市场价格相一致，在价格为 P_W 时，需求量为 Q_2，供给量为 Q_1，需求量超过供给量的部分由进口填补，即进口量为 Q_1Q_2。

假定该进口国对该产品实行进口配额管制，配额量为 ED，其结果是国内价格提高，从而总供给增加，总需求减少，直至供需达到新的均衡。此时该国国内购买者面临的国内供给曲线就发生移动，移动后形成新的供给曲线 S_{f+d}。可见，实行进口配额后的供求

平衡点为 D。把实行进口配额后的状况同自由贸易时相比，可以看出这一措施具有如下经济效应。

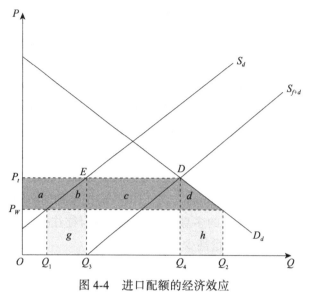

图 4-4   进口配额的经济效应

1. 消费效应

进口国商品价格上升，消费量由 Q_2 减少至 Q_4，减少了 Q_4Q_2，消费者剩余减少了 $-(a+b+c+d)$，此为进口配额的消费效应。

2. 生产效应

进口国商品价格上升，供给量由 Q_1 增加至 Q_3，增加了 Q_1Q_3，生产者剩余增加了 a，此为进口配额的生产效应。

3. 国际收支效应

进口价格不变，仍为 P_W，但进口量减少了 $Q_1Q_3+Q_4Q_2$，因而贸易支出减少了 $-(g+h)$，此为进口配额的国际收支效应。

4. 配额利润效应

获得配额的进口者，将从国际市场上以 P_W 买进此商品，在国内市场上以 P_t 价格卖出，每单位获益 P_t-P_W，进口量为配额限量 ED，所以可以从中获得相当于 c 的配额利润。

5. 整体福利水平效应

进口配额的整体福利水平效应，等于生产者剩余的增加量、进口商配额利润和消费者剩余减少量的差额，即 $a+c-(a+b+c+d)=-(b+d)$。在实施进口配额的情况下，面积 c 的归属取决于进口国分配配额的方式，分配进口配额常常与进口许可证相结合，取得进口许可的方式不同，其带来的福利变化也不相同。

第一种方式为竞争拍卖方式，指政府通过公开拍卖的方法分配许可证，并将进口一定数量商品的配额分配给出价最高的需求者。一般情况下，进口商所付购买许可证的成本要加到商品的销售价格上。竞价结果可能会形成一个近似于商品国内外差价的许可证价格，拍卖收益成为政府的收入。如果政府在竞争性市场上将进口许可证拍卖给最高出价者，面积 c 则作为进口国公开拍卖配额的收入归政府所有。此时，配额与关税的效果完全相同。

第二种方式为按固定参数分配，指政府按照特定标准将固定的进口配额无偿分配的做法。通常的方式是，根据现有进口某种产品的企业上一年度在进口该商品额中的比重来确定。如果政府免费发放配额或许可证，则许可证持有者就能以世界市场价格购买进口产品，然后以国内市场价格出售，获得 c 的全部利益。这里有三种情况：若将许可证无偿发给进口商，则 c 只是一种国内福利转移，国家的净损失不变；若把配额分配给出口商，或出口国采取"自愿"出口限额，那么面积 c 的经济利益就会流失到国外，进口国的净福利损失就会增加（$b+c+d$）；如果许可证的发放效率很低、手续繁杂，那么面积 c 的利益就会白白浪费掉，进口国的净福利损失也为（$b+c+d$）。

第三种方式为按一定程序申请，指在一定时期内，政府根据进口商递交进口配额管制商品申请书的先后顺序分配进口商品配额的办法。这种方法形成了申请者获得所需进口产品的自然顺序，即按照先来后到的顺序获取所需配额。其缺点是可能给管理部门留有利用职权获取贿赂的机会，相应的可能形成企业的"寻租"活动，以期借助管理部门的不公正行为获取某种超额收益。

然而，不管政府怎样分配这些进口配额，整个社会的整体福利水平变动至多与征收关税时相似，不会比征收关税更好。

（三）进口配额与进口关税的比较

尽管进口配额与进口关税的经济效应在许多方面基本相同，但其间仍存在明显的区别。

1. 对进口数量的限制强度不同

进口关税通过提高进口商品的价格，从而降低进口的数量，但由于对外国商品的国内供给弹性和本国的需求弹性很难准确估计，因此很难确定需要多高的进口关税率才能把进口限制在所期望的水平上，而进口配额的数量是明确的，因此可以将进口限制在一个确定的水平上。

2. 对垄断的影响程度不同

进口关税在发挥保护作用时，由于不能完全隔绝来自国际市场的竞争，从而限制了生产者对本国市场的垄断权利，生产者不可能无限制地提高价格。因为只要价格超过了国际价格和关税之和，消费者就会无限制地购买进口商品；但实行进口配额时，由于与国内竞争的进口商品不可能超过配额，所以国内生产者就可以非常容易地确定为获取最大利润应该增产的目标。当国内需求缺乏弹性时，国内企业就可趁机以抬高价格的方式而非降低成本的办法来获取利润，他们成了市场的主人，有了某种垄断权力。另外，一国实行进口配额后，如果国内外市场差价扩大，外国出口厂商就可协调行动，抬高出口价格，在不增加出口数量的前提下提高利润率，而在进口税的情况下就不可能这样做。

3. 对生产者提供的保护是否确定上不同

在实行进口关税时，外国出口厂商不仅可以用提高劳动生产率、降低成本的办法来降低出口价格，部分或全部抵消进口关税的保护作用，也可以用降低盈利率的办法来降低出口价格，抵消进口关税所引起的价格上涨。结果，关税的保护作用被大大削弱了，国内企业仍时时面临国外企业的有效竞争；但在实行进口配额的情况下，外国厂商就不可能利用降价来扩大出口，因为允许出口到该国的商品数量是由配额决定的。可见，关税对生产者的保护是不确定的，而进口配额对生产者提供了确定的保护。

4. 两者管理方法的差异

进口配额和进口关税还有一个重要区别在于管理方法的差异。在实行市场经济体制的情况下，关税的管理在一定程度上是自动进行的，因为关税并没有排除价格机制的作用。征收进口关税，带动进口价格的变动，出口国的供给和进口国的需求相应地得到调节，关税收入则流进了国库，而配额则牵涉进口许可证的分配问题。

以上分析表明，如果从保护效果的角度看，进口配额比进口关税更好，因此，进口配额受到进口竞争行业的欢迎。在 WTO 成立以前，发达国家多用它来保护本国缺乏竞争力的行业和部门，特别是用来保护已失去比较优势的纺织、服装等成熟产业以及农业。发展中国家也广泛利用进口配额以限制进口数量，保证进口替代工业的发展和用于国际收支平衡的目的。

但是，如果从生产效率、消费者主权和社会经济影响来看，进口配额则比等效关税有害。其一，进口配额只考虑保护生产者利益，一般由政府主管机构硬性规定，很难考虑消费者需要，易使消费者遭受更大的福利损失；其二，进口配额取代了市场机制的作用，失去了对进口竞争产业的刺激力量，使生产效率降低，并易引起腐败。

三、自动出口限制

（一）自动出口限制的含义

自动出口限制（Voluntary Export Restraint）也称"自愿"出口限额，是 20 世纪 60 年代末以来非关税壁垒中很流行的一种形式，几乎所有发达国家在长期贸易项目中都采用了这种形式。它具体是指在进口国的要求或压力下，出口国"自动"规定某一时期内某些商品对该国的出口限制，在限定的配额内自行控制出口，超过配额即禁止出口。

"自愿"出口限额通常是两个政府之间谈判的结果。它导致出口国限制其向进口国的出口供给。这种协议从字面上来看不是自愿的，但是，它是出口国乐于接受的进口国或明或暗地威胁使用的贸易壁垒（关税、进口配额或反倾销税）的一种转化形式。

（二）自动出口限制的主要形式

自动出口限制主要有两种形式：非协定的自动出口限制和协定的自动出口限制。

非协定的自动出口限制指出口国政府并未受到国际协定的约束，自动单方面规定对有关国家的出口限额。比如1975年日本6家大钢铁企业，将1976年对西欧的钢材出口量"自动"限制在120万吨以内，1977年又限制在122万吨。

协定的自动出口限制指双方通过谈判签订"自动出口限制协定"或"有秩序销售协定"，在协定中规定有效期内的某些商品的出口配额，出口国自行限制这些商品的出口。如1957年日本和美国签订为期5年的"自动限制协定"，"自动"把对美国的棉纺织品出口限制在2.55亿平方码[⊖]之内。

（三）自动出口限制的经济效应

自动出口限制对进口国国内价格、生产、消费的影响都跟进口配额相同。出口限制的具体数量可以由进口国与出口国协议商量，也可以由进口国提出。但一旦自动出口限制数量确定后，则由出口国自行分配这些配额，这样一来，在实行配额时本属于国内进口商的那部分利益就由外国出口商获得，对进口国来说，福利净损失为 $-(b+c+d)$（见图4-5）。

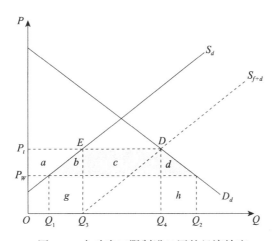

图 4-5　自动出口限制进口国的经济效应

（四）采取自动出口限制措施的原因

与其他保护措施比较，要从经济的角度来理解进口国政府要使用"自愿"出口限额而不是关税和配额的原因仿佛很困难。使用关税和配额，租金会保留在进口国内部，而"自愿"出口限额是有选择性的，并不能覆盖所有供给，进口国政府必须总是准备把新的供给商排除出去。此外，"自愿"出口限额从福利和效率的角度来看，排在从价税和

　　⊖　1平方码＝0.836 127平方米。

进口配额之后。那么，怎样才能解释进口政府所表现出来的对"自愿"出口限额的偏爱胜过进口配额和关税，并一再实施它的这种现象呢？

1. 与传统手段被 GATT 限制有关

通过"自愿"出口限额对出口方的限制，GATT/WTO 成员避免了与其所签署的 GATT/WTO 规则文件的冲突。当然，尽管"自愿"出口限额实际上是与 GATT/WTO 的精神相违背的，但对使用传统贸易保护主义手段的限制，似乎会刺激新手段的出现。

2. "自愿"出口限额提高出口企业的利润和出口国的福利

"自愿"出口限额像出口税那样发挥作用，全部租金都被转移到出口国，所以"自愿"出口限额会提高出口企业的利润和出口国的福利。既然出口税不受 GATT/WTO 的支持，一种适当的"自愿"出口限额可以作为出口国政府的临时选择。

3. "自愿"出口限额在出口国形成了一个特殊的利益集团

这个集团对出口国而言可能是一个施加压力的团体，目的在于保持其从持续的"自愿"出口限额中获得的租金收入。在这种方式下，转移到出口国的租金能够削弱出口国政府对"自愿"出口限额措施的反对，从进口国的角度来看，租金转移削减了报复的风险和对外政策的摩擦。

4. 从政治的角度看，"自愿"出口限额特别容易实施

直接的进口限制如关税和配额，必须通过法律程序（如在美国）或高度透明的管理渠道（如在欧盟）进行。而"自愿"出口限额可以秘密地进行谈判，不会为公开的政治过程和公众监督所妨碍。

5. "自愿"出口限额促使进口国取消限制

出口国偏爱于"自愿"出口限额，是因为这种协议为它提供了一种每隔几年就可以对进口国施加压力，使其取消限制的选择，或者至少改变或放宽"自愿"出口限额种类的定义，使之更好地符合出口国的出口产品组合。这当然可能是一柄双刃剑，使限制更为繁杂。

四、其他非关税措施

（一）进口许可证制度

进口许可证（Import License）是指进口国家为了管制对外贸易采取的一种管控方式，它规定对于商品的进口，事先要求进口商向进口国家的有关机构提出进口申请，经过审查批准并颁发进口许可证，才能进口。没有进口许可证的商品一律不准进口。进口许可证必须注明有效期限以及进口商品的名称、来源、数量及金额等。

按进口许可证与进口配额的关系划分，进口许可证可以划分为有定额的进口许可证和无定额的进口许可证。有定额的许可证是指有关机关预先规定有关商品的进口配额，

然后在规定配额的范围内，根据进口商的申请，对每一批进口商品发给进口商一定数量或者金额的进口许可证，当配额用完时，停止发放许可证。无定额的进口许可证是指进口许可证不与进口配额相结合，有关机构在没有公开标准，在个别考虑基础上，对申请者个别发放商品的进口许可证。

按照进口商品的性质，许可证又可以分为一般许可证和特别许可证。一般许可证又称为公开进口许可证，适应于自由进口的商品。它对进口国别或地区没有限制，凡列明属于一般许可证的商品，进口商只要填写一般许可证后，即可获准进口；特别许可证是指进口商必须向政府当局提出申请，经过政府当局逐笔审查批准之后才能进口，特别许可证往往规定了进口国家或者地区。

（二）外汇管制

外汇管制（Foreign Exchange Control）是政府为了维护国际收支平衡和本国货币汇率稳定，而对国际结算和外汇进出实行管制的制度。

在外汇管制下，政府设立专门的机构或者指定的银行进行外汇管理。根据外汇管理制度要求，出口商必须将出口所得外汇收入按官方汇率卖给外汇的管制机构，进口商在进口需要外汇的时候必须向外汇管制机构按照官方的汇率申请购买外汇进行支付。另外，对携带本币出入境要进行严格限制。外汇管制的目的是通过集中使用外汇和控制供应进口商的外汇数量和种类的办法来做到控制有关商品的进口数量、种类和国别。

外汇管制的方式主要有以下几种。

（1）数量性外汇管制。它主要是指外汇管理机构对外汇买卖数量进行直接限制和分配，主要目的在于集中外汇收入，控制外汇支出，实行外汇分布，从而达到限制商品的进口数量、种类、进口国别的目的。有一些国家规定进口商必须获得进口许可证后，才能得到所需的外汇。

（2）成本性外汇管制。有一些国家实行复汇率制度，利用外汇买卖的成本差异，间接影响不同商品的进出口。所谓复汇率是指一国货币对外的汇率不只有一个，而是两个以上的汇率，其目的是利用汇率的差别限制或者鼓励某一些商品的进出口。

（3）混合性外汇管制。它是指同时采取数量性外汇管制和成本性外汇管制，对外汇实行更为严格的管控。

（三）歧视性政府采购政策

歧视性政府采购政策（Discriminatory Government Procurement Policy）是指政府通过法律或其他的措施，规定政府在采购时，要优先购买本国产品的做法，它是政府参与国际贸易的典型形式，这种歧视政策有时延伸至承包工程，对外国产品带有明显的歧视性，其目的就是限制外国商品的进口。英国限制政府从外国采购电子通信设备和计算机等，日本有几个省规定政府机构在采购办公设备、汽车、计算机、电缆、导线、机床等商品的时候，不得采购外国产品。

(四) 最低限价制

最低限价制（Minimum Price System）是指一国政府限定某一种进口商品的最低价格，对于凡是低于规定最低价格的商品采取征收进口附加税或者直接禁止进口的措施。进口国有时会把限制性的最低进口价格定得较高，如果以最低价格进口，则无利可图，其目的就是限制低价商品的进口。如果在实施最低价格时，进口国家仍然达不到目的的时候，一些国家往往会直接宣布法令禁止某些商品的进口。例如，1977 年，美国为了抵制西欧、日本低价钢材进口，于 1977 年实施了低价进口的保护措施；1978 年，欧共体对钢材实施了最低限价；1985 年，智利对绸坯布进口规定每千克的最低价格为 52 美元，低于此价格的商品将会被征收进口附加税。

(五) 进口押金制度

进口押金制度（Advanced Deposit System）又称为进口存款制或者进口担保金制，是指进口商在进口商品的时候，必须事先按进口商品金额的一定比率，在规定时间，在指定银行无息存入一笔现金，才能进口。进口国家试图通过这种方式，增加进口商资金周转负担，从而起到限制进口的作用。20 世纪 70 年代中期，意大利曾经对 400 多种商品实行了进口押金制度，规定凡属于此项目的商品进口，进口商必须向意大利的中央银行缴纳相当于货物一半价值的现金，要无息冻结 6 个月。这项措施相当于征收了 5% 的进口附加税。

(六) 海关估价制度

海关估价制度（Customs Valuation System）是一个国家在实施从价征收关税时，由海关根据国家的规定，确定进口商品的完税价格，并以海关估定的完税价格作为计征关税的基础。如果海关估价税被滥用，无疑会增加进口商的税收负担。实际上，有一些国家会根据某些特殊的规定，提高进口商品的海关估价，从而达到增加进口商的关税负担，从而阻碍商品的进口的目的。例如，美国对煤油、胶底鞋类、毛手套等商品按照美国国内最高价格征收关税，美国的"销价制"征收关税，势必会增加进口商品的税收负担。

(七) 各种国内税

各种国内税（Internal Taxes）是指一些国家特别是西欧国家，往往采取国内的税收制度来直接或间接限制进口，通过征收国内税，对国内货物和进口货物征收较大差幅的消费税，通过对进口货物征收高于国内产品的消费税，增加进口商品的纳税负担，来削弱进口商的竞争力，从而抑制进口。

(八) 进口和出口国家垄断

进口和出口国家垄断（State Monopoly of Import and Export）是指国家对某些商品

的进出口规定由国家直接经营，或者把某些商品的进出口专营权给某一个垄断组织。各国垄断的进出口商品主要有以下几大类：

第一类是烟和酒的垄断，并从中获得巨大的财政收入。

第二类是农产品贸易，国家往往把对农产品的对外垄断销售作为国家农业政策措施的一部分，这在欧美国家比较突出。

第三类是军火武器贸易，军火武器关系到国家安全以及世界和平，各种军火武器贸易基本上由国家垄断。

第四类是石油贸易，石油是经济发展的战略性资源，所以石油贸易被国家所控制。主要石油出口国和进口国都设立国有石油公司，对石油进行垄断经营。

五、当前非关税壁垒的新进展

（一）反倾销壁垒

倾销（Dumping）是指某种产品以低于市场价格，甚至低于其成本价格向国外市场销售。

反倾销税是对实行倾销的进口商品所征收的一种进口附加税，其目的是抵消倾销对进口国国内市场的冲击，保护国内商品和国内市场。

倾销经常被企业用来作为提升产品海外市场竞争力的手段。但是，它使市场变成了不公平、不公正的竞争。为此，GATT 和当今的 WTO 在努力降低关税的同时，为了市场的公正公平，允许成员方对倾销征收关税。

WTO 的《反倾销协议》对某一产品的出口是否存在倾销做出规定：主要看一个产品是否低于相同产品在出口国正常情况下用于国内消费时的可比价格，如果没有这个价格，则采用：①低于同类产品出口至一个恰当的第三国的最高可比价格；②低于产品在原产国的生产成本加上合理的管理费用、销售费用和一般费用及正常利润所构成的结构价格。符合以上任何一个条件都称为倾销。

1. WTO 的《反倾销协议》征收反倾销税的条件

倾销成立只是进口国家实施反倾销的必要条件，不是充分条件。为了防止乱用反倾销税，《反倾销协议》规定只有满足以下三个条件方能征收反倾销税。

第一，确认外国出口商存在倾销。

第二，外国商品的倾销对国内同类行业造成了严重损害，或者严重影响了同类行业的兴起。

第三，倾销和损害存在着因果关系。

2. WTO 的《反倾销协议》对倾销的损害、反倾销调查、反倾销措施的相关规定

（1）关于损害问题。WTO 的《反倾销协议》明确规定，在确定倾销对本国同类产业造成严重损害时，不能根据少数几个厂商的情况就认定行业损害，要根据以下几个方面来判定：

第一，倾销进口的产品数量是否大幅增加。

第二，倾销进口商品对进口国的同类商品的价格造成了影响。

第三，倾销对进口国的同类商品生产者造成了影响。

进口国根据以上几个方面来判断是否受到了损害。

（2）关于倾销的调查。根据 WTO 的《反倾销协议》规定，反倾销的调查可以由受影响的生产部门提出申请或者由政府相关部门直接进行。申请书要有证据说明存在倾销并造成了损害以及损害与倾销存在因果关系。有关当局如果掌握了有关倾销的条件和损害的依据可以调查。调查当局有义务将要调查的内容以及相关信息通知被调查的当事人，当事人收到调查表后至少有 30 天的时间准备应诉。如果确定进口商品倾销幅度小于 2%，或者倾销进口商品的数量小于该产品进口总量的 3%，且小于 3% 的国家累积进口份额小于 7%，则立即停止反倾销调查。

（3）反倾销措施。在反倾销调查当局已经做出倾销的存在和损害的初步决定后，如果当局认定采取临时性措施能够有效阻止在调查期间继续损害时，则可以采取临时性的措施。它包括反倾销税、担保或者支付保证金等形式。反倾销税和保证金不得高于初步裁定的倾销幅度。反倾销税是最主要的反倾销措施。WTO 的《反倾销协议》对反倾销税的征收做了明确的规定。一是征收的金额不得大于倾销的幅度；二是多退少补的原则。如果最终裁定的反倾销税高于临时反倾销税，不能要求进口商补交；如果最终确定的反倾销税低于临时反倾销税时，则应该退还进口多交的部分。

当今，WTO 对反倾销做了一系列的规定，但是，西方国家并没有遵守。例如，在裁定是否存在倾销的时候，西方国家将一切国家分为市场经济国家和非市场经济国家两类，对其采取不同的确定正常价值的方法。西方国家认为市场经济国家的市场体系健全，其出口国的国内销售价格为正常价值，而非市场经济国家存在价格扭曲。因此，它们往往会对非市场经济国家采取替代国家，将替代国家的类似产品的价格作为正常价值。但是，西方国家在替代国家的选择和替代国家产品价格的选择上具有很大的随意性，往往存在着明显的不合理性，具有明显的歧视性，这使得对倾销的判断基础丧失。

当今，反倾销已成为一些发达国家实施贸易保护主义和歧视的一种工具。一些国家不仅通过反倾销税阻止外国商品的流入，还可能利用反倾销调查的方法来暂时阻碍某种商品的进口。

（二）反补贴壁垒

一个国家可以通过出口补贴措施鼓励本国企业的出口，通过补贴（Subsidy）降低出口成本，提升本国企业的竞争力，从而出口更多的商品。补贴破坏了自由贸易的基础，给进口国家带来经济利益的损害，为了实现公正、公平的贸易，GATT 制定了《反补贴协议》。如果出口商品直接或者间接接受了出口给予的补贴，对进口国家已建产业造成重大损害、严重威胁，或者严重阻碍了进口国某一产业的兴建，进口国可以征收反补贴税。

1.《反补贴协议》对补贴的分类

并不是对所有的补贴都可以征收反补贴税。根据《反补贴协议》将补贴分为禁止性补贴、可诉讼补贴和不可起诉补贴。

（1）禁止性补贴又被称为"红灯补贴"。根据协议，WTO 的成员是不可以使用该补贴的。该补贴具体指对进口替代产品或者出口商品在生产、销售环节，直接给予补贴，它扭曲了进出口贸易，或者损害了别国经济利益。

（2）可诉讼补贴又被称为"黄灯补贴"。它是指 WTO 的成员方在一定范围内允许实施补贴。但是，若在实施过程中对其他缔约方的利益造成严重的损害，受损成员方可向补贴成员方提出反对意见或提起申诉，但必须证明存在不利影响或严重损害。如果上诉 WTO 的争端解决机制成功，可以对缔约方的出口补贴行为征收反补贴税，以抵销出口方补贴行为给进口缔约方带来的利益损害。

（3）不可起诉补贴又被称为"绿灯补贴"。它具有普遍适应性和发展经济的必要性，对其他成员方不会造成利益损害，往往不会引起缔约方的反对或者反补贴措施，因而一般不会被征收反补贴税。不可起诉补贴包括两大类：一是不具有专向性的补贴；二是符合特定要求的专向性补贴，包括政府对研究和开发的补贴、扶持落后地区的补贴、环境保护的补贴等。

2.《反补贴协议》征收反补贴税的条件

补贴往往会被利用为实施贸易保护主义的工具，成为国际贸易中的非关税壁垒。因此，该协议在具体的操作上做了规定。政府必须有足够的证据来证明，只有满足以下 3 个条件的进口国家才可以实施反补贴税。

第一，补贴确实存在。

第二，同类或者相同产品的国内产业已受到实质损害。

第三，补贴与损害存在因果关系。

反补贴税的征收原则是征收与外国政府对外国商品生产者发放的补贴相对的关税。反补贴税的总额不得超过进口商品在原产地直接或间接获得的补贴。

（三）保障措施壁垒

保障措施（Safeguard Measures）是指没有预见到急剧增长的进口，为了补救国内因此遭受严重损害或者严重威胁的行业，政府可以临时采取进口限制以保护国内生产者。保障措施具体实施的手段主要有：①提高关税；②进口数量限制；③提高关税和进口数量限制相结合。

在关税和非关税保护日益受到限制时，一些发达国家采用保障措施对本国企业实施"紧急保护"。WTO 的《保障措施协议》规定成员方在特定的条件下，可以免于承担关税减让原则和一般取消数量限制原则的义务，实施"紧急保护"。《保障措施协议》实施的条件是：某项商品的进口量大幅增加对进口国内的同类型或者直接竞争的产品造成或者即将造成严重损害。保障措施只与进口数量有关，而与价格、成本无关。

与反补贴、反倾销相比，即使出口商是在公正、公平的前提下，仍然可能遭受到保障措施的制裁。

WTO 的《保障措施协议》对发展中国家给予特殊待遇，协议明确规定如果来自发展中国家的产品的进口数量不超过进口国同一产品总进口量的 3%，则进口国不能对这个发展中国家采取保障措施。但是，如果发展中国家的出口产品数量超过该国总进口量的 9%，免责条款失效。

为了防止各国利用这一措施实行贸易保护，WTO 的保障协议对紧急保障措施的实施有时间限制。一项保障措施的初始保障期限为 4 年，最多延长至 8 年，发展中国家为 10 年。

在美国，依据美国贸易法中 201 条款，对保障措施的认定标准是进口增加对美国国内产业造成了严重损害或者威胁。如果认定成功，美国政府就可以采取一系列限制措施。

根据中国贸易救济信息网站公布的数据，2011 年 1 月 1 日～2020 年 12 月 13 日，全球共有贸易救济原审案件 2 903 起，其中，反倾销 2 341 起，占比 80.6%；反补贴 371 起，占比 12.8%；保障措施 192 起，占比 6.6%。同期，在 WTO 成员当中，排在贸易救济原审立案数量前六名的国家 / 地区分别为：第一，美国，562 件；第二，印度，486 件；第三，巴西，217 件；第四，澳大利亚，187 件；第五，加拿大，160 件；第六，欧盟，144 件。

（四）技术性贸易壁垒

技术性贸易壁垒（Technical Barriers to Trade）又称技术性贸易措施或者技术壁垒，进口国在实施贸易进口时通过颁布法律、法令条例、规定，对外国进口商品建立严格、繁杂、苛刻而且多变的技术标准、技术法规及认证制度等，从而提高产品技术要求，增加进口难度，最终达到限制进口的目的，保护国内市场。

1. 复杂的技术标准

发达国家对许多工业制成品规定了极其严格、繁杂的技术标准。进口商品必须满足这些标准才能进口。其中，有一些规定针对某些国家。西方发达国家凭借在贸易中的地位和技术优势往往制定出来的技术标准让经济落后的发展中国家望尘莫及。而且，制定出来的标准经常变化，这常常让发展中国家的出口商无所适从。发展中国家的企业为了迎合发达国家制定的技术标准要花费极高的成本，从而削弱了产品的竞争力。

2. 商品检疫和检验规定

商品检疫和检验规定主要用于农产品及其制成品。各国在卫生检疫这个方面的要求越来越严格，卫生检验越来越多，涉及商品的范围较广。例如，美国对其他国家或者地区输往美国的食品、饮料、药品及化妆品规定，必须符合美国的《联邦食品、药品及化妆品法》，否则不允许进口。

日本对海外进入境内的农产品、畜牧产品以及食品实行严格的检疫、防疫。日本规定茶叶农药残留含量不得超过 0.2%～0.5%。

3. 安全标准

为了保护消费者的人身安全，各国都对进口商品提出复杂、严格的安全规定，并逐渐形成法律条款。

4. 严格包装和标签要求

为了防止包装及其废弃物可能对生态环境、人类及动植物的安全构成威胁，许多国家颁布了一系列的包装和标签方面的法律、法规，通过法律、法规来保护消费者权益和生态环境。包装和标签的法律、法规，虽然起到了保护消费者的权益和生态环境的作用，但是其技术性的要求多变，各国的要求又不一致，这些要求增加了出口商的经营成本。例如，发达国家基本禁止使用传统的包装材料（如稻草、秸秆、原棉、麻袋、木材等）的商品进口。因为这些商品容易携带或者滋生有害病虫，会影响进口的森林和农作物安全。

（五）绿色壁垒

随着经济的快速发展，带来了一系列有关环境的问题，比如污染加剧、一些资源的枯竭以及人类健康环境意识的提升，可持续发展问题引起人们高度关注。绿色壁垒（Green Barriers，GB）始于20世纪80年代后期的"绿色潮流"，发达国家以环保、人类健康为名对其他国家特别是发展中国家制定了一系列的苛刻标准，并逐步成为它们在国际贸易中使用的技术壁垒。其主要内容包括以下几点。

1. 苛刻复杂的环境技术标准

发达国家以环境保护为由，通过立法手段制定严格的、复杂的技术标准限制商品进口。由于发达国家技术水平比较高，处于技术垄断地位，而这些技术标准都是依据发达国家的技术水准制定的，对发展中国家来说很难达到。

2. 绿色环境标志

环境标志是贴在商品或者外包装上的一种图形。它是根据有关环境技术标准和规定，由相应的政府机构或者民间组织严格依照环境技术标准颁发给厂商，附印在产品及包装上。该标志表明产品的质量不仅符合相关的技术标准，而且产品研发、生产、使用、消费、处理过程符合环保要求，对生态环境以及人类健康均无损害。发展中国家要进入发达国家的市场，必须申请，经过批准才能获得绿色环境标准。这不仅需要一定的成本，而且，要花费一定的时间，这无形中加大了发展中国家产品进入发达国家市场的难度。

3. 绿色卫生检疫制度

WTO的《实施卫生与动植物卫生措施协议》建议使用国际标准，但是，WTO允许成员方采取措施，保护人类与动植物的健康。各国在使用卫生检疫的时候，其自由度较大。各国对食品等进口产品的安全卫生标准日益严格，特别是对农药的残留量、反射性残留、重金属含量等指标进行了严格的规定。发达国家往往利用技术水平的差距，制定较高的技术标准，从而限制发展中国家的商品进入。

4. 绿色补贴

为了实现可持续发展，也为了适应发达国家环境技术标准，发展中国家企业对环境和资源的重视日益加强，环境成本逐步内在化，这提高了企业的运营成本。为了减轻企业负担，鼓励出口，发展中国家往往会给企业一定环境补贴。一方面，发达国家将高污染、高能耗的产业向发展中国家转移；另一方面，发达国家认为发展中国家的政府补贴违反 WTO 反补贴的协议，并以此为理由限制发展中国家的产品进口。

20 世纪 90 年代，美国对来自巴西的人造胶鞋和来自加拿大的速冻猪肉就曾提出反补贴申诉。

5. 环境成本内在化制度

某些生产、营销活动造成的空气和水污染，破坏了生态环境，甚至造成跨国境或者全球性的环境问题，例如河流的污染、气候异常等，然而，这些环境资源的价值往往在国际贸易中被忽视。由于出口商品不包含环境成本，国际贸易极易加重负外部经济效应。因此，必须将这种市场失灵的负外部性经济效应"内部化"，即内生化到出口产品或者劳务中，以便达到对环境的有效保护。环境成本的内在化有其合理性，但是，其要求往往超出发展中国家所能达到的水平，从而影响了发展中国家产品的出口竞争力。

西方发达国家的一些企业认为不同国家的环境不同致使其成本的投入不一样，这使得一些国家的产品获得了低成本的竞争优势。它们和一些环保组织联合起来攻击发展中国家低成本的环境标准，认为发展中国家的宽松的环境标准构成了"生态倾销"，这是不公正贸易，它们要求政府征收"生态倾销税"以抵消国外低成本的竞争优势，或者政府对本国产品进行补贴使其在国内和国际市场上都能参与低成本的竞争。实际上，发展中国家的环境管制差异对市场竞争力的影响并不像发达国家鼓吹的那么严重。

（六）社会责任壁垒

社会责任标准（Social Accountability 8000 International Standard，SA8000）也称为蓝色贸易壁垒，是 20 世纪 90 年代以来，欧美发达国家推动实行的国际劳动标准，也是全球首个道德规范国际标准。SA8000 是根据《国际劳工组织公约》《世界人权宣言》及联合国《儿童权利公约》制定认证标准体系，其宗旨是确保生产商及供应商所提供的产品符合社会责任的要求。该标准包括：不使用童工，不得强迫劳动，为劳工提供安全、健康的工作环境，尊重劳工集体谈判的权利，不得歧视、惩罚劳工，遵守工作时间的规定，保证工资达到最低标准。这项标准的实施，无疑增加了发展中国家的出口成本。

当今，西方跨国公司纷纷以 SA8000 为标准制定自己的企业社会责任守则，并要求发展中国家供货商严格执行，否则撤销订单。发展中国家与发达国家在社会责任体系方面存在巨大差距，社会责任的推行成为发达国家实施"劳工贸易壁垒"的又一借口。社会责任标准成为限制发展中国家劳动密集型产品出口的工具，发达国家通过社会责任标准削弱了发展中国家的相对优势，实行贸易保护。

(七) 动物福利

随着人类文明的进步，人类与自然的和谐发展得到广泛认同。当今，西方发达国家以尊重和保护动物为由，利用自身文化教育和传统习俗方面的优势制定一系列歧视性法律法规和动物福利标准限制发展中国家的动物产品进口。

目前，有 100 多个国家制定了"动物福利"（Animal Welfare）法案，以欧盟最为典型。欧盟及其成员国强制规定了动物在饲养、运输和屠宰加工各个环节的福利标准。它包括 5 个主要的方面：

第一，生理福利，为动物提供充足的清洁水以及相应的一些需要的食物，以保证动物享有不受饥渴的自由。

第二，环境福利，为动物提供适当的房舍或栖息场所。

第三，卫生福利，为动物做好防疫，预防疾病和对患病动物及时治疗，使其少受额外的疼痛，以保证动物享有不受痛苦、伤害和疾病的自由。

第四，行为福利，为动物提供足够的空间、适当的设施等，以保证动物享有表达天性的自由。

第五，心理福利，保证动物享有生活无恐惧和悲伤感的自由。通俗地讲，就是在动物饲养、运输、宰杀过程中，要尽可能地减少痛苦，不得虐待动物，保持动物的康乐状态。

第三节　出口的鼓励与管制、贸易制裁措施

一、出口鼓励措施

出口鼓励措施是国家支持和鼓励本国出口企业或潜在的出口企业增强其在国际市场上的竞争能力并扩大出口的贸易政策措施。历史上有很多国家都想通过扩大出口贸易的方式，来达到促进本国经济的快速增长或经济快速恢复增长的政策目的，如二战后日本的"以进养出"的扩大出口贸易政策、韩国的"扩大出口动员令"以及美国的"出口倍增计划"等。常见的出口鼓励措施包括出口信贷及出口信贷国家担保制、出口补贴、商品倾销、外汇倾销以及特区经济政策等。

(一) 出口信贷及出口信贷国家担保制

1. 出口信贷

出口信贷是指一个国家为了鼓励本国商品的出口，增强本国出口商品的国际竞争力，支持和鼓励本国银行对本国的出口厂商、外国的进口厂商或进口方银行提供的贷款。出口信贷通常是在出口成套设备、船舶、飞机等金额较大的商品时由出口银行提供

的贷款，这类商品价格高昂，进口方难以立即支付，而若得不到贷款，出口商又无法正常进行资金周转，这时需要本国银行对出口方或进口方提供资金融通，促成进出口双方达成交易合约，促进本国商品出口。

二战以后，出口信贷就已被各国用来鼓励本国商品的大量出口，其运用非常普遍，且延长了信贷期限，降低了贷款利息。如1978年美国国会决定今后5年内拨给美国进出口银行的资金总额由原来的250亿美元增加至400亿美元。运用财政政策鼓励出口易受到国际法律规则的制约，同时也易引起其他国家的反对和报复，因而信贷政策的作用越来越大。出口信贷的国际约束比较少，且进出口国对其都比较欢迎，实行起来也比较方便，因此被广为使用。当前发达国家大型设备、成套设备的出口约有40%是依靠出口信贷实现的。

出口信贷又分为卖方信贷和买方信贷。

（1）卖方信贷。卖方信贷（Supplier's Credit）是指由出口方的官方金融机构或银行向本国出口厂商即卖方提供的贷款支持，以扩大本国出口厂商的出口能力。这种贷款合同由本国出口厂商和银行签订。在国际贸易往来中，出口厂商与进口厂商的谈判如果涉及金额较大的商品贸易时，进口厂商一般要求采用延期付款或长期分期付款的办法来支付货款。但这类付款方式等于在一定时间里占用了出口厂商的资金，从而会影响出口厂商的资金周转乃至正常经营。在这种情况下，就需要出口国银行对出口商提供信贷资金，卖方信贷便应运而生。

卖方信贷的大致操作流程是：在签订买卖合同后，进口商须先支付货款的5%～15%作为履约的一种保证金；在分批交货、验收和保证期满时再分期支付10%～15%的货款，其余货款在全部交货后若干年内分期摊还（一般是每半年还款一次），并附交延期间的利息。买方分期偿付货款时，出口商把所借款项和利息偿还给出口方银行。因此，卖方信贷实际上是银行直接资助出口厂商向进口厂商提供延期付款，促进商品出口的一种信贷形式。

（2）买方信贷。买方信贷（Buyer's Credit）是指出口方银行直接向进口厂商（买方）或进口方银行提供的贷款，用以支持进口厂商进口贷款国的商品。买方信贷是约束性贷款，贷款合同规定贷款必须用以进口贷款国的商品为贷款条件，并常常以签订的商品贸易合同为准。

买方信贷在具体运用时有两种形式。

第一种是出口方银行直接把贷款提供给外国的进口厂商。其具体的做法是，在进口商与出口商签订贸易合同后，进口商先交相当于货价15%的现汇定金，然后进口商再与出口商所在地的银行签订贷款协议（该协议以上述贸易合同为基础，如果进口商不购买出口国的设备，则进口商不能从出口商所在地银行得到此项贷款）。进口商用其借得的贷款，以现汇付款条件向出口商支付货款。进口商对出口商所在地银行的欠款，依照双方签订的贷款协议条件进行分期还款付息。

第二种是出口方银行直接将贷款提供给进口方银行，这是更为普遍的一种买方信贷方式。其具体做法是，进口商与出口商洽谈贸易，签订贸易合同后，进口商先交相当于货价 15% 的现汇定金。进口方银行与出口方银行签订贷款协议（该协议也是以贸易合同作为基础，但具有相对的独立性），进口方银行以其借得的款项，贷给进口商，然后进口商以现汇条件向出口商支付货款。进口方银行根据贷款协议分期向出口方银行偿还贷款。进口商与进口方银行间的债务按双方商定的办法在国内清偿结算。

2. 出口信贷国家担保制

出口信贷国家担保制（Export Credit Guarantee System）是指国家为了鼓励商品出口，对于本国出口厂商或商业银行向外国进口厂商或银行提供的贷款，由国家设立的专门机构出面担保，当外国债务人拒绝付款时，这个国家机构即按照承保的数额予以补偿的一种制度。出口信贷国家担保的承保范围主要有两类。

一是政治风险，包括由于进口国国内发生的政变、战争、革命、暴乱以及出于政治原因而实行的禁运、冻结资金、限制对外支付等给出口商或出口国银行带来的损失。这种风险的承保金额一般是合同金额的 85%～90%，有的国家，如美国甚至高达 100%。

二是经济风险，包括由于进口商或进口国银行破产倒闭、无理拒付，或由于汇率变动异常及通货膨胀等给出口商或出口国银行造成的损失。经济风险赔偿率一般为合同金额的 70%～85%。

除上述两种外，出口信贷保险可能还会包括一些专项保险险种。由于出口信贷国家担保是一种政策性的保险，目的是鼓励出口，因而各国的保险费率普遍较低，以减轻出口商和银行的负担。根据保险期限、保险金额、保险险种、输往国别的不同，保险费率也不相同。此外，各个国家的保险费率亦有差异，如英国一般为 0.25%～0.75%，而德国为 1%～1.5%。

中国自 20 世纪 90 年代以来就对出口信贷实行国家担保制。如 1996 年 7 月 19 日，中国人民保险公司与山东机械设备进出口集团公司就向印度尼西亚某公司出口水产冷冻成套设备提供出口卖方信贷保险并签署了合同。该笔出口业务金额为 800 万美元，采用延期 2 年付款方式，中国进出口银行为该项目提供出口卖方信贷，中国人民保险公司提供出口卖方信贷保险。

（二）出口补贴

出口补贴是本国政府为了鼓励和刺激本国商品出口，在出口商品时给予本国出口厂商以现金补贴或财政上的优惠政策措施，从而降低本国商品的出口成本和价格，提高本国商品的国际竞争力，最终达到扩大出口量的目的。由于出口补贴可以直接刺激本国商品扩大出口，因而被各国政府普遍使用。如欧盟是全球最大的出口补贴使用者，在 1995～1998 年，欧盟每年平均出口补贴支出高达 60 亿美元，其占全球出口补贴支出总额的 90%。美国也是全球主要出口补贴的使用者，其农业产品普遍得到政府价格支持补贴，是全球出口补贴的主要使用国家之一。美国和欧盟等 OECD 国家是全球出口补贴的主要使用国家，这些国家的出口补贴支出比例约占全球的 97%。

从形式来看，出口补贴的使用主要有两种方式。

一种是直接补贴，本国政府在商品出口时，直接给予出口厂商以现金补贴的方式，其目的是降低本国商品的国际价格，从而扩大本国商品的出口规模。如欧盟对农产品的补贴方式就是现金补贴方式，1994 年欧盟对农业行业的补贴高达 800 亿美元。

另一种则是间接补贴，被更为普遍地使用。间接补贴是指本国政府在某些商品出口时给予财政上的优惠政策措施，如退还或减免出口商品所缴纳的消费税、增值税等各种国内税，对进口原材料或半制成品加工出口给予暂时免税或退还已交纳的进口税，以及免征出口税或出口商品延期缴纳出口税，还有提供低息贷款、实行优惠汇率政策及对出口企业开拓国际市场给予补贴等政策措施。总之，间接出口补贴的目的是降低本国出口商品的成本，提高本国商品的国际竞争力，最终刺激和扩大本国商品的出口规模。

由于补贴种类繁多，而且出口补贴可能危害贸易中的竞争对手，给贸易国的产业或工人带来潜在的损失，《反补贴协议》将出口补贴分为三种主要类型：①禁止性补贴；②可申诉补贴；③不可申诉补贴。

尽管出口补贴政策可能会被贸易成员方征收反补贴税以削弱这种出口补贴行为给进口贸易成员方带来的损害或损害威胁，从而也导致出口补贴的政策效率下降，但是各国政府仍然以或明或暗的方式对本国产品提供种类繁多的出口补贴行为，以达到提高出口商品的国际竞争能力，最终扩大出口量的目的。出现这种现象的原因主要有两个方面。

一是出口国出于自身经济与贸易发展的目的，需要大力刺激本国商品出口，带动国内经济与贸易发展，不会把成员方的反补贴措施作为主要考虑目的。

二是即使成员方对出口国的出口补贴行为征收反补贴税，但这种反补贴最终得以实施需要很长一段时期，而这段时期里出口补贴政策可以刺激本国商品的出口规模。

总之，出口补贴政策被各国政府普遍使用，涉的商品种类包括农产品、工业半成品及其制成品，几乎覆盖所有的商品种类，是一种被普遍使用的出口鼓励措施。

（三）商品倾销

商品倾销也是一国企业经常使用的一种扩大出口的贸易方式，是指一国企业以低于正常价格在国外市场抛售商品，从而达到打击竞争对手、占领国外市场和扩大出口的目的。倾销意味着商品的国外市场价格低于正常价格，正常价格一般理解为正常的市场经济秩序下的国内市场价格或商品的生成成本。商品倾销一般会给进口国的同类产品或同类具有竞争关系的商品带来伤害，因而有可能会受到进口国政府的反倾销措施抵制。商品倾销按照类型一般分为三种。

1. 偶然性倾销

偶然性倾销是为了防止商品大量积压危及生产经营运转，在短期内向国外市场大量低价抛售商品。这种倾销行为对进口国工业的不利影响是暂时的，而本国消费者能得到低价商品的好处，因而企业一般不会被征收反倾销税。

2. 掠夺性倾销

掠夺性倾销是出口企业一贯以低于国内市场甚至低于生产成本的价格在国外市场上销售商品，打击竞争对手，形成市场垄断的行为；待击败大部分竞争对手后，利用其形成的垄断力量提高价格，获取超额的垄断利润。这种倾销行为不仅伤害进口国的生产厂商，还最终会伤害进口国的消费者，违反公平贸易原则，普遍受到各国反倾销措施的抵制。

3. 持续性倾销又称长期倾销

持续性倾销又称长期倾销，是指企业为实现规模经济效应而大规模生产，一方面维持国内价格稳定，而另一方面在海外市场长期维持低价格销售的目的。这种类型的倾销行为对进口国的工业伤害是一次性的，而进口国消费者不断得到低价销售的好处，因而不应当受到反倾销措施的抵制。

总之，不论是哪种类型的倾销行为，对外实行低价格的商品倾销可以提高本国产品的国际竞争力，从而扩大本国的出口规模。倾销是各国出口企业普遍使用的一种有效方式，但这种方式有可能对进口国的工业造成损害，也因此各国会利用反倾销措施进行抵制，以达到保护本国的进口工业不受或免受损害，从而使商品倾销行为受到一定的抑制。

（四）外汇倾销

外汇倾销是指本国企业利用本国货币对外贬值的机会，降低本国商品用外国货币表示的价格，从而达到扩大本国出口商品的行为。外汇倾销一方面可以刺激本国商品出口，另一方面又可以抑制外国商品进口，具有改善本国国际收支不平衡的目的。

在本国经济与贸易发展不利的情形下，一些国家一般采用本国货币对外贬值即外汇倾销的手段来刺激本国出口贸易规模的扩大，从而通过出口贸易的扩大带动经济增长。这是因为本国货币对外贬值后，出口商品用外国货币表示的价格会降低，故而提高本国商品的国际竞争力，从而达到扩大出口的目的。如被称为"安倍经济学"⊖的"三支利箭"之一的日元贬值政策，在"安倍经济学"的政策指导下日元兑美元大约贬值了20%。日本财务省的统计数据显示，2013 年 5 月在日元贬值的刺激下，日本的出口贸易总额为 5.77 万亿日元，同比增长了 10%，远高于 4 月出口增长的 3.8%，这是 2010 年以来最高月出口增长率。同时，进口增长率大致平稳，5 月进口增长 10.1%，略高于 4 月进口增长的 9.5%。数据表明，"安倍经济学"的日元贬值效应已见成效。

⊖ 安倍经济学是日本前首相安倍晋三 2012 年年底上台后加速实施的一系列刺激经济政策，主要内容为货币宽松、日元贬值，推高通胀率；政府发债，大规模增加政府财政支出；日本产业和经济结构的改革，激活民间经济发展。这"三支利箭"的经济政策被称为"安倍经济学"。

尽管外汇倾销具有扩大出口贸易的潜力，但是外汇倾销也不能无限制和无条件地实行，只有具备以下几个条件，外汇倾销才可以起到扩大出口的作用。

1. 本国货币贬值的速度要高于本国物价上涨的幅度

一般来讲，对外货币贬值不仅会导致出口商品的国内价格上涨，还会导致进口商品的国内价格上涨，如果货币贬值导致国内物价上涨幅度超过货币贬值幅度，出口商品的国外价格甚至会超过贬值前的价格水平，反而导致出口商品以外币表示的价格上升，进而导致最终的出口规模下降。所以，外汇倾销会受到国内物价水平上升的影响。

2. 其他国家不实行同等程度的货币贬值

当一国实行货币对外贬值时，如果其他国家也实行同等程度的货币贬值，这就导致两国货币之间的汇率不变，从而使出口商品的外币表示价格不变，以致通过外汇倾销扩大本国商品出口的目的不能实现。

3. 其他国家不同时采取另外的报复性措施

如果外国采取提高关税等报复性措施，那也会提高出口商品在国外市场上的价格，从而抵消外汇倾销的作用。

4. 本国出口的供给能力和外国对出口商品的需求弹性

当一国的货币贬值时，受到当前贸易合约的影响，本国出口规模一开始会呈现下降的趋势；只有本国出口商品具有较高的出口供给弹性和外国对本国出口商品具有较高的进口需求弹性时，经过一段时间，在外汇贬值效应的推动下，本国的出口规模才会开始上升，这是国际贸易中著名的"J曲线效应"。

5. 外汇贬值不会引起本国外资的大量抽逃

本国货币贬值会导致外国投资者在本国资产以外币计价的会计账户产生损失，如果本国货币贬值幅度过大，则导致外资规模大幅度流出，从而引发本国经济与金融危机的风险，这也是本国外汇贬值幅度受到抑制的重要因素。

由于受到1997年亚洲金融危机的影响，脆弱的俄罗斯货币卢布遭受国内高通货膨胀和高外资债务的多重拖累，1998年5～6月卢布兑美元汇率贬值了50%，美元兑换卢布比例由1:6.3扩大到1:9.5。由于俄罗斯卢布大幅度的贬值效应，大约有150亿美元资金从俄罗斯流出，尽管此时俄罗斯国债利率提升了30%，卢布大幅度贬值导致的外资流出仍然迅猛，俄罗斯股市也暴跌了30%。危机爆发后，俄罗斯经济受到严重冲击，当年GDP下降2.5%，工业生产下降3%，粮食产量下降2 400万吨，物价急剧上涨，人民生活水平下降。俄罗斯外汇储备损失惨重，卢布失守蛇形浮动汇率制度，卢布的大幅度贬值导致俄罗斯外债偿本付息压力更大，再考虑到国债利率的疯狂上升，俄罗斯政府的借贷成本之高令人难以想象。由此可见，一国货币贬值空间有限，否则大幅度贬值将引发外资抽逃，股市暴跌，经济严重衰退。

（五）经济特区政策

为了刺激和扩大出口贸易，各国还会普遍实行经济特区政策，经济特区常见的政策之一就是特区企业可以享受各种地区税收优惠和出口贸易便利化等政策支持，从而扶持特区的经济与出口贸易增长。经济特区的主要形式有出口加工区、自由贸易区、工业自由区、对外开放区等，在此主要介绍出口加工区和自由贸易区。

1. 出口加工区

出口加工区是一个国家为了充分利用外资，发展出口导向工业，扩大对外贸易，开拓国际市场，专为制造、加工、装配出口商品而开辟的特殊区域，并提供多种方便和给予关税等优惠待遇。例如，特区企业生产的产品可免税或减税出口；企业有较低的国内捐税，并规定投产后在一定年限内完全免征或减征；所获利润可自由汇出国外；向企业提供完善的基础设施，以及收费低廉的水、电及仓库设施等。

世界上第一个出口加工区是 1956 年建于爱尔兰的香农国际机场，而中国台湾高雄在 20 世纪 60 年代也建立了出口加工区。中国在 20 世纪 80 年代实行改革开放政策后，一些城市开始兴建出口加工区，如深圳出口加工区、昆山出口加工区、成都出口加工区等。这些出口加工区都取得了显著效果，刺激了特区经济与出口贸易快速增长。

2. 自由贸易区

自由贸易区有两个具有本质差异的概念，一个是境外国家间的自由贸易区（Free Trade Area），另外一个是境内的自由贸易区（Free Trade Zone），在此主要介绍后一种自由贸易区。

一国境内的自由贸易区是指其关境外的一小块区域，是单个主权国家（地区）的行为，一般需要进行围网隔离，且对境外入区货物的关税实施免税或保税，并以优惠税收和海关特殊监管政策为主要手段，以贸易自由化、便利化为主要目的的多功能经济性特区。目前在许多国家境内单独建立的自由港、自由贸易区都属于这种类型，如德国汉堡自由港、巴拿马科隆自由贸易区等。中国自 2013 年 8 月 22 日正式批准设立自由贸易试验区以来，相继建立了上海、广东、天津等 21 个地方自由贸易试验区。总之，世界上多数自由贸易区通常都具有进出口贸易、转口贸易、仓储、加工、金融等多种功能，这些功能综合起来就会大大提高自由贸易区的运行效率和抗风险能力。

二、出口管制措施

出口管制是一国政府通过一系列审查和限制手段，以直接或间接的方式防止本国限定的商品和技术通过各种途径流通或扩散至某些目标国家，从而实现本国的安全、外交和经济等综合利益的行为。随着全球经济和技术，甚至包括安全问题，越来越复杂和深化，各国对本国商品和技术管制的范围广泛并且越来越频繁，以维护国家长远的经济和安全等利益。因此，出口国通过制定出口的规章和法律条例，控制出口商品和技术的出口范围与出口国别，以维护自身的政治、经济、军事和外交政策等综合利益。

（一）出口管制的类型

随着经济和技术日益复杂，一国政府出于政治、军事安全和经济发展等综合利益的目的，对商品和技术进行出口管制的范围日益扩大，从现有商品和技术管制的类型来看，一般分为以下几种类型。

1. 战略物资和先进的核心技术

战略物资和先进的核心技术如军事设备、武器、通信设备、计算机及其半导体、芯片等。一国政府对这类商品进行管制，不仅有从"国家安全"和军事防务方面的考量，也有对在国际经济与贸易中保持持续领先的竞争优势的考量。

2. 国内生产和生活紧缺的物质

对国内生产和生活紧缺的物质进行出口管制，目的是保证国内生产和生活需要，抑制国内该商品价格上涨，稳定国内市场。如各国往往对重要的农产品、石油、天然气等商品实行出口管制。

3. 历史文物和艺术珍品

出于保护本国文化艺术遗产和弘扬民族精神的需要而会对历史文物和艺术珍品采取出口管制措施。

4. 本国在国际市场上占主导地位的重要商品和出口额大的商品

由于一些商品出口地非常集中，且出口额度较大，在国际市场上占有主要价格主导权，因此对这类商品进行出口管制，不仅可以稳定该类商品的国际市场价格，还可以维持较高的经济利润。如欧佩克对各成员方的石油产量和出口量进行控制，以维护国际市场石油价格和经济利润的稳定。

（二）出口管制的形式

出口管制主要有以下两种形式。

1. 单边出口管制

单边出口管制是指一国根据本国的出口管制法律，设立专门的执行机构，对本国某些商品的出口进行审批和发放许可证。单边出口管制完全由一国自主决定，不对他国承担义务与责任。如美国国会 1949 年就通过了《出口管制法》，出于政治和经济目的的需要，对某些国家重要的、紧缺的原材料或初级产品进行出口禁运。

2. 多边出口管制

多边出口管制是指几个国家的政府，通过一定的方式建立国际性的多边出口管制机构，商讨和编制多边出口管制的清单，规定出口管制的办法，以协调彼此的出口管制政策与措施，达到共同的政治与经济目的。如 1949 年 11 月由欧美等主要发达国家成立的"巴黎统筹委员会"就是一个多边出口管制，其目的是对社会主义阵营国家实行出口管制，遏制社会主义国家的发展，防止重要的战略物资和技术出口。冷战结束后，"巴黎统筹委员会"解散，原成员方于 1996 年 7 月签署了《瓦瑟纳尔协定》，该组织对出口管制相对松散，没有特别的法律约束力，即使某个成员方违反了规则也没有惩罚措施。《瓦瑟纳尔协定》特别重视的限制对象是朝鲜、伊朗、伊拉克和利比亚 4 国，2004 年之后，随着形势发展，取消了对伊拉克和叙利亚的出口管制。

（三）出口管制的措施

一国控制出口的方式有很多种，例如可以采用出口商品的国家专营、征收高额的出口关税、实行出口配额等，但是出口管制最常见和最有效的手段是运用出口许可证制度。

出口许可证分为一般许可证和特殊许可证。一般许可证又称普通许可证，这种许可证的取得相对容易，出口商无须向相关政府部门申请，只需在出口报单上填写出口许可证编号，海关审核后即可。特殊许可证则属于特种许可的商品范围，必须向本国有关部门申请许可证书，获得批准后方能出口，如没有获批就属于禁运范围。

总之，出口管制是国家全面管理本国对外贸易的一种经济手段，也是对外实行差别待遇和歧视政策的政治工具。20 世纪 70 年代以来，各国的出口管制有所放松，出口管制的政治倾向也有所减弱，但它仍作为一种重要的经济手段和政治工具而存在。

三、贸易救济措施

（一）贸易救济措施是 WTO 框架下一项重要的贸易法律制度

贸易救济措施是国际经济与贸易往来中被各国政府广泛使用的贸易政策措施之一，它是指一国参与国际经济与贸易业务的过程中，因进口产品的进入造成或可能造成国内产业的损害而采取相应的消除损害或损害威胁的手段。在一国对外贸易经济过程中，它是一国维护自身经济利益的贸易保护形式，是 WTO 框架下一项重要的贸易法律制度，并被各成员方在全球贸易过程中广泛使用。

（二）贸易救济措施可以分为狭义、广义两种

从理论上来讲，贸易救济措施可以分为狭义的贸易救济措施、广义的贸易救济措施两种。

狭义的贸易救济措施包括反补贴措施、反倾销措施和保障措施。当外国的出口产品在本国内进行倾销、违规补贴或者大量增长，这些出口行为给进口国的产业带来损害时，为维护贸易秩序，保护国内生产和就业，进口国根据贸易相关法规管理采取反倾销、发补贴、特别保障等措施，以此来维护公平贸易。

广义的贸易救济措施则是指 WTO 各成员方的相关贸易管理部门为维护贸易平衡、保障贸易合理秩序、维护贸易相关各方的合法权益而采取的一切行为，包括立法、行政和司法行为，以消除一国遭遇他国进口产品的不利影响，维护贸易公平、公正，能够让

全球贸易在一个相对自由和公平的环境中不断扩展和壮大，同时让各成员方能够通过贸易获得相应的经济利益。

（三）一些国家运用贸易救济措施来保护国内产业

由于贸易救济措施涉及一国的贸易政策非常广泛，很多文献研究大多研究狭义的贸易救济措施，而狭义的贸易救济措施则是 WTO 规则允许下的维护公平贸易和正常的竞争秩序，保护国内市场的政策工具，在进口产品倾销、补贴或者过激增长给国内产业造成伤害的情形下，各成员方可以使用反倾销、反补贴和保障措施等救济措施，以抵消国内产业因不公平进口行为或过量进口带来的不利冲击。

反倾销和反补贴措施是针对价格歧视产生的不公平贸易行为，保障措施则是针对进口量激增带来的损害情形，征收惩罚性关税或配额限制措施。贸易救济措施很容易得到进口国贸易保护主义者的支持，因而很多国家运用贸易救济措施来保护国内产业。如中国 2001 年加入 WTO 以来，由于比较优势导致出口量急速增加，经常受到很多国家的贸易救济措施抵制。其中，美国对中国贸易救济措施由 2010 年的 4 项上升到 2012 年的 14 项，受 2008 年金融危机的影响，美国对中国的贸易救济措施有所抬头。一些国家追随美国对中国的出口产品采取贸易救济措施以实施贸易保护，如 2009 年美国对中国汽车零部件发起特别保障措施后，印度、巴西、菲律宾、泰国、俄罗斯、土耳其等国纷纷效仿美国，对中国汽车零部件实施贸易保障措施或者特别保障调查。因此，对于中国这样的发展中国家来讲，一定要运用相关贸易规章制度维护自身的合法权益，以免受到贸易救济措施的规则带来不利影响。

（四）必须提高贸易救济措施的透明度

贸易救济措施是一项维护公平贸易和合理竞争秩序的手段，但是可能会被进口国的贸易保护主义者滥用，从而使全球自由贸易受到伤害，也不利于全球经济与贸易的发展，因此提高贸易救济措施的透明度要求显得非常重要。提高贸易救济措施的透明度要求需要公开贸易救济措施的程序和步骤、贸易救济调查得出的结论、做出裁决的依据和合理逻辑推理过程，还包括各成员方的贸易救济措施相关法律的公开，从而使贸易救济措施实施具有较高的透明度，确保贸易救济措施被公正、合理且客观地使用，使全球贸易能够公平、公正、自由地开展，使各方真正实现互惠互利。

四、贸易制裁措施

（一）贸易制裁的类型

贸易制裁（Trade Sanction）是一个国家或国际组织，为了维护自身或全球经济贸易利益和民主法制制度，对某一国家采取限制或剥夺其贸易权益的行为和措施。贸易制裁措施一般有以下四种类型：

（1）对被制裁国采取停止经济援助及经济合作，限制或停止外汇兑换，对其在国际金融市场上的业务活动加以排斥，干扰其国内金融市场的运行等一系列财政金融方面的制裁措施。

（2）对被制裁国中止经济、贸易条约和协定，停止提供最惠国待遇等。

（3）对被制裁国部分或全部停止进出口贸易，以及实施封锁贸易港口等贸易方面的制裁措施。

（4）对被制裁国的国外资产实施管制的措施，包括扣压和冻结其国有资产、私有财产以及没收国有或私有财产等。

（二）贸易制裁是经济制裁的一个组成部分

贸易制裁一般是经济制裁的一个组成部分，这种经济制裁主要出于对某些国家的战争入侵他国行为、国内的独裁或暴君残酷统治行为，以及发展核武器或生化武器等危害全球安全等行为，而采取的一种经济和贸易制裁措施，以削弱和阻止这些行为危害全球共同安全和民主法制制度，从而为全球政治安全和民主法制制度提供保障与支持。从现有发展趋势来看，对上述这些行为进行军事打击的代价非常高昂，高精密武器对平民的伤害达到前所未有的程度。当残酷的军事打击的图片传遍世界各地时，实施国面临的国际社会谴责与压力越来越大，这就使得实施国在道义上首先输掉一着。因此，相对于军事打击，经济和贸易制裁措施就会成为一种更合乎道义的措施，既有对某些国家暴君残酷统治行为等的强烈不满，也有维护全球安全和民众合理权利的呼吁和保障，符合全球社会发展态势。

（三）美国是动用经济和贸易制最为频繁的国家

在国际经济往来中，经济和贸易制裁相对频繁，其中美国是动用这两种手段最为频繁的国家。据国际经济研究所统计，1945年以来，大约2/3的制裁都有美国参与。冷战结束消除了各国之间的激烈对立和频繁战争行为，因此经济和贸易制裁出现的频率急剧增加。据国际经济研究所统计，冷战期间，联合国安理会仅仅实施了2次经济和贸易方面的制裁措施，但20世纪90年代以来，安理会共发生了50余次经济和贸易制裁事件，比前一个10年增加了67%。随着经济和贸易经济制裁的频繁使用，有关经济和贸易制裁成功率的研究也大量呈现，赫夫鲍尔（Hufbauer，1991）等的研究结果显示，1914～1990年，美国实施了114次经济与贸易制裁，成功率只有35%；如果统计期间调整为1970～1990年，成功率下降为26%，霍夫曼（Hofmann）、莫里（Malloy）等人研究的结果也是类似的，即经济与贸易制裁的最终成功率不是很高，而且处于不断下降中。

（四）研究结果表明经济和贸易制裁的效果不是很理想

研究结果表明经济和贸易制裁的效果不是很理想。在很多情况下，一方面被制裁国家只是迫于制裁的经济压力，稍微改变了国内一些不适当的政策，其面临的政治和经济压力就会大大削弱；另一方面则是实施制裁国家也会因为实施相关的经济和贸易制裁措施而蒙受经济损失。如 20 世纪 90 年代初期美国对伊拉克的贸易禁运最后以伤害美国经济和伊拉克政府政策的微小变动而结束，当美国石油公司撤出伊拉克时，法国石油公司乘虚而入，与伊拉克签订了利润丰厚的协定。即使是联合多个国家的多边经济和贸易制裁，也由于联盟实施制裁国家的政治和经济利益不一致，最终出现瓦解。因此，经济和贸易制裁在维护全球安全和民主法制制度方面，其作用和成功效果也是相对有限的，但相对于军事打击和"无所作为"，经济和贸易制裁措施仍然是一种有效的"经济"手段，它在很长一段时期内会一直存在，是维护全球合理政治生态的一种必要工具。

⚠ 关键术语

关税	从量税	从价税	进口附加税
特惠关税	差价税	普通优惠制关税	关税结构
有效保护率	非关税壁垒	进口配额	绝对配额
关税配额	"自愿"出口限额	出口鼓励措施	出口信贷
商品倾销	出口管制	贸易制裁	进口许可证制度
歧视性政府采购政策	倾销	反倾销	保障措施壁垒
社会责任壁垒	技术性贸易壁垒	绿色壁垒	

🕐 习题与思考

1. 什么是关税？关税具有怎样的特征和意义？
2. 试用一般均衡分析方法说明当对一贸易小国征收进口关税时，对该国生产者、消费者、贸易商、政府及整体福利水平的影响。
3. 工业发达国家采用的关税结构有何特点？发展中国家能不能采用相同的关税结构呢？为什么？
4. 简述非关税壁垒的含义及特点。
5. 请问一国出口补贴政策措施有几种方式？
6. 请问什么是贸易制裁措施，它包括哪几项内容？
7. 反倾销税适用条件及实施手段分别是什么？
8. 反补贴的主要内容是什么？
9. 技术性贸易壁垒的主要内容是什么？
10. 保障措施实施的前提条件是什么？

11. 绿色贸易壁垒的主要内容是什么？

12. 为什么要实施环境成本内在化？

延伸阅读 4-1

美国的"出口倍增计划"

由于受到 2008 年金融危机的严重影响，美国出现了经济下滑和失业率不断攀升等现象，金融危机不仅重创了美国的国内经济，还严重地影响美国的出口贸易规模。在这种背景下，2010 年 3 月美国总统奥巴马在国情咨文中提出了出口目标，正式宣布国家出口倡议即国家"出口倍增计划"。根据美国出口倍增计划，美国在未来 5 年内实现出口规模翻倍，即美国出口额由 2010 年的 1.5 万亿美元增加到 2014 年的 3 万亿美元。根据美国国会的预测，如果美国出口倍增计划最终获得成功，将会给美国带来 200 万个就业岗位，美国经济也会快速恢复增长。

为了推动美国出口倍增计划顺利实施，美国政府成立了"出口促进内阁"，同时加大出口宣传力度，扩大中小企业的出口规模。该"计划"主要实施的重点为：一是"再工业化"，提升制造业的出口能力；二是帮助美国中小企业扩大对外出口，增强其国际竞争力；三是政府将通过金融和宣传等措施，帮助美国企业锁定、建立和赢得新兴市场；四是扩大双边与多边贸易谈判，减少贸易壁垒。

为了扩大美国的出口规模，美国出口倍增计划的具体政策措施主要体现在以下几个方面。

（1）加强出口信贷扶持政策。加强对出口信贷的金融支持和对美国进出口银行海外投资公司政策的支持，其中美国进出口银行是美国官方出口信贷机构，帮助和扶持美国企业拓展海外市场并为其提供资本担保，以及出口信贷保险、贷款担保和直接贷款等贸易融资，扩张美国对发展中国家出口的市场规模。

（2）增加联邦对出口企业的支持力度。美国联邦政府增加资金支持美国农场主和中小企业扩大出口规模。

（3）实施弱势美元地位。金融危机后，美国通过出口倍增计划带动国内经济快速恢复增长，通过维持美元的弱势地位有利于扩大美国对世界其他国家的出口规模。根据美国对外经济实践来看，美元汇率如果升值 1%，美国出口规模就会损失 200 亿～250 亿美元，因而强势的美元地位不符合美国现时期的经济政策。美国当时的经济形势决定了美元的弱势地位是符合美国经济与贸易发展形势的，美元适当贬值有利于扩大自身的出口规模。

从美国实施"出口倍增计划"的结果来看，2010 年美国出口增长率为 16.87%，2011 年美国出口增长率为 14.55%，而 2012 年和 2013 年出口增长率仅为 3% 左右，2014 年美国最终的出口额为 2.35 万亿美元。从这些实际统计数据来看，美国的出口倍增计划尽管初期效果比较明显，但后期出口速度迅速下降，出口规模也未能实现翻倍。尽管美国出口倍增计划促进出口规模翻倍未能成功，但是这一计划促进就业的效果明显，2009～2013 年，美国出口带动就业达到了 160 万个就业岗位，2014 年美国出口也带动了超过 200 万个就业岗位。

美国出口倍增计划不仅带动就业明显，还在一定程度上带动了美国人均收入水平的提高。总之，美国出口倍增计划并没有完全实现其政策的目标，但是显著地推动了就业增长以及带动了人均收入水平的提高，出口规模虽未翻倍，还是体现了一定程度的出口增长，从这些经济效果来看，美国出口倍增计划方案还是值得肯定的。美国出口倍增计划未能实现出口翻倍的部分原因可能是，推动美国经济增长的"三驾马车"中最重要的两项是消费和投资，出口贸易并不是美国国内经济最重要的选项。

资料来源：左连村.美国出口倍增计划[J].国际商务财会，2014(10): 83-84.

延伸阅读 4-2

全球价值链下 TPP 原产地规则对中国的影响

原产地规则（Rules of Origins）是指为确定货物原产地所实施的法律法规以及行政规定，它明确了给予产品原产地的标准，是货物的"经济国籍"。

作为美国主导的自由贸易协定，《跨太平洋伙伴关系协定》（TPP）继承了《北美自由贸易协议》（NAFTA）的优惠性原产地规则性质。TPP 在原产货物、区域价值成分（Regional Value Content，RVC）、累积原则以及微量条款等核心条款的制定上与 NAFTA 一脉相承。尽管在一些规则的严格程度上与 NAFTA 有所差异，但 TPP 在理念上依然继承了由 NAFTA 创建的"美国模式"。确保自由贸易协定关税优惠收益被成员方获得，推动区域内价值链的整合，促进区域内的贸易投资和就业是 TPP 原产地规则的宗旨。

TPP 作为亚太地区大型的自由贸易协定，其原产地规则对中国经济的影响不言而喻。

第一，从贸易方面来说，原产地规则的严格程度对中国贸易量的影响重大。TPP 成员方与中国的贸易额占其贸易总额的比率普遍都在 10% 以上，和中国贸易关系最密切的澳大利亚与中国的贸易额占到其贸易总额的 29%。据统计，就中国出口来说，2014 年中国对 TPP 12 国的总出口额达到 8 355 亿美元；就中国进口来说，2014 年中国对 TPP 12 国的总进口额达到 5 998.9 亿美元，是中国对外贸易的重要组成部分。而 TPP 严苛的原产地规则，最大限度地保护生产要素在各成员方之间的流动，并以内部优惠关税刺激成员方之间的贸易联系，而中国作为亚太地区非成员方难免受到"贸易转移"的冲击。以纺织产品出口为例，目前越南从中国进口纱线和织物用来生产对美、日出口的服装产品。但是，TPP"纱后规则"要求一切原材料都必须来自成员方，这就导致越南为了获得 TPP 内部优惠，不得不放弃进口中国的纱线和织物，转而采用 TPP 成员方的纱线和织物，挤占中国出口份额，从而造成中国出口量的降低，也就是造成了贸易转移效用。

第二，从投资方面来说，TPP 原产地规则不仅影响了成员方投资的转移，同时也对中国对外投资产生了影响。一方面，产品原产地与关税优惠幅度直接联系，这促使美国、日本等发达成员方跨国公司将生产环节从中国等非成员方转移到越南、马来西亚等成员方甚至是本国，引致 TPP 成员方之间的投资创造效应，以及成员方与非成员方之间的投资转移效应。另一方面，TPP 原产地规则的设置主要是配合货物贸易的优惠关税的实施，并保障成员方享有 TPP 带来的福利，这就促使中国更多的直接投资流向成员方，促进中国的对外投资。

第三，从价值链重构方面来说，TPP 原产地规则的宗旨是确保自由贸易协定的收益完全由成员方获得，并通过整合区域内的价值链，将贸易、经济增长和就业留在成员方内部。TPP 的原产地规则通过设定不同形式的原产标准，旨在鼓励成员方将更多的生产环节、更完整的生产链条以及更多的价值增值选择在成员方内部实现。目前，中国处于全球价值链微笑曲线的底端部分，即从别国进口中间产品，承担加工和组装这一生产环节，最后以最终产品形式出口。然而，这种价值链地位导致中国成为 TPP 成员方诸多产品的原产地，从而使得该类产品无法享受 TPP 规定的相关优惠关税，由此造成 TPP 成员方福利受损。因此，TPP 成员方可能调整生产环节布局，选择合适的成员方代替中国发挥加工装配环节的作用，在 TPP 范围内形成完整的生产链条，这就导致了中国无法参与重构后的区域价值链。这不仅影响中国参与区域价值链的分工，同时也可能导致中国失去通过价值链曲线上端生产商的外溢效应实现价值链攀升的机会。

资料来源：金中夏，李良松.TPP 原产地规则对中国的影响及对策：基于全球价值链角度[J].国际金融研究，2014(12): 3-14.

第五章
CHAPTER 5

国际贸易方式

学习目标

- 掌握传统与现代贸易方式的区别
- 掌握外包的基本概念、基本理论
- 了解外包的类型、外包的风险、外包的发展趋势

随着国际贸易的发展，国际贸易交易方式日趋多样化，如经销与代理、寄售与展卖、招标投标与拍卖、期货贸易、对销贸易、加工贸易等。尤其是随着互联网信息技术的发展，更出现了一些新的交易模式，如跨境电商、外包等。在国际贸易经营中，一个成功的贸易实业家或工作者，除了要熟知进出口业务外，还要能灵活运用贸易方式，把买卖做活。

第一节 传统国际贸易方式

一、经销与代理

（一）经销

1. 经销的含义和性质

经销（Distribution）是国际贸易中一种常见的出口推销方式。出口商通过与国外客户订立经销协议，建立长期稳定的购销关系。这种方式可以有效地利用国外经销商的销售渠道推销商品，从而促进产品出口，巩固和扩大出口市场。

经销是采取卖断的做法，经销商自筹资金买入出口商提供的商品，出口商与经销商是买卖关系，经销商对其经销的商品自垫资金、自担风险和自负盈亏。

独家经销（Sole Distribution），也称包销（Exclusive Sales），是指经销商在协议规定的期限和地域内，对指定的商品享有"独家专营权"（Right of Exclusive Sales）。

2. 经销协议的内容

经销协议（Exclusive Sales Agreement）是指出口商与经销商签订的规定经销方式下双方权利和义务的书面文件，具有法律效力。经销协议的主要内容包括：

（1）经销商品的范围。

（2）经销地区和经销期限。

（3）专营权。

（4）经销数量和金额。

（5）经销的作价办法。

（6）其他义务。

3. 采用经销方式应注意的问题

与其他方式相比，经销方式的优点在于可以调动经销商的经营积极性，有力地拓展国外市场，扩大出口绩效，但也存在一定风险。如果经销方式运用不当，后果会适得其反。因此，采用经销方式出口须注意以下问题：

（1）慎重选择国外经销商。

（2）要注意订好经销协议。

（二）代理

1. 代理的含义与性质

代理（Agency）是指代理人（Agent）按照委托人（Principal）的授权，代表委托人同第三方签订合同或发生其他法律行为，而由此产生的国际贸易中的代理，是指委托人授权代理人向第三方招揽生意，代卖代买、签订合同或办理与交易有关的事务，由此产生的权利和义务直接对委托人发生效力。

委托人与代理人之间是委托代理关系而不是买卖关系，这一点与经销完全不同。代理关系是通过交易双方签订代理协议来确定的。

2. 代理的种类

在国际经营中，代理按照行业性质不同可分为销售代理、购货代理、运输代理、广告代理、诉讼代理、仲裁代理、银行代理和保险代理等。国际贸易中进出口双方之间的代理主要是销售或购货代理。根据委托人授权权限的大小，可将代理分为总代理、独家代理和一般代理三种。

（1）总代理。总代理（General Agent）是委托人的全权代表，在指定地区内，代表委托人从事销售活动和其他更为广泛的与商务有关的活动。

（2）独家代理。独家代理（Exclusive Agent or Sole Agent）是指委托人授予代理人在规定期限和规定地区内经销指定商品的专营权。委托人不得在以上范围内自行或通过其他代理人进行销售。

（3）一般代理。一般代理（Agent）也称佣金代理（Commission Agent），是指不享有独家代理专营权的代理商委托人可同时委托若干个代理人在同一地区推销相同商品。一般代理同独家代理的区别在于，一般代理的代理商不享有独家代理的专营权。在中国的出口业务中，较多地采用一般代理。

3. 代理的特点

代理人有推销代理商品的义务，并根据推销业绩享有收取佣金的权利，在委托人的授权范围内，代表委托人从事商业活动，而不以自己的名义与第三者签订合同；代理人通常运用委托人的资金从事业务活动，以获取佣金作为报酬，不承担交易是否成功的风险。

二、寄售与展卖

（一）寄售

1. 寄售的概念和性质

寄售（Consignment）是一种有别于通常的代理销售的贸易方式。它是指委托人（货主）先将货物运往寄售地，委托国外一个代销人（受托人），按照寄售协议规定的条件，由代销人代替货主进行销售，在货物出售后由代销人向货主结算货款的一种贸易做法。寄售是一种委托代售的贸易方式，也是国际贸易中习惯采用的做法之一。

在中国进出口业务中，寄售方式的运用并不普遍，但在某些商品的交易中，为促进成交和扩大出口的需要，也可灵活适当地运用寄售方式。

2. 寄售的特点

（1）寄售人先将货物运至目的市场（寄售地），然后经代销人在寄售地向当地买主销售。因此，它是典型的凭实物进行买卖的现货交易。

（2）寄售人与代销人之间是委托代售关系，而非买卖关系。代销人只能根据寄售人的指示处置货物。货物的所有权在寄售地被出售之前仍属寄售人。

（3）寄售货物在被售出之前，包括运输途中和到达寄售地后的一切费用与风险均由寄售人承担。寄售货物被装运出口后，在到达寄售地前也可使用出售货物的办法先行销售，即当货物尚在运输途中，如有条件即成交出售，出售不成则仍被运至原定目的地。

3. 寄售协议的主要内容

寄售协议是规定寄售人和代销人双方权利与义务以及寄售业务中有关问题的法律文件。该协议一般包括协议性质，寄售地区，寄售商品的名称、规格、数量、作价方法，佣金支付和货款收付，保险的责任和义务等。

4. 采取寄售方式时应注意的问题

（1）选好代售人。

（2）订好寄售协议。

（3）寄售货物的数量不宜过多，金额不宜过大。

（4）在国外市场上畅销或比较畅销的货物，不宜采用寄售方式，避免加大费用和影响货物的正常销售。

（二）展卖

1. 展卖的定义

展卖（Fairs and Sales）是指在本国举办和参加国外举办的各种国际性博览会或集市，集中一段时间进行进出口贸易。

2. 展卖的分类

在国外举行的展卖业务按其买卖方式可分为两种：通过签约的方式将货物卖给国外客户；由客户在国外举办展览会或博览会，货款在展卖后结算。由货主与国外客户合作，在展卖时货物所有权仍属货主，并由货主决定价格；货物出售后，国外客户收取一定的佣金或手续费作为补偿；展卖结束后，未售出的货物折价处理或转为寄售。

3. 展卖的特点及优越性

展卖是指将出口商品的展览和销售有机地结合起来，边展边销，以销为主，其优越性主要表现在下列几个方面：

（1）有利于宣传出口产品，扩大影响，招揽潜在买主，促进交易。

（2）有利于建立和发展客户关系，扩大销售地区和范围。

（3）有利于开展市场调研，听取消费者的意见，改进商品质量，增强出口竞争力。

（4）在进行商品购销的同时，展示各参展商的经济成就的全貌和交流经济信息。

4. 开展展卖业务应注意的问题

（1）选择适当的展卖商品。

（2）选择好合作客户。

（3）选择合适的展卖地点。

（4）选择适当的展卖时机。

5. 展卖的基本形式

（1）国际博览会。国际博览会又称国际集市，是定期聚集在同一地点，在一年中的一定时候和规定的期限内，由一国或多国联合组办的，有众多国家、厂商参加的展销结合的市场。它不仅促进了买卖双方的交易，便于双方签订贸易合同，发展业务联系，而且越来越多地作为产品介绍、广告宣传以及介绍新工艺、进行技术交流的重要方式。

国际博览会可分为两种形式：

①综合性国际博览会。它又称"水平型博览会"，即各种商品均可参展并洽谈交易的博览会。这种博览会的规模较大，产品齐全，且会期较长。

②专业性国际博览会。它又称"垂直型博览会"，是指仅限于某类专业性产品参加展览和交易的博览会，规模较小，会期较短。

（2）国际展览会。国际展览会不同于国际博览会，是不定期举行的，其目的是展示一个国家或不同的国家在生产、科学和技术领域中所取得的成就，促成会后交易。按展览会主办的方法，国际展览会可以分为：短期展览会、流动展览会、长期样品展览会、贸易中心和贸易周。

6. 国际博览会与国际展览会的发展概况

国际博览会和国际展览会发展的特点是：数量继续增加，展览面积扩大，专业化程度加强，机器和设备在展览会展品中的比重显著增加。

发达国家在举办国际博览会和国际展览会方面占有重要地位。仅德国、英国、美国、法国和意大利所举办的博览会与展览会就约占全部国际博览会和国际展览会的2/3。其中，占重要地位的是下列地方的博览会：德国的汉诺威、法兰克福、莱比锡，法国的巴黎、尼察、利尔、里昂、波尔多，奥地利的维也纳，比利时的布鲁塞尔，瑞典的哥德堡，意大利的帕多瓦、米兰、的里雅斯特，荷兰的乌得勒支，日本的东京，加拿大的温哥华，新西兰的惠灵顿，澳大利亚的悉尼。

随着发展中国家的经济发展，它们举办的国际博览会的作用有所增强。其中大型的地方举办的博览会有：叙利亚的大马士革、黎巴嫩的黎波里、加纳的阿克拉、印度的马德拉斯、摩洛哥的卡萨布兰卡、智利的圣地亚哥。

中、东欧国家组织的国际博览会主要集中在克罗地亚的萨格勒布、匈牙利的布达佩斯、波兰的波兹南、保加利亚的普罗夫迪夫等。

7. 中国境内外举办国际博览会与国际展览会情况

（1）在境内举办国际博览会与国际展览会。中国从1957年起在广州定期举办交易会。目前，中国大规模的交易会有广州的春季和秋季交易会、厦门的中国投资贸易洽谈会、哈尔滨的夏季交易会、上海的华东出口商品交易会和中国国际进口博览会等。

①中国出口商品交易会。中国出口商品交易会（Chinese Export Commodities Fair），又称"广州商品交易会"（Guangzhou Trade Fair），创办于1957年春，每年春秋两季在广州举办，由商务部和广东省人民政府联合主办，中国对外贸易中心承办，是中国目前

历史最长、规模最大、商品种类最全、到会采购商最多且分布国别地区最广、成交效果最好、信誉最佳的综合性国际贸易盛会。该会是中国各进出口公司在广州定期联合举办的、邀请国外客户参加的一种将展览与交易相结合的商品展销会。

②中国国际进口博览会。2017 年 5 月，中国国家主席习近平在"一带一路"国际合作高峰论坛上宣布，中国将从 2018 年起在上海举办中国国际进口博览会。主办单位为中华人民共和国商务部、上海市人民政府，合作单位有世界贸易组织、联合国开发计划署、联合国贸易和发展会议、联合国粮农组织、联合国工业发展组织、国际贸易中心等国际组织。

举办中国国际进口博览会是中国政府坚定支持贸易自由化和经济全球化、主动向世界开放市场的重大举措，有利于促进世界各国加强经贸交流合作，促进全球贸易和世界经济增长，推动开放型世界经济发展。

（2）在境外举办国际博览会与国际展览会。

①自行举办展卖会。中国在国外自行举办展卖会时，相关的广告宣传费，展品的运费、保险费，展出场地的租用费以及其他杂项费用，均应由主办方自行负担。展卖结束后，剩余的展品也由主办方自行处理。

②外商举办或与外商联合举办展卖会。支持外商在国外举办中国出口商品展卖会，或与外商联合举办中国出口商品展卖会，是中国出口商品在国外展卖所采取的两种主要方式。其中，前一种方式是中方将货物通过签约的方式卖断给外商，由外商在国外举办或参加展览会；后一种方式是由我方同外商合作，中方提供展品，在展卖时展品所有权仍属我方，展品的运输、保险、劳务以及其他费用一般由外商承担，展台租赁、设计、施工以及展出期间的宣传广告费用，也由外商承担，展卖的商品售出后，提供合作的外商可以从出售所得货款中得到一定的手续费作为报酬。

三、招标投标与拍卖

（一）招标和投标

1. 招标和投标的含义与应用

招标与投标是一种贸易方式的两个方面。它是指一种有组织的并按一定条件进行交易的贸易方式。

招标是指招标人（买方）发出招标通知，说明他采购的商品名称、规格、数量和其他条件，邀请投标人（卖方）在规定的时间、地点按照一定的程序进行投标的行为。

投标是指投标人（卖方）应招标人的邀请，按照招标的要求和条件，在规定的时间内向招标人递价（Bid），争取中标的行为。

2. 招标投标方式通常包括四个步骤

（1）招标人发出书面招标邀请（一般公开进行）。

（2）投标人应邀投标。

（3）招标人按规定时间开标并公开宣布中标人，事后招标人与中标人就业务中的某些问题进行洽商，即议标。

（4）双方签订合同，有时需要中标人缴纳履约保证金、银行保函或备用信用证。

3. 招标和投标的特点

招标和投标是一家购买（招标）多家竞卖（投标）的贸易方式，因而这种方式具有极强的竞争力，大宗产品采购使用这种方式，对招标人来说，通常可以得到非常优惠的商品价格。

投标人寄送的标书是书面形式的，对投标人具有约束力，标书具有不可撤销的性质。另外，招标文件中规定，在投标人投标前须进行资格预审，以确保投标人在各方面具备投标能力。资格预审主要是对投标人的经验、曾经完成类似的合同的成绩、财务状况、生产能力、经营作风等方面进行审查。尤其是在利用国际金融机构或国外政府贷款进行采购或工程承包时的招标投标业务中，资格预审必不可少。

（二）拍卖

1. 拍卖的概念和特点

拍卖（Auction）是一种具有悠久历史的交易方式，目前仍然被采用。国际商品拍卖是指经过专门组织的、在一定地点定期举行的现货市场。在这种市场上，通过公开竞购的方式，在事先规定的时间和专门指定的地点销售商品。这些商品预先经过买主验看，并且被卖给出价最高的买主。

2. 拍卖的环节

进入拍卖市场交易的商品大多具有不易标准化、易腐不耐贮存、生产厂家众多或需经过较多环节才能逐渐集中到中心市场等特点，如毛皮原毛、鬃毛、茶叶、烟草、蔬菜、水果、花卉、观赏鱼类、热带木材、牲畜（主要是马）。其中，拍卖方式是国际市场上销售毛皮、原毛、茶叶和烟草最重要的方式。

在拍卖交易中出售的商品具有单批的性质，它不能代替成批的、名称相同的商品。这是因为这些商品质量、外形、味道有所不同。因此，在拍卖前，买主须进行验看。事先验看是拍卖贸易的必要条件，因为在商品拍卖以后，无论是拍卖的举办人还是卖主，对商品的服务都不接受任何索赔（隐蔽缺点除外）。

一般来说，拍卖商品要经过准备、看货、出价成交和付款交货四个环节：

（1）拍卖行发出拍卖公告，公告包括拍卖主要商品的名称、拍卖时间和拍卖前买方看货地点。

（2）买方事先到仓库或货物储存地看货，并记下某些被看中货物的编号。

（3）拍卖行在预先规定的时间和地点将货物公开拍卖。

（4）出价最高的购买者获得货物的所有权，当场缴纳款项后便可将拍卖的货物取走。

3. 拍卖的出价方法有三种

（1）增价拍卖，又称英式拍卖，是最常用的一种拍卖方式，即在拍卖时进行激烈的叫价竞争，最后拍卖人把货物卖给出价最高的竞争者。

（2）减价拍卖，又称为荷兰式拍卖（Dutch Auction），即先由拍卖人喊出最高价，然后逐渐减低叫价，直到某一竞买者表示购买为止。

（3）密封递价拍卖，又称招标式拍卖，即先由拍卖人公布每批商品的具体情况和拍卖条件，然后由各买方在规定时间内将自己的出价密封后递交给拍卖人。拍卖人通过将各买方的递价进行全面分析和比较后，最后决定把货物卖给条件最适合的买主。

4. 拍卖的特点

与其他贸易方式不同，拍卖的特点明显，表现在一方通过拍卖方式出售货物，多家购买者竞相购买；拍卖的货物都是现货；口头报出欲购商品的价格（绝大多数）；拍卖的商品一般为大宗商品、易变质的商品、不易规定统一价格的商品及艺术品、纪念品等；拍卖业务由专业机构——拍卖行（拍卖公司）办理。

5. 拍卖的作用

对卖方来说可以通过公开竞买、看货出价的方法而卖得好价。而且由于它是现货交易且成交迅速，买方付款后提货，对卖方收取货款较为安全，也有利于为某些商品打开销售渠道进而扩大国外市场。对买方来说，则可根据市场情况和经营意图，按照自己愿出的价格标准购进符合自己需要的货物，而且是现货交易，有利于资金周转。拍卖的重要作用在于它能将商品的价值与即期供求结合起来，从而发现真实的价格。

6. 国际拍卖中心

进行拍卖的商品一般都有自己的拍卖中心。在全世界，毛皮和毛皮原料的国际拍卖每年进行150多次。水貂皮的主要拍卖中心是纽约、蒙特利尔、伦敦、哥本哈根、奥斯陆、斯德哥尔摩、圣彼得堡；羊羔皮的主要拍卖中心是伦敦和圣彼得堡；羊毛最重要的拍卖中心是伦敦、利物浦、开普敦、墨尔本和悉尼；茶叶的主要拍卖中心是伦敦、加尔各答、科伦坡、科钦；烟草的主要拍卖中心是纽约、阿姆斯特丹、不来梅、卢萨卡；花卉的主要拍卖中心是阿姆斯特丹；蔬菜和水果的主要拍卖中心是安特卫普和阿姆斯特丹；马匹的主要拍卖中心是多维尔、伦敦、莫斯科。可见，从世界范围看欧、美发达国家的拍卖市场规模较大。像苏富比和佳士得两家拍卖行业的巨头，每年的拍卖成交额均在20亿美元以上。目前，一些产品的拍卖中心有向产地转移的特点。例如，原毛的拍卖逐渐从伦敦转移到生产地点进行，茶叶拍卖的中心也从伦敦转移到茶叶产地进行。例如，印度通过加尔各答和科钦的拍卖，出售的茶叶占全国茶叶销售总量的70%，通过伦敦拍卖的只占30%。

四、期货贸易

（一）期货贸易的含义

期货贸易（Futures Trading）是以现货交易为基础，以远期合同交易为雏形而发展起来的一种高级的交易方式。它是指为转移市场价格波动风险，而对那些大批量均质商品所采取的，通过经纪人在商品交易所内，以公开竞争的形式进行期货合约的买卖形式。

（二）客户参与期货贸易的一般过程

（1）期货交易者在经纪公司办理开户手续，包括签署一份授权经纪公司代为买卖合同及缴付手续费的授权书，经纪公司获此授权后，就可根据该合同的条款，按照客户的指标办理期货的买卖。

（2）经纪人接到客户的订单后，立即用电话、电传或其他方法迅速通知经纪公司驻在交易所的代表。

（3）经纪公司交易代表将收到的订单打上时间图章，即送至交易大厅内的出市代表处。

（4）场内出市代表将客户的指令输入计算机进行交易。

（5）每一笔交易完成后，场内出市代表须将交易记录通知场外经纪人，并通知客户。

（6）当客户要求将期货合约平仓时，要立即通知经纪人，由经纪人用电话通知驻在交易所的交易代表，通过场内出市代表将该笔期货合约进行对冲，同时通过交易电脑进行清算，并由经纪人将对冲后的纯利或亏损报表寄给客户。

（7）如客户在短期内不平仓，一般在每天或每周按当天交易所结算的价格结算一次。如账面出现亏损，客户需要暂时补交亏损差额；如有账面盈余，即由经纪公司补交盈利差额给客户，直到客户平仓时，再结算实际盈亏额。

（三）期货贸易的特征

1. 合约标准化

期货交易是通过买卖期货合约进行的，而期货合约是标准化的。期货合约标准化指的是除价格外，期货合约的所有条款都是预先由期货交易所规定好的，具有标准化的特点。期货合约标准化给期货交易带来了极大便利，交易双方不需对交易的具体条款进行协商，节约交易时间，减少交易纠纷。

2. 交易集中化

期货交易必须在期货交易所内进行。期货交易所实行会员制，只有会员方能进场交易。那些处在场外的广大客户若想参与期货交易，只能委托期货经纪公司代理交易。所以，期货市场是一个高度组织化的市场，并且实行严格的管理制度，期货交易最终在期货交易所内集中完成。

3. 双向交易和对冲机制

双向交易，也就是期货交易者既可以买入期货合约作为期货交易的开端（称为买入建仓），也可以卖出期货合约作为交易的开端（称为卖出建仓），也就是通常所说的"买空卖空"。与双向交易的特点相联系的还有对冲机制，在期货交易中大多数交易并不是通过合约到期时进行实物交割来履行合约，而是通过与建仓时的交易方向相反的交易来解除履约责任。具体说就是买入建仓之后可以通过卖出相同合约的方式解除履约责任，卖出建仓后可以通过买入相同合约的方式解除履约责任。

期货交易的双向交易和对冲机制的特点，吸引了大量期货投机者参与交易，因为在期货市场上，投机者有双重的获利机会，期货价格上升时，可以低买高卖来获利，价格下降时，可以通过高卖低买来获利，并且投机者可以通过对冲机制免除进行实物交割的麻烦，投机者的参与大大增加了期货市场的流动性。

4. 杠杆机制

期货交易实行保证金制度，也就是说交易者在进行期货交易时只需缴纳少量的保证金，一般为成交合约价值的 5%～10%，就能完成数倍乃至数十倍的合约交易。期货交易的这种特点吸引了大量投机者参与期货交易。

期货交易具有的以少量资金就可以进行较大价值额的投资的特点，被形象地称为"杠杆机制"。期货交易的杠杆机制使期货交易具有高收益高风险的特点。

5. 每日无负债结算制度

每日无负债结算制度又称每日盯市制度，是指每日交易结束后，交易所按当日各合约结算价结算所有合约的盈亏、交易保证金及手续费、税金等费用，对应收应付的款项实行净额一次划转，相应增加或减少会员的结算准备金。经纪会员负责按同样的方法对客户进行结算。

（四）特殊功能

期货交易特有的套期保值功能、防止市场过度波动功能、节约商品流通费用功能以及促进公平竞争功能，尤其对于发展中国家日益活跃的商品流通体制具有重要意义。

五、对销贸易

（一）对销贸易的含义

对销贸易（Counter Trade）也称对等贸易、反向贸易或互抵贸易，一般认为这是一种以货物或劳务（包括工业产权和专有技术等无形财产）作为偿付货款手段的一种贸易方式。它把进口和出口结合起来，组成相互联系的整体交易，交易双方都有进有出，并求得各自的收支基本平衡。

（二）对销贸易的分类

对等贸易有多种形式，但基本形式有三种：易货贸易、互购和补偿贸易。

1. 易货贸易

传统的易货贸易（Barter Trade），一般是买卖双方各以等值的货物进行交换，不涉及货币的支付，也没有第三者介入，易货双方签订一份包括相互交换抵偿货物的合同，把有关事项加以确定。在国际贸易中，使用较多的是通过对开信用证的方式进行易货，即由交易双方先订易货合同，规定各自的出口商品均按约定价格以信用证方式付款。先开立的信用证以收到、认可对方开出的等值或基本等值的信用证为生效条件。另外，国家间签订的换货清算协定实际上也是扩大了的易货方式。根据协定规定，任何一方的进口或出口，由双方政府的指定银行将货值记账，在一定时期内互相抵冲结算，其差额有的规定结转下一年度，有的规定以现汇支付超过约定摆动额部分的差额。

易货贸易在国际贸易中一般表现为以下两种形式。

（1）直接易货。对于需要通过运输运送货物的交易方来说，由于这种易货形式一般要求进出口同时进行，因此，应用中存在困难。于是在实际业务中，就产生了一些变通的做法，最常见的即为通过对开信用证的方式进行易货贸易。在采用对开信用证进行易货时，交易双方先签订换货合同，双方商定彼此承诺在一定时间购买对方一定数量的货物，各自出口的商品按约定的货币计价，总金额一致或基本一致，货款通过开立对开信用证的方式进行结算，即双方都以对方为受益人，开立金额相等或基本相等的信用证。

由于交货时间的差异，双方开立信用证的时间也就有先有后，先进口开证的一方为了使对方也履行开证义务，一般都在信用证内规定该证以对方按规定开出信用证为生效条件，或规定该证的金额只能用来作为对方开立回头证之用，以此控制对方。

（2）综合易货。综合易货多用于两国之间根据记账或支付（清算）协定而进行的交易。由两国政府根据签订的支付协定，在双方银行互设账户，双方政府各自提出在一定时期（通常为一年）提供给对方的商品种类、进出口金额基本相等，经双方协商同意后签订易货协定书，然后根据协定书的有关规定，由各自的对外贸易专业公司签订具体的进出口合同，分别交货。商品出口后，由双方银行凭装运单证进行结汇并在对方国家在本行开立的账户进行记账，然后由银行按约定的期限结算。应注意的是，一定时期终了时，双方账户如果出现余额，只要不超过约定的幅度，即通常所说的"摆动额"，原则上顺差方不得要求对方用外汇支付，而只能以货物抵冲，即通过调整交货速度，或由逆差方增交货物予以平衡。

易货贸易的特点为：易货贸易在实际做法上比较灵活，例如：在交货时间上，可以进口与出口同时成交，也可以有先有后；在支付办法上，可用现汇支付，也可以通过账户记账，从账户上相互冲抵；在成交对象上，进口对象可以是一个人，而出口对象则是由进口人指定的另一个人等。

2. 互购

互购（Counter Purchase）又称"平行贸易"或"回购"，它是指交易双方互相购买对方的产品。互购贸易涉及使用两份既独立又相互联系的合同；交易双方先签订一份合同，约定由先进口国（往往是发展中国家）用现汇购买对方的货物（如机器、设备等），并由先出口国（通常是发达国家）在此合同中承诺在一定时期内买回头货；之后，双方还需签订一份合同，具体约定由先出口国用所得货款的一部分或全部从先进口国购买商定的回头货。互购不是单纯的以货换货，而是现汇交易，而且不要求等值交换。

3. 补偿贸易

（1）补偿贸易的定义。补偿贸易（Compensatory Trade）指在信贷基础上进行的，进口商进口机器设备，然后用引进的机器设备生产的产品或其他产品或劳务，分期偿还进口设备的价款及利息。

（2）补偿贸易的特点。

①补偿与信贷相结合。信贷是进行补偿贸易必不可少的前提条件。

②补偿与生产相结合。设备供应方必须同时承诺回购设备进口方的产品或劳务，这是构成补偿贸易的必备条件。

③进行补偿贸易，双方必须签订补偿贸易协议。

应当明确的是，在信贷基础上进行设备的进口并不一定构成补偿贸易，补偿贸易不仅要求设备供应方提供信贷，同时还要承诺回购对方的产品或劳务，以使对方用所得货款还贷款。这两个条件必须同时具备，缺一不可。

进行补偿贸易应注意以下问题：一要做好项目的可行性研究；二是要合理计算贷款的成本和安排偿还期；三是要正确处理补偿产品和正常出口的关系。

（3）补偿贸易的类型。按照偿付标的不同，补偿贸易大体上可分为三类。

①直接产品补偿。它是指双方在协议中约定，由设备供应方向设备进口方承诺购买一定数量或金额的由该设备直接生产出来的产品。这种做法的局限性在于，它要求生产出来的直接产品及其质量必须是对方所需要的，或者在国际市场上是可销的，否则不易为对方所接受。

②其他产品补偿。当所交易的设备本身并不生产物质产品，或设备所生产的直接产品非对方所需或在国际市场上不好销时，可由双方根据需要和可能进行协商，用回购其他产品来代替。

③劳务补偿。这种做法常见于同来料加工或来件装配相结合的中小型补偿贸易中。具体做法是：双方根据协议，往往由对方代为购进所需的技术、设备，货款由对方垫付。进口方按对方要求加工生产后，从应收的工缴费中分期扣还所欠款项。

上述三种做法还可结合使用，即进行综合补偿。有时，根据实际情况的需要，还可以部分用直接产品或其他产品或劳务补偿，部分用现汇支付等。

（4）开展补偿贸易应注意的问题。

①外商在获得补偿产品后，要注意其销售渠道和销售市场。如其销售渠道、市场范围、销售价格等与进口方的出口市场和销售渠道相一致，即会形成竞争。因此，要注意避开这些竞争。

②要注意国际市场风险，要防止出口方在国际市场上发生某些变化时，以各种借口拒收补偿产品，造成进口方偿还困难。

③要注意补偿产品的销售成本，有的外商获得补偿产品后，将这些产品委托贸易商代销，其增加的成本被分摊到引进技术、设备的成本中去，这将直接增加技术、设备的成本。

补偿贸易和加工贸易结合，通常称为"三来一补"。

六、加工贸易

（一）加工贸易的含义

加工贸易（Processing Trade）指的是通过各种不同的方式，进口原料、材料或零件，利用本国的生产能力和技术，加工成成品后再出口，从而获得以外汇体现的附加价值。加工贸易是以加工为特征的再出口业务，按照所承接的业务特点的不同，常见的加工贸易方式包括：进料加工、来料加工、装配业务和协作生产。

（二）加工贸易的分类

1. 进料加工

进料加工又叫以进养出，指用外汇购入国外的原材料、辅料，利用本国的技术、设备和劳力，加工成成品后，销往国外市场。这类业务中，经营的企业以买主的身份与国外签订购买原材料的合同，又以卖主的身份签订成品的出口合同。两份合同体现为两笔交易，它们都是以所有权转移为特征的货物买卖。进料加工贸易要注意所加工的成品在国际市场上要有销路。否则，进口原料外汇很难平衡，从这一点看进料加工要承担价格风险和成品的销售风险。

2. 来料加工

来料加工通常是指加工一方由国外另一方提供原料、辅料和包装材料，按照双方商定的质量、规格、款式加工为成品，交给对方，自己收取加工费。有的是全部由对方来料，有的是一部分由对方来料，一部分由加工方采用本国原料作为辅料。此外，有时对方只提出式样、规格等要求，而由加工方使用当地的原料、辅料进行加工生产。这种做法常被称为"来料加工"。

3. 装配业务

装配业务是指由一方提供装配所需设备、技术和有关元件、零件，由另一方装配为成品后交货。来料加工和来料装配业务包括两个贸易进程：一是进口原料，二是产品出口。但这两个过程是同一笔贸易的两个方面，而不是两笔交易。原材料的提供者和产品的接受者是同一家企业，交易双方不存在买卖关系，而是委托加工关系，加工一方赚取的是劳务费，因而这类贸易属于劳务贸易范畴。

4.协作生产

协作生产是指一方提供部分配件或主要部件，而由另一方利用本国生产的其他配件组装成一件产品出口。商标可由双方协商确定，既可用加工方的，也可用对方的。所供配件的价款可在货款中扣除。对于协作生产的产品，一般规定由对方销售全部或一部分，也可规定由第三方销售。

（三）中国加工贸易发展的基本特征

1.两头在外的特征

中国加工成品的全部或部分材料购自境外，而其加工成品又销往境外。

2.料件保税的特征

根据加工贸易"两头在外"的基本特征，中国现行的法规规定海关对进口料件实施保税监管，即对其进口料件实施海关监管下的暂缓缴纳各种进口税费的制度。料件的保税可以大大降低企业的运行成本，增加出口成品的竞争力，同时又对加工贸易保税料件监管提出较高的监管要求。料件保税是加工贸易的灵魂与核心，是区别于一般贸易的重要标志。

3.加工增值的特征

企业对外签订加工贸易合同的目的在于通过加工使进口料件增值，从而从中赚取差价或工缴费。加工增值是加工贸易得以发生的企业方面的根本动因。

第二节　跨境电子商务

一、跨境电子商务的基本概念

一直以来，跨境电商的外延边界存在很多争议，"什么算跨境电商，什么不算""哪些贸易金额应该纳入跨境电商统计"，都是困扰跨境电商政策监管部门、从业者和研究者的问题。

官方研究机构提出了关于"跨境电商"的广义概念，即生产和贸易企业通过电子商务手段将传统中的展示、洽谈和成交环节数字化、电子化，最终实现产品进出口的新型贸易方式。跨境贸易的各个环节都在经历电子化、数字化，从原来的电话、传真、EDI，到目前基于 WEB 的站点及移动互联网。环节可以涵盖从信息到交易，以及各类贸易流程服务。

部分学者和媒体总结出了狭义的概念，认为"跨境电商"是指电商平台上的跨境交易（买家和卖家跨越不同国家或地区的海关关境）。而众多网络零售平台则认为跨境电商是指通过互联网，突破传统外贸销售模式所受到的制约，将产品直接销售给全球商家或消费者。

事实上，对"跨境电商"理解的不同是由人群的差异造成的。实际上，跨境电商的参与者本身就有三类人群。这三类人群对跨境电商的理解是不同的。

一是传统贸易商、贸易工厂的业务人员，他们开展跨境电商的活动实际上就是贸易线上化，B2B 是主要模式。

二是零售电商卖家，他们只是认识到了电商零售的买家发生了地理变化（从国内到海外）。

三是平台与服务商，他们的活动实际上是利用互联网来优化甚至改变现有贸易服务环节。因此，跨境电商来源于原环节的电子化，基于电商平台交易的发展。从贸易属性来看，跨境电商参与者必须考虑跨境贸易中涉及的进出口流程、贸易和监管政策；从电商属性来说，跨境电商需要依托互联网技术下的电商平台，利用线上交易改变传统线下贸易环节。

二、跨境电子商务的种类

跨境电商按照不同的类型可以分为不同的模式。

（一）按照交易类型分类

按照交易类型可以将跨境电商模式分为：B2B（Business to Business）、B2C（Business to Customer）、C2C（Customer / Consumer to Customer / Consumer）。

其中，B2B 是企业对企业的商业模式，是指企业与企业之间通过专用网络或互联网，进行数据信息的交换、传递，开展交易活动的商业模式。它将企业内部网和企业的产品及服务，通过 B2B 网站或移动客户端与客户紧密结合起来，通过网络的快速反应，为客户提供更好的服务，从而促进企业的业务发展。

B2C 是企业对个人的商业模式，也就是通常说的直接面向消费者销售产品和服务的商业零售模式。

C2C 是个人与个人之间的商业模式。比如一个消费者有一台电脑，通过网络进行交易，把它出售给另一个消费者，此种交易类型就被称为 C2C 电子商务。

（二）按照经营主体分类

按照经营主体可以将跨境电商模式分为：平台型、自营型、混合型（平台 + 自营）。

其中，平台型模式，即通过邀请国内外商家入驻的模式来进行运营的。平台型跨境电商知名的主要包括阿里巴巴国际站、敦煌网、速卖通、eBay、Amazon、天猫国际等。自营型跨境电商平台主要包括兰亭集势、DX、米兰网、网易考拉、京东全球购、聚美优品、小红书等。

三、跨境电子商务在国际贸易中的作用和优势

由于传统贸易优势逐渐式微，外贸增速有所下滑，跨境电商对于稳定外贸愈发重要。

一方面，跨境电商中的 B2B 模式仍然是发展主流，特别是 B2B 相关的外贸综合服务，为中小企业提供通关、结汇、退税的一条龙在线服务，还提供金融、物流等增值服务，在当前中国制造丧失成本红利的形势下不断提升企业的服务竞争力。外贸综合服务也推动实现监管的"单一窗口"便利化，为中小企业"减负"。

另一方面，跨境 B2B 从信息走向交易，实现跨境贸易的真正互联网化。平台能基于在线交易产生的数据沉淀出全球中小企业数据库，让买家留在中国外贸的生态圈。跨境电商促进了国际贸易方式的变革，使得越来越多的企业和消费者能从中受益。

(一) 跨境电子商务为企业打造国际品牌提供了新机会

在互联网时代，品牌、口碑是企业竞争力的重要组成部分，也是赢得消费者青睐的关键因素。当前，中国许多企业的产品和服务质量、性能尽管很好，但不为境外消费者所知。而跨境电子商务能够有效打破渠道垄断，减少中间环节，节约交易成本，缩短交易时间，为中国企业创建品牌、提升品牌的知名度提供了有效的途径，尤其是给一些"小而美"的中小企业创造了新的发展空间，从而催生出更多的具有国际竞争力的"隐形冠军"。目前，中国已有 80% 的外贸企业开始运用电子商务开拓海外市场。

(二) 跨境电子商务是促进产业结构升级的新动力

跨境电子商务的发展，直接推动了物流配送、电子支付、电子认证、信息内容服务等现代服务业和相关电子信息制造业的发展。目前，中国电商平台企业已超过 5 000 家，一批知名电商平台企业、物流快递、第三方支付本土企业加快崛起。更加突出的是，跨境电子商务将会引发生产方式、产业组织方式的变革。面对多样化、多层次、个性化的境外消费者需求，企业必须以消费者为中心，加强合作创新，构建完善的服务体系，在提升产品制造工艺、质量的同时，加强研发设计、品牌销售，重构价值链和产业链，最大限度地促进资源优化配置。

(三) 跨境电子商务为政府提升对外开放水平提供了新抓手

发展跨境电子商务，既涉及商务、海关、检验检疫、财政、税务、质量监督、金融等多个部门，也涉及多领域的国际合作；既对政府的快速反应、创新、合作等能力提出

了新要求，也对政府传统的体制机制提出了新挑战。以跨境电子商务为抓手，推动政府各部门资源共享、高效运行、统一协作、创新服务，将对提升中国政府对外开放水平起到有力的推动作用。

四、中国跨境电商的发展现状

（一）中国跨境电商的发展历程

中国跨境电商的发展历程，大致可以分为以下四个阶段：

第一阶段，以线上信息服务、线下完成交易为主要商业模式，盈利来源于会员费、推广费，阿里巴巴、环球资源网等 B2B 平台是典型代表。

第二阶段，商业模式主要是摆脱纯信息黄页展示，实现在线交易平台，盈利来源于交易成功的佣金，以敦煌网、大龙网等在线交易网站以及兰亭集势、阿里速卖通等 B2C 出口平台为主要代表。

第三阶段，商业模式产生巨变，主要表现为大型工厂上线，B 类卖家成规模，中大额订单比例提升，大型服务商加入和移动用户量爆发。

第四阶段，商业模式可以提供跨境全产业链的一站式综合服务，盈利来源于物流货代、金融支付等增值服务，主要特征包括跨境电商 B2B 平台成熟、B2C 进口平台开始起步、B2C 出口平台已进入高速发展状态。

（二）中国跨境电商的发展状态

1. 交易规模

2014～2016 年在货物进出口贸易下降的趋势下，近年，中国国内电商巨头布局跨境电商行业、传统外贸企业集体向跨境电商转型，中国跨境电商呈现逆势发展的态势。从跨境电商交易额来看，2013 年中国跨境电商交易额为 3.15 万亿元，2019 年增至 10.50 万亿元，年均增速高达 25% 以上。从跨境电商交易规模占进出口总值比例来看，2013 年中国跨境电商交易规模占全国货物进出口总值的 12%，而 2019 年已上升至 33.29%。[⊖] 中国跨境电商作为贸易的新渠道，对国际贸易的影响越来越显著，已成为刺激中国外贸经济体复苏的重要商业模式。

2. 交易结构

目前，中国跨境电商进出口结构的占比总体较为稳定，但进口比例正不断扩大。根据网经社电子商务研究中心数据，2019 年中国跨境电商进出口结构上出口占比达到 76.50%，进口比例达 23.50%；2019 年出口跨境电商交易规模为 8.03 万亿元，同比 2018 年 7.10 万亿元增幅为 13.10%；2019 年进口跨境电商交易规模为 2.47 万亿元，同

⊖ 网经社电子商务研究中心. 2019 年度中国跨境电商市场数据监测报告 [EB/OL]. (2019-07-31) [2021-01-10]. http://www.100ec.cn/zt/2019kjscbg/.

比 2018 年 1.90 万亿元增长 30.00%。中国是世界上重要的产品出口大国，在整体出口总量相对稳定的情况下，出口跨境电商逐一取代一般贸易，成长性良好。与此同时，中国的居民消费正处于消费升级中，海外购习惯刺激国内跨境消费需求。随着中国居民文化娱乐支出比例上升，跨境旅游及出口留学人数不断增长，这部分群体逐渐形成对海外产品和品牌的消费习惯，随着这部分群体回国，将海外消费习惯感染周围人群，刺激了国内跨境消费需求。

3. 交易模式结构

目前，中国跨境电商交易仍以 B2B 为主。网经社电子商务研究中心数据显示，2019 年跨境电商 B2B 交易规模为 8.45 万亿元，占比 80.5%。而跨境电商 B2C 交易规模为 2.05 万亿元，占比 19.5%。从 2013～2019 年中国跨境电商交易规模进出口结构情况来看，B2B 的占比呈逐年下滑的趋势，而 B2C 的占比逐年上升。从国际贸易需求来看，跨境 B2B 是中国贸易出口的转型升级之路，B2B 符合中国外贸稳增长、调结构的需要，同时更好地满足了国外制造业订单小额、复购率高的贸易采购需求。从商业模式来看，国家对跨境进出口的 B2C 模式监管虽然还存在一定的不完善之处，但是针对大额贸易的进出口制定了较为健全的监管法律和执行流程。

第三节　外　包

一、外包的基本内涵

外包是由加里·哈默尔（Gary Hamel）和普拉哈拉德（C. K. Prahalad）于 1990 年提出。外包的英文"Outside Source Using"缩写为"Outsourcing"，可以直译外部资源利用。外包是企业将非核心业务委托外部非常擅长这一环节的组织去做，充分利用外资最优资源，其目的是降低企业成本、提高效率、充分发挥企业的核心竞争力的一种经营管理模式。要深入理解外包的内涵势必要对以下几个概念加以区分。

（一）外包与战略联盟

外包与战略联盟都要充分利用外部资源，从而获取价值增值。但是，二者之间存在一些差别。首先，外包由发包商和承包商构成，发包商是整个环节的核心，外包标准均由发包商制定，承包商则处于从属地位，它们之间有主次之分，而战略联盟合作对象之间往往是平等关系。其次，发包商除了提高竞争力外，降低成本也是其目的之一。战略联盟仅仅为了通过外部合作获取价值增值。

（二）外部与外购

企业外包的环节都是为核心业务环节服务的，企业的生产要受到核心环节业务的限制，而外部购买是按照外部企业生产产品的标准进行采购。

二、外包的主要分类

（一）根据业务领域的不同进行分类

1. 制造业外包

制造业外包又被称为蓝领外包、生产外包。这种外包出现的时间最早，应用也是最广泛的。企业为了降低成本，将生产过程中非核心的生产环节委托给外部专业性的生产企业生产经营，而发包企业只专注于自己最有竞争力的核心环节。这些发包商往往专注于产品研发、设计、品牌经营等，承包商按照委托企业制定的标准进行生产。

常见的 OEM（Original Equipment Manufacturer）、ODM（Original Design Manufacturer）便是采取这种形式的生产。比如，苹果手机专注于"iOS"系统及芯片，而将其他生产环节全部委托给外部市场其他专业性的企业生产。耐克公司只专注于产品研发、设计以及品牌的营销战略，而将产品的整个生产环节打包给海外其他企业生产。美国波音公司本部仅仅负责座舱和翼尖核心环节生产。类似这样的大企业越来越多。这些企业不再拥有厂房、机器设备，不再像以前一样在生产环节中扮演某一角色，而是专注于企业的研发、设计以及品牌经营等，它们将一些处于价值链的、标准化的生产环节放在低收入的国家，从而降低企业成本，提高企业的竞争力。

这种外包的首要目的就是降低企业运行成本；其次是分散市场风险。随着技术的进步，产品的生命周期变短，企业的研发费用越来越高，外包是分散研发风险的一种手段。

2. 服务外包

全球知名的咨询机构如高德纳（Gartner）认为信息技术是服务外包产生、发展以及相关交易的核心基础。外包是以信息技术为基础，将非核心经营环节委托给市场上专业服务提供商完成的一种经营活动。

随着网络信息技术的发展，外包的交易成本将大幅降低，进而推动 IT 服务外包快速发展。服务外包的发展是全球资源优化配置的必然结果。现在越来越多的企业开始直接将自己的职能或者流程委托给专业的服务性企业，比如如今发展迅速的电商企业只提供平台服务，而将其他环节外包给专业性组织。

（二）根据开展业务所在地标准进行分类

1. 场内外包

场内外包指承包商在发包商领地范围内完成相关业务。

2. 场外外包

场外外包指承包商在自己领地范围内完成承接的相关业务。场外外包又可以分为以下几种。

（1）在岸外包。在岸外包指发包商和承包商共同处于一个国家或者地区，承包商的业务是在国内完成的。

（2）近岸外包。发包商和承包商在地理位置方面往往是邻国或地区，业务在邻国完成。相邻的国家或地区之间距离较近，文化背景较为相似，文化认同感强，这些大幅降低了交易成本。在美国很多企业将一些业务放在邻国加拿大，在那里开展软件开发业务。

（3）离岸外包。离岸外包指外包业务的发包商和承包商来自不同的国家和地区，外包业务要跨域国界完成。离岸外包最早起源于美国，美国国内的外包业务被称为在岸外包，而加拿大、墨西哥的外包业务被称为近岸外包，像对中国、印度等国的外包业务被称为离岸外包。劳动力成本的差异是离岸外包存在的基础。交通的便利化、互联网技术的发展使海外低成本的国家成为发包对象的可能选择。目前，大多数企业的服务外包采用的是离岸外包的形式。

（三）按照外包的业务内容进行分类

1. 信息技术服务外包

信息技术服务外包（Information Technology Outsourcing，ITO）是指企业专注于自己的核心业务，而将非核心的 IT 系统部分甚至全部业务以合同的方式委托给专业的信息技术服务公司来做。

ITO 的服务范围包括以下两个方面：

（1）系统软件的研发与外包，主要包括软件系统的开发、研究服务以及软件相关技术服务，主要服务于金融、政府、教育、医疗、制造业、商品零售、税务、法律等。

（2）信息技术系统应用服务外包，主要是指企业将系统的设计、升级以及维护等业务活动外包给专业的信息技术服务公司，包括软件咨询、维护、培训测试等。信息系统运行和维护主要是给客户提供信息工程及流程设计、网络管理、桌面管理、远程维护等。如惠普公司为国家开发银行研发防病毒的软件，并为其提供后期升级服务。

2. 业务流程外包

业务流程外包（Business Process Outsourcing，BPO）是指企业将自身业务流程以及相关的职能委托给专业化服务提供商，由供应商在其系统内，按照服务协议要求对委托的业务流程以及相关职能进行管理、运营和维护等。

BPO 的服务范围包括以下三个方面：

（1）企业内部管理服务，主要涉及的企业内部管理为人力资源管理、财务管理以及税务、审计、金融支付、医疗数据管理等。

（2）企业运行服务，承接企业专业数据处理、分析、整合等服务，为企业提供技术研发服务，为企业生产经营、销售、售后提供相应的数据分析服务。

（3）为企业供应链管理提供服务，对企业的采购、物流、仓储等方面提供整体的设计方案以及相关的数据库服务。

3. 知识流程外包

知识流程外包（Knowledge Process Outsourcing，KPO）是为发包商的知识研发、创新提供解决方案的方式，主要是通过国际数据库以及监管机构获取相关数据信息，通过即时、综合的分析、判断和研究，提出合理的建议，最终以报告形式提供给发包商，以此作为客户的决策依据。它主要包括：知识产权研究，生物医药研究，产品技术研发，股票、金融和保险研究，数据检索和数据挖掘、数据分析、数据管理，动漫及网游设计研发，工程设计服务等领域。其流程可以简单地归纳如下：数据采集—汇总—加工—研究—销售咨询公司、研发公司或者发包企业。

KPO 主要应用的范围为：知识产权研究、生物医药技术、数据挖掘以及数据分析。

三、全球外包的发展现状

（一）全球服务外包飞速发展

外包起于 19 世纪的英国，其真正发展得益于生产模式的变革。随着技术的发展，模块式生产模式颠覆了传统的大规模化生产模式，原来在企业内部完成的生产经营环节出现了外部化，即由外部市场来完成。生产模式的变化推动了外包快速发展。

互联网数据中心（IDC）统计的数据显示，2011 年全球服务外包市场规模为 8 200 亿美元，其中，信息技术服务外包（ITO）6 440 亿美元，业务流程外包（BPO）达到了 1 760 亿美元。同时在数量上，在岸外包比例大于离岸外包。

2016 年全球离岸服务外包市场规模达 2 137.9 亿美元，同比增长 6.9%，增长速度超过全球服务外包市场。其中，信息技术服务外包（ITO）、业务流程外包（BPO）和研发服务外包（R&D）规模分别约为 1 019.6 亿美元、465.2 亿美元和 653.1 亿美元，占比分别为 47.7%、21.8% 和 30.5%，增长速度分别为 6.0%、7.5%、7.8%。传统的离岸 ITO 增长放缓，BPO、R&D 增长较快。[⊖]

2017 年，在全球跨国公司中，大约有 67% 的大型企业把数字化转型作为公司的核心战略。根据 Forrester 的研究报告，2016～2018 年，全球的数字服务外包增速达到了 20%，全球服务外包增速也达到了 10%。

（二）全球服务外包在地理空间上比较集中

1. 发包市场比较集中

全球服务外包发包市场集中在美国、日本、欧洲等发达国家和地区。它们凭借着强大的技术水平以及市场需求等因素一直控制着服务外包行业。

⊖　敬艳辉. 全球服务外包产业发展现状和趋势 [J]. 全球化，2018（12）：41-51+132。

美国是信息科学技术的发源地，是世界上最大的软件出口国，其软件出口占全球的2/3，成为全球最大的发包商，服务外包总量占全球的55%。美国服务外包市场是开放的，美国离岸发包量，特别是信息技术方面几乎占到全球离岸发包量的70%。

欧洲的服务外包与美国相比相对滞后，服务外包总量占全球大约34%。近几年欧洲离岸外包发展迅速，其发包量已占全球离岸发包量的20%。

日本的服务外包与美国相比至少滞后10多年，1997年东南亚金融危机之后才真正兴起。日本是发达国家中软件外包比重最高的国家，服务外包总量占全球的8%，离岸发包量占全球BPO发包量的5%。

2. 接包市场比较集中

（1）爱尔兰是欧洲软件外包承接中心。爱尔兰在历史上是一个以农牧业为主的国家，其工业用地成本仅为欧盟平均水平的60%左右。20世纪90年末期，爱尔兰软件服务业一举成为欧美发达国家的软件服务业的产品本土化的加工基地。进入21世纪，这个曾经的"欧洲乡村"，通过大量承接服务软件外包业务，带动了该国经济的快速发展。其国内的计算机软件产业获得举世瞩目的成绩，赢得"欧洲软件之都""欧洲软件王国"等美誉。

（2）发展中国家承包的地区比较集中。随着经济全球化的发展，国际服务外包业务的承接地逐步由中等发达国家向新兴发展中国家转移，以印度、中国、马来西亚、菲律宾为代表的新兴国家快速崛起于世界的服务外包市场。

（三）中国外包呈快速发展趋势

1. 高端生产性服务离岸外包业务快速增长

《2019～2025年中国离岸服务外包市场全景调查及发展前景预测报告》指出，2018年中国企业承接离岸信息技术服务外包（ITO）、业务流程外包（BPO）和知识流程外包（KPO）的执行额分别为2 655.6亿元、1 014.4亿元和2 196.6亿元，在离岸服务外包中的占比分别为45.3%、17.3%和37.4%，以软件研发和信息技术服务为代表的ITO仍占据主导地位。与此同时，以研发服务、工程技术、检验检测等为代表的高端生产性服务离岸外包业务快速增长，同比分别增长15.5%、27.1%和74.5%。

2. 成为全球主要的制造业服务外包接包国

《中国制造业服务外包发展报告2020》显示，2019年，中国企业承接制造业在岸和离岸服务外包合同金额486.2亿美元，同比增长20.8%，其中执行金额356.0亿美元，同比增长16.4%，成为全球主要的制造业服务外包接包国。2019年，中国企业承接制造业在岸和离岸知识流程外包占制造业服务外包的比重最大，高达62%；业务流程外包增速最快，同比增长50.6%；信息技术服务外包在经历负增长后，恢复快速增长，同比增长11.8%。2019年，中国企业承接欧盟、新加坡、印度等国家和地区制造业离岸服务外包增长较快，其中承接法国、德国、新加坡、印度制造业服务外包执行额分别增长58.3%、24.2%、46.3%、39.4%。

四、外包的理论基础

（一）核心竞争力

随着技术进步、产品生命周期越来越短以及经济全球化不断深入，企业之间的竞争日益激烈。企业要想在激烈的市场中拥有竞争优势，就必须拥有强大的核心竞争力。

企业的核心竞争力往往具有排他性、稀缺性、不可替代性以及难以模仿等特性，它是企业竞争力的重要保障，同时，也是企业能够获得超出平均水平的利润的保证。技术竞争优势是企业核心竞争力的基础，然而技术易扩散，易造成企业的核心竞争力被模仿。因此，在激烈的市场竞争中，企业的核心竞争力不依赖技术的存量，而是来自企业的技术增量。企业要保持持续的竞争力，于是被迫增加技术研发的投入。这就迫使企业必须整合资源，减少风险，专注于自己核心竞争力，将有限的资源整合到核心业务中去，创造核心优势，从而提升核心竞争力；将一部分非核心的环节委托给专业的生产或者服务供应商，通过外部供应商获取低成本、高质量的产品供应。同时，企业通过不断提升自己技术竞争优势，也为潜在的竞争者构建了其无法逾越的进入壁垒。

（二）资源基础理论

资源基础理论认为企业是多种资源的集合体，每一家企业拥有自己的不同资源，而不同资源的差异是构成企业竞争力的基础。资源包括有形资源和无形资源，比如机器设备、厂房、土地储备、资金、技术专利、品牌等。资源对于不同企业的作用是不一样的，有的资源对一家企业有着至关重要的作用，而对另外一家企业则不然。

战略性资源对企业起到至关重要的作用。战略性资源能使企业获得独特、排他、稀缺、不易被模仿等优势，这是构成企业可持续性的核心竞争力基石。

然而，企业的资源是有限的，一些资源势必通过外部市场获取，而企业通过资源优化配置，充分利用外部资源，自己将有限的资源整合到企业核心的战略资源上，使企业获得超出平均水平的利润。

企业通过外包的方式，在国际市场上优化配置资源，确保把有限的资源集中到战略性资源上，从而使企业具备长期、持续的核心竞争力。

（三）比较优势理论

李嘉图指出，决定国际贸易的基础是两个国家产品生产相对成本存在差异。如果一国生产的产品相对成本与别国相比偏低，那么，它就具有相对优势。根据"两利相权取其重，两害相权取其轻"的原则，该国可以专业化生产其具有比较优势的产品，进口其具有"比较劣势"的产品。

比较优势理论解释国际地区之间的专业化分工的结构以及地理贸易方向。根据比较优势理论，各个企业应该专门从事自己具有相对优势的产品生产，进口相对劣势的产品。根据这个理论，企业应该专注于自己具有核心竞争力的环节，将自己并不占优势的生产环节外包出去，也就是"只做自己做得最好的，其他交给别人去做"。

（四）交易成本理论

交易成本是英国经济学家科斯（R. H. Coase）在《企业的性质》一文中提出来的。他认为交易成本包括市场交换活动过程中产生的信息搜索成本、讨价还价成本、签约成本、交易实施成本等的各项成本。他在《企业的性质》中提到企业边界的界定。当市场因信息不对称，导致交易成本过高时，就会迫使企业采取内部化策略来克服信息不对称，从而降低交易成本，用企业替代市场。内部化使企业的规模扩张，企业规模的扩张使得企业的人力成本以及相关的组织管理成本上升。科斯认为企业的边界就是在企业的交易成本等于组织管理成本的时候确定的，一旦达到这个边界，企业的规模就不再扩张了。当企业的组织管理成本大于企业的交易成本的时候，企业就选择外部化，也就是将原来属于企业内的经营环节委托给市场专业性组织经营。企业的外包可以大幅降低企业的经营管理成本。

外包是通过契约形式进行委托，具有法律效应，通过这种契约形式可以确定交易的环节。外包解决了现实的市场交易活动中存在的不确定性。这样就大大降低了企业风险，提高了企业间的交易效率。

另外，信息交流成本在服务性经营活动过程中，具有举足轻重的地位。信息技术的快速发展，使得信息交流成本大幅下降。企业利用互联技术，使离岸外包利用不同区域的劳动力差异更加便利。

（五）价值链理论

价值链是由美国学者迈克尔·波特（Michael E. Porter）在他的著作《竞争优势》中提出来的。他认为价值链是由研发、设计、人力资源、财务、原材料、生产、销售以及售后服务构成的。企业是以上活动的集合体。这些环节既是不同的又是相互关联的生产经营活动。不同环节的运营好坏直接影响到其他环节，甚至影响到整个价值链。在不同的价值环节中，并不是每一个环节都能创造价值，只有一些特定的环节才是构成价值的基石。这一战略性的环节是企业保持持续性竞争力的根本。

随着市场竞争日益激烈，企业之间的竞争不只是某一单一环节的竞争，而是整个价值链环节的竞争。在现代市场规模下，在有限的资源条件下，单个企业越来越难跨越产品整个价值链的所有环节，同时，企业不可能在每一个环节都做得最好，它只能在某一价值增值的核心环节具备竞争优势。而整个价值链环节是相互依存的，一些薄弱环节会影响整个价值链环节的竞争优势。企业只有通过变革原来传统的垂直一体化经营模式，由企业内部寻求资源扩展至外部市场，通过外部市场进行优势互补，将自己不擅长的、薄弱的、非核心的环节外包给市场上更为擅长的企业来做，而将有限的资源集中到价值链的核心环节中。

企业通过外包形式，充分利用外部市场资源，发挥比较优势，提升整个价值链的质量。

外包比将整个价值链环节固化在企业的内部具有更大的灵活性，企业经营的风险更低。

（六）委托代理理论

委托代理理论认为随着技术的进步，产品的技术复杂程度越来越高，使得企业所有的知识的有限性日益突出。专业化的分工使得大量专业化的职业经理不断涌现。这就要求将企业的所有权与经营权进行分离。企业可以将经营管理权限委托给专业的职业经理人，从而提高企业效率。在委托的关系中，所有者与经营者的效应函数不一致。企业的所有者关注的是企业盈利情况，而职业经理人关注的是个人效用函数，包括个人的福利（工资、奖金、舒适的办公环境等），如果没有有效的制度安排极易影响委托人的利益。此时激励机制的设计就显得尤为重要。

外包就是一种委托代理关系，在短期的经济活动过程中，双方之间会因为信息不对称，可能存在道德风险。若双方企业有着长期的合作关系，则彼此之间的信息更加透明，交易成本也会大幅下降，企业之间的长期稳定的利益远大于短期的利益。在外包过程中，激励机制的设计就显得尤为重要。外包的发包商在资源要素和成本等多因素的影响下，只能专注于自己具有核心竞争力的环节，而将一些非核心的、薄弱的环节委托给专业性极强的承包商，由专业性的承包商代理原来属于企业内部的一些权力。发包企业对承包商完成业务量和质量、市场反响程度、配套服务等多项指标进行相应的评估，通过报酬激励引导承包商的经济行为。

（七）木桶理论

"木桶理论"由美国管理学家劳伦斯·彼得（Laurence Peter）提出，他认为一个木桶的储水量不是取决于这个木桶的最长的木板，而是取决于其最短的木板。这个木桶要想装满水，木桶的木板长度必须一致。根据木桶理论，企业的每一个价值环节是相互联系、相互影响的。在激烈的市场竞争中，企业的竞争优势来自企业的每一个价值环节。任何一个环节的薄弱都会降低企业的竞争力。

在有限的资源前提下，企业不可能"包络"产品生产的整个价值环节，更不可能保证每一个价值环节都做到最好，企业的生产经营整个环节中肯定存在着薄弱的地方。这些环节必然会影响到企业的竞争力。根据"木桶理论"，企业只有将这些短板补齐，才能达到最优的状态。企业的短板只能通过外包给外部市场做得最好的企业，才能取长补短，提升自己的竞争力。

五、外包的风险

（一）政治风险

近几年，尤其是 2017 年以来，随着西方发达国家的民族主义抬头，使得逆全球化的趋势加剧。在美国优先的原则下，美国政府通过行政手段干预市场，并且为了遏制中国企业在"5G"技术上的发展，破坏市场准则，试图通过行政手段干预华为、中兴通讯的国际产业链。美国还通过行政手段限制中国企业进入美国市场。除此以外，美国、欧洲、日本等国家和地区通过行政手段干预本国企业海外投资。由美国、欧洲、日本对国际市场的干预使得经济全球化的发展受到冲击。欧美、日本采取的逆全球化的政策会影响全球供应链。全球供应链的脆弱性增加了企业外包的风险。

（二）外包市场不成熟

在经济全球化的背景下，信息技术的发展、交通的便利化，推动了离岸外包的快速发展。追求成本最小化是当今离岸外包的重要动力。一些低收入的发展中国家往往是离岸外包的目的地。而这些国家都有一个共同的特点就是市场化的程度不高，市场竞争不充分，服务商比较少。发展中国家的承包商的技术水平比较低，难以达到发包商所要求的技术标准。这些会使企业丧失竞争力，增加企业运营的风险。

（三）企业的外包会丧失关键性技术

在信息不对称的情况下，供应商在面对多个发包商时，如果其不是供应商的重要客户、不是行业巨头，供应商就会在买主的帮助下建立自己的技术，这时候，发包商就越来越难控制承包商，甚至可能会出现供应商在市场中替代发包商的情况。企业有可能丧失对外包的控制，进而影响整个业务生产经营。

（四）外包企业的最大风险来自承包商的"干中学"

企业通过外包，通过不同市场的资源整合，充分发挥比较优势，大幅地降低了经营成本，从而提升了企业的竞争力。特别是 ITO、BPO、KPO 等快速发展，企业会将一些研发环节进行外包。承包商通过"干中学"方式逐步吸收消化发包商的技术优势。当承包商掌握发包商的核心技术时，技术的外溢会使发包商丧失核心竞争优势。承包商存在取代发包商的可能。

⚠ 关键术语

展卖	加工贸易	补偿贸易	经销
代理	寄售	招标投标	拍卖
跨境电子商务	B2B	B2C	C2C
离岸外包	ITO	BPO	KPO

习题与思考

1. 加工贸易可以分成几类？
2. 补偿贸易可以分成几类？

3. 补偿贸易与易货贸易的区别是什么？

4. 拍卖方式的出价方法有几种？

5. 跨境电子商务的三种交易类型分别是什么？

6. 跨境电子商务在国际贸易中的作用是什么？

7. 什么是外包？

8. 外包的分类是怎样的？

9. 试用核心竞争理论解释外包现象。

延伸阅读 5-1

一家没有工厂的制鞋企业：耐克的生产性外包

耐克是一家从来不生产一双耐克鞋子的制鞋公司，在耐克公司的总部看不到一双鞋。那么，耐克公司是如何经营其鞋业的呢？

早期的耐克公司有工厂和工人，拥有两个强大的竞争对手（阿迪达斯和彪马）。美国国内激烈的市场竞争迫使耐克公司将视线转移到国际市场。

奈特（耐克创始人）滋生了一个疯狂的想法——"借鸡下蛋"。在海外建立公司，公司只出资金和技术，企业的生产经营管理由当地人完成。这样既可以规避关税又可以减轻企业的财务负担。

耐克公司进军日本市场，与日本岩井公司合作成立耐克日本公司。同时，耐克公司与日本橡胶公司签订生产合同。由日本橡胶公司负责生产鞋，由耐克日本公司承担销售。

耐克通过同样的方法进入爱尔兰，并且通过爱尔兰向欧洲市场辐射。

鞋的生产特点就是标准化，劳动力成本对竞争力产生了重要影响。在成本压力下，耐克公司不断变换合作伙伴。先是爱尔兰、日本，然后再与韩国、新加坡、中国台湾合作；最后与中国大陆、印度等合作。进入 21 世纪，其合作伙伴又变成了越南。

耐克公司一直看好中国市场。中国市场不仅拥有庞大的消费群体，而且中国市场的劳动力工资水平偏低。1987 年，耐克进入中国市场，分别在中国的广东、天津、上海、福建四个地区制鞋，然后，将中国生产的耐克鞋再返销美国市场。

耐克不设立工厂，通过外包将生产经营环节委托给其他厂家，节省了大量固定资产投资，降低了财务上的压力。耐克通过整合外部资源，弥补自身的不足。它通过外部市场获取了廉价的劳动力资源，大幅降低了自己的运营成本。

虽然耐克公司将整个生产环节委托给其他企业，但是耐克公司非常注重产品设计、品牌运营管理。

耐克为了品牌的建设不惜重金邀请 NBA 著名篮球运动员乔丹、高尔夫运动员泰格·伍兹做品牌代言人。耐克通过乔丹、伍兹的影响力大幅提升耐克的全球知名度。乔丹、伍兹为耐克的成功立下了汗马功劳。

从耐克的外包，不难看出，耐克专注于具有核心价值的环节，而将非核心的生产部门外包给其他企业生产，从而提升了自己的国际竞争力。

资料来源：胡元木，张磊.供应链管理在耐克公司的应用 [J].财务与会计，2009(6): 20-21.

延伸阅读5-2

波音公司的离岸外包

科学技术的发展使得企业的研发成本越来越高，这造成了越来越多的企业去"垂直一体化经营模式"，转向"逆向一体化"经营。美国《财富》杂志报告，规模在 5 000 万美元以上的企业都存在着业务外包的情况。

科学技术的进步使得技术研发成本越来越高，没有哪家企业能独立从头至尾地进行研发、生产。集中化、扁平化是企业发展的趋势，企业应该更加专注于自己的核心竞争力。波音公司为全球最大的飞机制造商，它将主要精力投入在飞机数字化定义、并行产品定义和飞机构型定义三大既不可分割又彼此促进的技术中，而将大多数零部件制造转移到劳动力成本低的国家：将组成波音747型客机的450万个零部件外包给61个国家和地区的15 000家企业。波音本部仅负责座舱和翼尖的核心业务。

波音公司的外包，大幅降低了波音公司的组织管理成本，与此同时，波音公司充分利用外包资源的比较优势，大幅降低了企业生产成本，专业化分工提升了企业效率。

波音公司外包也不是一帆风顺的。波音787集现代技术于一身的梦幻飞机在试飞中出现了一系列外包的问题，比如生产匹配、系统整合等，这些使波音787试飞工作不断延后。

不管怎样，外包确保了波音的全球竞争力，巩固了其全球霸主的地位。

资料来源：李政.基于波音787的全球供应链战略模式研究 [J].科技促进发展，2012(5): 97-102.

第六章
CHAPTER 6

区域经济一体化

学习目标

- 掌握区域经济一体化的概念、组织形式及特征
- 掌握区域经济一体化的经济效应
- 了解世界上主要的区域经济一体化组织
- 了解区域经济一体化的发展原因与特点、发展模式与趋势以及对国际贸易的影响

区域经济一体化已成为国际经济关系中最引人注目的趋势之一。区域经济一体化是伙伴国家之间市场一体化的过程,是从产品市场、生产要素市场向经济政策的统一逐步深化。在 1942 年以前,"区域经济一体化"这个名词从来没有被使用过。到 1950 年,经济学家开始将其定义为单独的经济整合为范围更广的经济的一种状态或过程,在这个多国经济区域内,贸易壁垒被削弱或消除,生产要素趋于自由流动。经济的一体化是一体化组织的基础,一体化组织则是在契约上和组织上把一体化的成就固定下来。从 20 世纪 90 年代至今,区域经济一体化组织在全球涌现,形成了一股强劲的新浪潮。这股新浪潮推进之迅速、合作之深入、内容之广泛、机制之灵活、形式之多样,都是前所未有的。此轮区域经济一体化浪潮不仅反映了经济全球化深入发展的新特点,而且反映了世界多极化曲折发展的新趋势。但迄今为止,大部分经济一体化组织仍停留在优惠贸易安排和自由贸易区这些低级阶段。欧盟是目前世界上一体化程度最高的一个区域经济一体化组织,其成员目前有 27 个(英国于 2020 年 1 月 30 日正式脱欧)。

第一节 区域经济一体化概述

一、区域经济一体化的概念、背景、发展阶段及发展趋势

(一)区域经济一体化的概念

区域经济一体化又称为区域经济集团化、经济一体化、地区经济一体化或贸易集团化等。区域经济一体化指同一地区的两个以上的国家或地区逐步让渡部分甚至全部经济主权,采取共同的经济政策并形成排他性的经济集团的过程,在成员方之间逐步消除贸易壁垒,实行自由贸易,进而实现生产要素在成员方之间的无阻碍的流动,并为此而协调成员方之间的社会经济政策。组织形式按一体化程度由低到高排列,包括优惠贸易安排、自由贸易区、关税同盟、共同市场、经济联盟和完全的经济一体化,其目的在于通过商品和生产要素在成员方之间的自由流动,以利于充分利用成员方的资源,开拓市场,发展各成员方的潜力,促进经济发展和区域经济的繁荣。

广义的经济一体化,即经济全球化,是指世界各国/地区经济之间彼此相互开放,形成一个相互联系、相互依赖的有机体。狭义的经济一体化,即区域经济一体化,指的是区域内两个或两个以上的国家或地区,在一个由政府授权组成并具有超国家性的共同机构下,通过制定统一的对内、对外经济政策、财政与金融政策等,消除国别之间阻碍经济贸易发展的障碍,实现域内互利互惠、协调发展和资源优化配置,最终形成一个政治、经济高度协调统一的有机体的过程。

(二)区域经济一体化的背景

区域经济一体化浪潮波澜壮阔,这股浪潮推进之迅速、合作之深入、内容之广泛、机制之灵活、形式之多样,有其深刻的政治原因和经济原因。

1.二战以来,全球范围内日益加深的市场化趋向改革,为区域经济一体化的发展奠定了体制基础

在战后新技术条件下,各国各地区之间的分工与依赖日益加深,生产社会化、国际化程度不断提高,使各国/地区的生产和流通及其经济活动进一步越出国界。这就必然要求消除阻碍经济国际化发展的市场和体制障碍。当今世界,越来越多的国家/地区通过实践认识到,只有选择市场经济体制,才能加快本国/地区经济发展的速度、提高经济的运转效率和国际竞争力。通过改革,各国/地区消除了商品、生产要素、资本以及技术在国家之间进行流动的经济体制上的障碍,促成了区域经济一体化的发展。

2.世界贸易组织多边贸易体制本身的局限性以及近年来多边贸易谈判所遭遇的挫折和困难,刺激了区域经济一体化的发展

虽然世界贸易组织是推动贸易自由化和经济全球化的主要力量,但由于自身庞大,

运作程序复杂，根据世界贸易组织"一揽子接受"方式，其成员对各项议题的谈判只有在一致同意的基础上才能进行，从而注定了短时间内所有成员达成共识和消除矛盾并非易事。比如，2001年11月在多哈发起的首轮多边回合谈判一直举步维艰。多边贸易谈判前景的不可预测性，为双边和区域性贸易协议提供了发展空间与机遇，也为参与全球竞争提供了另一种选择。而且，区域经济一体化组织因其成员常常地理位置相邻、社会政治制度相似、生产力发展水平相近、有类似的文化历史背景，因而具有开展经济合作的诸多优势。

3. 区域经济一体化还有深刻的政治原因

促进区域经济一体化的深刻的政治原因主要包括：

一是谋求政治修好，缓解矛盾冲突，稳定地区局势。欧洲各国合作的初始动机和最终目标都和政治相关。经过两次世界大战的磨难，欧洲人意识到不能再发生战争，必须通过合作、一体化与联合，才能实现欧洲的长久稳定、安全和发展。在亚洲，1999年东亚领导人关于东亚合作的联合声明，明确提出了开展政治、安全对话与合作的议题。非洲一些国家政局长期不稳，大多数国家经济又不发达，这些因素促使非洲联盟于2002年问世，其目的在于试图以政治和经济合作来推动地区稳定与经济发展。

二是推动国内的体制改革。一些发展中国家和转轨国家把区域贸易协议作为锁定贸易自由化或国内体制改革进程的机制，即通过外部的条约责任和具体的承诺来促进国内的体制改革。20世纪90年代，东欧转型国家与欧盟签署区域贸易协议的目的之一，就在于以此推动自身向市场经济的转化过程。

三是寻求区域层面的政治保护以抗衡其他区域集团。这是世界大国加紧组织和巩固区域经济集团的一个重要动因。美国参与跨地区的亚太经济合作组织，意在抗衡不断扩大的欧盟。而欧盟希望作为一个更强大的整体，用一个强音在国际上更有力地与美、日等大国抗争，不仅在自家门口加紧对外经济扩张，在拉美和亚洲等地积极开展经济合作，而且致力于"大欧洲自由贸易区"的构想。

（三）区域经济一体化的发展阶段

区域经济一体化的雏形可以追溯到1921年，当时的比利时与卢森堡结成经济同盟，后来荷兰加入，组成比荷卢经济同盟。1932年，英国与英联邦成员方组成英帝国特惠区，成员方彼此之间相互减让关税，但对非英联邦成员的国家仍维持着原来较高的关税，形成了一种特惠关税区。经济一体化的迅速发展，始于二战之后，形成三个明显的发展阶段。

1. 20世纪50~60年代区域经济一体化的第一次高潮

尽管区域经济一体化的雏形可以追溯到1921年成立的比利时和卢森堡经济同盟（1948年荷兰加入，组成比荷卢同盟），但是区域经济一体化真正形成并迅速发展，却是始于二战后。二战后，世界经济领域发生了一系列重大变化，世界政治经济发展不平衡，大批发展中国家出现，区域经济一体化组织出现第一次发展高潮。

2. 20 世纪 80 年代初期区域经济一体化处于停滞不前的状态

20 世纪 70 年代西方国家经济处于"滞胀"状态，区域经济一体化也一度处于停滞不前的状态。在这一时期，欧洲经济共同体原定的一体化计划并未完全实现，而发展中国家的一体化尝试没有一个取得完全成功。以欧洲经济共同体为例，两次石油危机、布雷顿森林体系崩溃、全球经济衰退、日美贸易摩擦上升等因素使其成员方遭受巨大打击，各成员方纷纷实施非关税壁垒措施进行贸易保护，导致第一阶段关税同盟的效应几乎丧失殆尽，欧共体国家经济增长速度急剧下降。

3. 20 世纪 80 年代中期以来区域经济一体化的第二次高潮

20 世纪 80 年代中期以来，特别是进入 90 年代后，世界政治经济形势发生了深刻变化，西方发达国家在抑制通货膨胀、控制失业率方面取得成功，经济的发展推动着区域经济联合，区域经济一体化的趋势明显加强。这次高潮的出现是以 1985 年欧共体关于建立统一市场"白皮书"的通过为契机，该"白皮书"规定了 1992 年统一大市场建设的内容与日程。欧共体的这一突破性进展，产生了强大的示范效应，极大地推动了其他地区经济一体化的建设，区域经济一体化覆盖大多数国家和地区。据世界银行统计，全球 233 个国家和地区中，221 个国家和地区至少参加了一个（最多达 29 个）区域贸易协议，平均每个国家或地区参加了 5 个，只有 12 个岛国和公国没有参与任何区域贸易协议（RTA）。

截至 2021 年 2 月 25 日，WTO 官网显示全球区域贸易协议（RTAS）552 个，其中生效 341 个。20 世纪 90 年代以来，大部分国家之间签署的 RTAS 都为 FTA（自由贸易协定）或 FTA&EIA（经济一体化协定），在上述生效区域贸易协定中，FTA 以及拥有 FTA 部分内容的协议占到 RTAS 的近 90%，而关税同盟只占总数的 10%。尤其需要注意的是，这些 RTAS 都是 1995 年 WTO 成立以来签订的。

（四）区域经济一体化的发展趋势

伴随着世界经济的不景气，国际经贸市场表现低迷，区域经济一体化的发展趋势也出现很多新的变化，主要体现在以下几个方面。

1. 区域贸易合作重心开始转移，亚太地区在全球范围内引起重视

全球贸易大国将目光开始转向亚太地区。从 2009 年以来，亚太地区的区域合作已经在全球范围内引起重视，成为全球瞩目的焦点。如近几年一直处于风口浪尖的美国强力推动 TPP 事件；东盟和另外六个国家正努力建立自由贸易区，推动"区域全面经济伙伴关系"（Regional Comprehensive Economic Partnership，RCEP）的谈判，期望巩固东盟与其他六国的经济关系和提升彼此间的凝聚力；中日韩三国的自贸区谈判历时十年终于取得进展，中日韩自贸区的建立不仅能扩大区域内部市场，还能对亚太地区甚至全球经济格局产生重大影响。

2. 全球价值链分工下，区域贸易开放措施向"边境后"延伸

当前多边贸易谈判进程缓慢，多哈回合谈判历时十几年，没有达成实质性的成果，而全球价值链分工迅速发展，边境上的贸易规则已经跟不上国际贸易发展的步伐，贸易规则向边境后延伸成为贸易规则制定的必要趋势，也是区域经济一体化发展的新趋势。如今的贸易投资自由化的主要障碍是国内监管规则、竞争政策和知识产权保护等边境后措施。

3. 区域内各经济体倾向于建立双边自贸协定

近年来，各区域的贸易合作多以双边贸易协定为主。因为多边贸易协定的谈判历时太长，成本较高，而且各方利益难以兼顾，而双边贸易协定能很好地克服这些缺点，所以更受到各国的青睐。以东亚地区为例，围绕中日韩和东盟 10 国而缔结的双边自由贸易区（FTA）超过 24 个，正在谈判中的有 29 个，有意向或正在协商的则更多。其中，中国与日本缔结了 11 个双边自贸协定，与韩国缔结了 7 个。当前，东亚地区各国间签署的自贸协定超过 50 个，协定网络错综复杂。

二、区域经济一体化的组织形式

（一）按照经济一体化程度分类

区域经济一体化有很多的分类标准，按照贸易壁垒和商品以及服务自由化程度，可以分为以下几种类型。

1. 优惠贸易安排

优惠贸易安排（Preferential Trade Arrangements，PTA）是区域一体化中级别最低、最松散的一种形式，其特点是在实行优惠贸易安排的成员方之间对全部或部分商品实行特别的关税优惠。

2. 自由贸易区

自由贸易区（Free Trade Area，FTA）是一种签订有自由贸易协定的国家间组成的贸易区，其特点是在成员方之间废除关税壁垒和非关税壁垒，使区域内的商品完全自由流动，但每个成员仍保持自己对非成员方的贸易壁垒，即对外不实行统一的关税政策。

3. 关税同盟

关税同盟（Customs Union，CU）比自由贸易区更进一步，其特点是在成员方之间取消关税或其他壁垒，并对非同盟方实行共同的对外贸易政策，统一对外关税税率，即共同对外关税（Common External Tariff，CET）。

4. 共同市场

简单地讲，共同市场（Common Market，CM）就是关税同盟加生产要素自由流动，即成员方之间完全取消关税和数量限制，建立对非成员方的统一关税，在实现商品自由

流动的同时，还实现了生产要素的自由流动。

5.经济同盟

经济同盟（Economic Union，EU）是在共同市场的基础上，成员方之间存在逐步废除政策方面的差异，如制定和执行统一对外的某些共同的经济和社会政策，以便形成一个有机的经济实体。

6.完全经济一体化

完全经济一体化（Complete Economic Integration）是指在经济联盟的基础上，成员方之间实行完全的贸易、金融和财政政策，并且这些政策由超国家的经济组织制定和实施。其特点就是在成员方之间完全取消商品、资本、劳动力和服务等自由流动的人为障碍，并且区域内各国在经济、金融和财政等方面均完全统一。区域经济一体化的主要形式及主要特点如表 6-1 所示，常见的区域经济一体化组织的分类如表 6-2 所示。

表 6-1　区域经济一体化的主要形式及主要特点

特征＼类型	关税减让	商品自由贸易	统一关税	生产要素自由流动	经济政策协调	经济政策统一
优惠贸易安排	√					
自由贸易区	√	√				
关税同盟	√	√	√			
共同市场	√	√	√	√		
经济联盟	√	√	√	√	√	
完全经济一体化	√	√	√	√	√	√

表 6-2　常见的区域经济一体化组织

优惠贸易安排	自由贸易区	关税同盟	共同市场	经济同盟	完全经济一体化
英联邦特惠制、东南亚国家联盟、APEC、CEPA	欧洲自由贸易联盟、北美自由贸易区、中国—东盟自贸区、RCEP	欧洲经济共同体、早期的东非共同市场、中非国家经济共同体、加勒比共同体、安第斯条约	欧洲统一市场、南方共同市场、中美洲共同市场、东南非共同市场	欧盟、TPP、TTIP	欧盟

（二）按照经济一体化的范围分类

1.部门一体化

部门一体化是指区域内各成员方的一种或几种产业实行一体化，如"欧洲煤钢联营"就是欧洲的法、德、意、荷、比、卢六国政府间的煤钢经济一体化组织。

2.全盘一体化

全盘一体化是将区域内所有成员方的经济部门一体化，目前的欧盟便是这种形式。

（三）按照经济发展水平分类

1. 水平一体化

水平一体化又称横向一体化，是由经济发展水平相同或接近的国家所形成的经济一体化组织。目前世界上存在的经济一体化，多数属于此种形式的一体化。

2. 垂直一体化

垂直一体化又称纵向一体化，是由经济发展水平不同的国家和地区形成的一体化组织。

三、当代区域经济一体化的特征

从 20 世纪 90 年代至今，区域经济一体化组织如雨后春笋般地在全球涌现，形成了一股强劲的新浪潮。这股新浪潮推进之迅速、合作之深入、内容之广泛、机制之灵活、形式之多样，都是前所未有的。此轮区域经济一体化浪潮不仅反映了经济全球化深入发展的新特点，而且反映了世界多极化曲折发展的新趋势。

（一）经济一体化内容广泛深入

新一轮的区域协议涵盖的范围大大扩展，不仅包括货物贸易自由化，而且包括服务贸易自由化、农产品贸易自由化、投资自由化、贸易争端解决机制、统一的竞争政策、知识产权保护标准、共同的环境标准、劳工标准，甚至提出要具备共同的民主理念等。比如，北美、欧盟、南南以及其他一些区域一体化协议中，很多都涉及标准、物流、海关合作、服务、知识产权、投资、争端解决机制、劳工权益和竞争政策等条款。

（二）形式与机制灵活多样

第一，大多数区域经济集团对成员资格采取开放式态度。除一些明确由双方构成的区域经济集团，如《美加自由贸易协议》《澳新紧密经济合作关系协议》等，一般区域经济集团大都经历了成员由少到多的过程。比如，"亚太经济合作组织"近年来也经历了 4 次扩大，达到 21 个成员。

第二，合作形式和层次由低级向高级发展。许多国家放弃或基于原有贸易优惠安排而成立自由贸易区或关税同盟，有的从关税同盟发展成为共同市场。比如，1995 年 1 月，南锥体四国（阿根廷、巴西、乌拉圭、巴拉圭）根据 1994 年签署的《黑金城议定书》的规定，将自由贸易区提升为关税同盟，并正式开始运转，从而成为世界上仅次于欧盟的第二大关税同盟。

（三）跨洲、跨区域经济合作的兴起和发展

20 世纪 90 年代以来，区域经济合作的构成基础发生了较大变化，打破了狭义的地

域相邻概念，出现了跨洲、跨洋的区域合作组织。比如，日本相继与墨西哥、新加坡签署了自由贸易协议。不同区域经济集团之间也展开了连横合作。南锥体共同市场与其第二大贸易伙伴欧盟之间开始探讨建立自由贸易区，而东盟与欧盟外长会议之间就政治、经济领域内广泛的问题进行探讨业已制度化。北美自由贸易区也有意与南锥体共同市场合作，建立从阿拉斯加到阿根廷的整个美洲范围内的自由贸易区。突尼斯、摩洛哥等成员先后与欧盟谈判建立"欧盟与地中海自由贸易区"，并成为欧盟的伙伴国和联系国。南非则在与印度、澳大利亚、马来西亚等国积极筹建"印度洋经济圈"。

四、区域经济一体化的相关理论与效应

区域经济一体化的产生和发展，引起许多经济学家对这一现象进行研究和探讨，形成了一系列的理论。经济一体化一般是从商品贸易开始的，因而经济一体化理论中首先出现的是有关贸易的一体化理论。由于关税同盟是区域经济一体化中最基本也是最重要的特征，因此许多学者把关税同盟作为基本的研究对象。雅各布·维纳（Jacob Viner）在 1950 年出版的《关税同盟问题》被公认为关税同盟理论的代表作。而在此之后出现的很多理论，有的是对关税同盟理论的完善和拓展，有的是随着一体化实践的发展，从贸易转向投资、货币、财政等方面的研究，继而出现了有关投资、货币、财政等一体化的理论。

（一）贸易创造效应

贸易创造效应（Trade Creation Effect）是指关税同盟内部取消关税、实行自由贸易后，关税同盟内某成员方国内成本高的产品被同盟内其他成员方成本低的产品所替代，从成员方进口产品，创造了过去不发生的新贸易。运用图 6-1 进行说明，假设 A、B、C 分别代表三个国家。纵轴 P 表示价格；横轴 Q 表示数量；S_A 和 D_A 分别表示 A 国国内的供给曲线和需求曲线。P_T 表示 A 国的价格；P_C 表示 A 国进口 C 国产品的价格；P_B 表示 A 国进口 B 国产品的价格。A 国与 B 国组成关税同盟前，A 国从 C 国进口商品，进口价格是 P_C，加上关税 $P_C P_T$，因而 A 国的国内价格是 P_T。A 国在 P_T 价格条件下，国内生产供应量为 S_0，国内需求量为 D_0，供需缺口为 $S_0 D_0$。A 国通过向 C 国进口 $S_0 D_0$ 数量的商品来达到国内的供求平衡。

当 A 国与 B 国组成关税同盟时，意味着两国间取消关税、实行自由贸易，并实施共同的对外关税。虽然 C 国的成本和价格比 B 国低，但如果共同对外关税能达到这样一种效果，即从 C 国进口的商品价格加上共同对外关税后的实际价格比从 B 国进口的价格高，显然，A 国的贸易商就会从 B 国进口商品，而不会从 C 国进口。A、B 两国组成关税同盟后，由于 A 国从 B 国进口的价格比同盟前的进口价格 P_T 要低，导致国内价格下降至 P_B 水平。在 P_B 价格水平上，A 国国内生产供应量缩减至 S_1，国内需求增加至

D_1，A 国进口 S_1D_1 的商品来满足国内需求。将 A 国参加关税同盟前的进口量与参加同盟后的进口量相比，可以看到 A 国增加了进口量 S_1S_0 和 D_0D_1。这部分增加的进口量就是贸易创造效应。

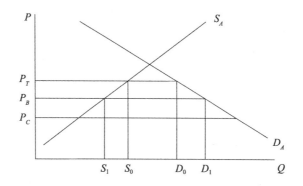

图 6-1　关税同盟的贸易创造效应和贸易转移效应分析

贸易创造效应通常被视为一种正效应，因为 A 国国内商品生产成本高于 A 国从同盟国进口的商品生产成本。关税同盟使 A 国放弃了一部分商品的国内生产，改为由 B 国进行生产，从世界范围来看，提高了资源配置效率。

（二）贸易转移效应

贸易转移效应（Trade Diversion Effect）是指由于关税同盟对内取消关税，对外实行统一的保护关税，成员方把原来从同盟外非成员方低成本生产的产品进口转化为从同盟内成员方高成本生产的产品进口，从而使贸易方向发生了转变。

如图 6-1 所示，A 国与 B 国组成关税同盟后，由于 P_B 低于 P_C 与共同对外关税之和，因此 A 国就不再从 C 国进口，转而从 B 国进口。原来 A 国从 C 国进口的 S_0D_0 的商品数量，关税同盟后改为由 A 国从 B 国进口，这就是贸易转移效应。

贸易转移效应通常被视为一种负效应，因为 A 国从 C 国进口的商品生产成本低于 A 国从 B 国进口的商品生产成本，贸易转移导致低成本的商品生产被放弃，而高成本的商品生产得以扩大。从世界范围来看，这种生产转换降低了资源配置效率。

（三）社会福利效应

社会福利效应（Social Welfare Effect）是指关税同盟的建立对成员方的社会福利将带来怎样的影响，运用图 6-2 来分析说明。组成关税同盟后，A 国商品的价格从 P_T 下降至 P_B，消费需求增加了 D_0D_1，获得消费者剩余 P_TCFP_B。但 A 国商品的价格下降导致国内生产供应缩减 S_1S_0，生产者剩余减少 P_TGHP_B。建立同盟后，A 国不能对 B 国的进口商品征收关税，因而关税收入减少 $GCXW$。A 国社会福利净增加或净减少并不确定，因为福利所得的消费者剩余 P_TCFP_B 与福利所损失的生产者剩余 P_TGHP_B 及关税收入中的一部分 $GCVU$ 相抵后，还剩下消费者剩余 GUH 和 CFV 两个三角形。然后，把这两个三角之和的福利所得与关税收入 *UVXW* 福利所失的大小进行比较。如果 *GUH+CFV* 大于 *UVXW*，A 国的社会福利净增加；反之，A 国的社会福利净减少。

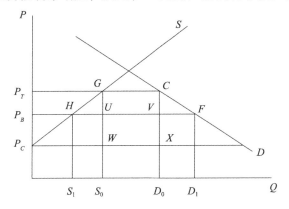

图 6-2　关税同盟的社会福利效应分析

一国社会福利的变化主要受几种因素的影响：

（1）加入同盟后国内商品价格下降的幅度。如果价格下降的幅度足够大，加入同盟后的社会福利就能获得净增加。

（2）国内商品价格的供给和需求弹性。一国国内商品价格的供给和需求弹性越大，该国加入关税同盟后获得的消费者剩余就越多，失去的生产者剩余越少，从而越有可能获得社会福利的净增加。

（3）加入关税同盟前的关税水平。一国加入关税同盟前的关税水平越高，加入关税同盟后国内商品价格下降的幅度越大，因而越有可能获得社会福利的净增加。

（四）贸易条件效应

贸易条件效应（Trade Term Effect）是指建立关税同盟后，同盟内国家向同盟外国家进出口商品的贸易条件发生的变化。一般来说，关税同盟的贸易转移会具有大国效应，即同盟内国家减少从同盟外国家的进口导致世界市场的供给价格下降。这样，同盟成员方的贸易条件就可能得到改善。由于贸易条件得到改善，同盟成员方的社会福利也得以增加。结合图 6-3 分析说明，D 是关税同盟内部的需求曲线，S 是关税同盟内部的供给曲线，外部世界市场的供给价格为 P_W。如果共同对外关税为零，P_W 决定了同盟内的供给为 Q_1，需求为 Q_2。如果关税同盟的共同对外关税为 T，则同盟内的价格为 P_T，同盟内的供给为 Q_3，需求为 Q_4。同盟外部的供应者为了阻止出口量的下降，会把出口价格降低至 P_W，这意味着同盟外部供应者的出口量可维持 Q_3Q_4 水平。因此，关税同盟进口的价格比以前低了。假定关税同盟的出口商品价格不变，则关税同盟的贸易条件得到了改善。由于贸易条件的变化，关税同盟的社会福利也会相应发生变化。关税同盟的得益部分为 *EHIF*，福利损失部分为 *ACE+BFG*，如果 *EHIF* 大于 *ACE+BFG*，意味着有净利得；反之，则有净损失。

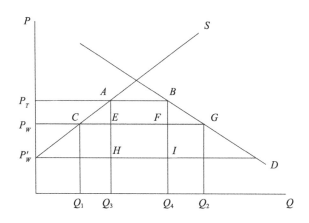

图 6-3　关税同盟的贸易条件效应分析

（五）大市场理论

大市场理论的代表人物是西陶斯基（T. Scitovsley）和德纽（J. F. Deniau）。

大市场理论以共同市场作为分析基础。一个成功的大市场要覆盖广阔的区域并有足够的调控空间。共同市场的目标是消除贸易保护主义障碍，把被保护主义分割的每一个国家的国内市场统一成一个大市场，通过大市场内的激烈竞争，实现专业化、批量化生产等方面的利益。

大市场理论的核心是：

第一，通过国内市场向统一的大市场延伸，扩大市场范围，获取规模经济利益，从而实现技术利益。

第二，通过市场的扩大，创造激烈的竞争环境，进而达到实现规模经济和技术利益的目的。

大市场的技术优势在于专业化规模生产，而经济优势则在于加剧竞争，降低成本，实现资源合理配置。进入大市场的国家需要具备以下条件：成员方地理上接近，并在发展水平、经济结构、经济制度、收入水平、文化背景等方面要有相当程度的一致性。

大市场理论提出了经济一体化的动态效果。但是，西陶斯基和德纽的论述面太窄，因此，人们对大市场理论仍存在疑问：实现规模经济这一目的与竞争激化这一手段能否导致共同市场内部贸易创造和谐地扩大？因为竞争激化的结果往往是垄断，这对于共同市场内部的分工是不利的。

（六）协议性国际分工理论

协议性国际分工原理是由日本著名教授小岛清（Kiyoshi Kojima）提出的。

协议性国际分工是指一国放弃某种商品的生产，把市场提供给另一国，同时另一国放弃另外一种商品的生产，并把国内市场提供给对方。这种分工不是通过价格机制自动实现的，而是通过当事各方的协议安排的。协议性国际分工的条件如下：

（1）参加协议的国家生产要素禀赋差异不大，工业化水平和经济发展水平相近。

（2）分工的对象商品必须是能够获得规模经济的产品。

（3）每个国家自己实行专业化的产业和让给对方的产业之间没有太多优劣之分。

如拉美中部共同市场统一产业政策，由国家间的计划决定分工，就是典型的协议性国际分工。

（七）综合发展战略理论

综合发展战略理论是鲍里斯·塞泽尔基（Boris Cizelj）在 1983 年出版的《南南合作的挑战》一书中系统提出来的。

综合发展战略理论是研究和分析发展中国家进行经济一体化时应该考虑的政治、经济、机构等因素的理论。该理论认为发展中国家进行一体化需遵循以下原则：

（1）一体化是发展中国家的一种发展战略，不局限于市场的统一，也不必在一切情况下都追求尽可能高级的其他的一体化。

（2）两极分化是伴随着一体化的一种特征。

（3）私营部门在发展中国家一体化进程中占了统治地位。

（4）有效的政府干预对于经济一体化的成功是重要的。

综合发展战略理论的特点如下：

第一，突破了以往经济一体化理论的研究方法，抛弃了用自由贸易和保护贸易理论来研究发展中国家的经济一体化进程的传统做法，主张用与发展理论紧密相连的跨学科的研究方法，把一体化作为发展中国家的发展战略，不限于市场的统一。

第二，充分考虑了发展中国家经济一体化过程中国内外的制约因素，把一体化当作发展中国家集体自力更生的手段和按新秩序变革世界经济的要素。

第三，在制定经济一体化政策时，主张综合考虑政治、经济因素，强调经济一体化的基础是生产及基础设施领域，必须存在有效的政府干预。

第二节　区域经济一体化组织的发展概况

经济一体化最早的组织要追溯到 1241 年成立的普鲁士各城邦之间的"汉萨同盟"。现代的区域经济一体化组织的实践起源于 1958 年成立的欧洲经济共同体，到 20 世纪 80 年代后，越来越多的国家参与到浪潮之中，参与一体化的国家之间经济边界日益模糊。经济集团之间的经济关系日益取代国家之间的经济关系，成为当前国际经济关系的主题。

一、欧洲联盟

（一）欧盟联盟的基本概况

欧洲联盟（European Union），简称欧盟（EU），是欧洲多国共同建立的政治及经济联盟，总部设在比利时首都布鲁塞尔，该联盟拥有 27 个会员国（英国于 2020 年 1 月退出），正式官方语言有 24 种。

欧盟创始成员方有 6 个，分别为法国、联邦德国、意大利、荷兰、比利时和卢森堡。六国领导人于 1957 年 3 月 25 日在罗马签署了《欧洲经济共同体条约》和《欧洲原子能共同体条约》，后统称为《罗马条约》。条约的签署标志着欧洲联盟的前生——欧洲经济共同体的诞生。1991 年 12 月，欧洲共同体马斯特里赫特首脑会议通过《欧洲联盟条约》，通称《马斯特里赫特条约》（以下简称《马约》）。1993 年 11 月 1 日，《马约》正式生效，欧盟正式诞生。2012 年，欧盟获得诺贝尔和平奖。

（二）欧盟的主要机构及运作机制

法国、联邦德国、意大利、荷兰、比利时、卢森堡作为创始成员方，于 1951 年结盟。此后，丹麦、爱尔兰和英国（1973 年），希腊（1981 年），西班牙和葡萄牙（1986 年），奥地利、芬兰、瑞典（1995 年）先后成为欧盟成员方。2004 年 5 月 1 日，欧盟实现了有史以来规模最大的扩盟，波兰、捷克、匈牙利、斯洛伐克、斯洛文尼亚、塞浦路斯、马耳他、拉脱维亚、立陶宛和爱沙尼亚 10 个国家同时加入欧盟。2007 年 1 月 1 日，保加利亚和罗马尼亚加入欧盟。2013 年 7 月 1 日，克罗地亚入盟。此外，欧盟还启动了与冰岛的入盟谈判；将土耳其、马其顿、黑山列为欧盟候选国；与阿尔巴尼亚、塞尔维亚和波黑签署了《稳定与联系协议》。《罗马条约》明确规定了欧洲理事会在欧洲联盟中的中心地位。2020 年 1 月 31 日，英国正式"脱欧"，截至 2019 年 12 月底，欧盟仍有 27 个成员方。

20 世纪 50 年代欧洲一体化开始形成，现在的欧盟于 1992 年《马斯特里赫特条约》签订后成立。2007 年，《里斯本条约》（又称《改革条约》）签订，欧盟才获得了现有的结构和权力。根据这些条约，欧盟 28 个成员方同意集中主权，同时将许多决策权授予欧盟。

根据行政、立法、司法和财务职能，欧盟大致分为七个官方机构。

1. 欧洲理事会

欧洲理事会是欧盟最高政治领导人集团，由每个成员方的总统或总理组成。理事会首脑会议用于确定欧盟的大致发展方向，解决紧迫的高级别问题。理事会主席由成员方选举得出，每届最长任期两年半。

2. 欧盟委员会

欧盟委员会是欧盟的主要执行机构，拥有最多的日常权力。委员会负责法律提案、预算管理、决策执行和法规颁布，并在世界各峰会、谈判和国际组织中代表欧盟。委员会成员由欧盟理事会任命，并经欧洲议会批准。

3. 欧洲议会

欧洲议会是唯一通过直接选举产生的欧盟机构，由每个成员方人民选举的代表组成。与传统的立法机构不同，欧洲议会不能提出立法动议，但如果一项法律未能得到议会批准就无法获得通过。议会还负责谈判和批准欧盟预算，并监督欧盟委员会。

4. 欧盟理事会

为防混淆，欧盟理事会也称为部长理事会，是欧盟的第二个立法机构，一项法律也需要得到该机构批准才能获得通过。根据政策领域的不同，该委员会由所有欧盟成员方政府部长组成。例如，所有欧盟成员方的外长组成一个集团，所有农业部长组成另一个集团，依此类推。

5. 欧洲联盟法院

欧洲联盟法院（简称"欧盟法院"）是欧盟最高司法机构，负责解释欧盟法律和解决争端。欧盟法院由欧洲法院和欧盟普通法院组成，前者由各成员国的法官组成，负有解释欧盟法律和确保其在各欧盟成员国间能被平等适用的任务；后者负责审理个人和组织针对欧盟各机构提起的各种案件。

6. 欧洲中央银行

欧洲中央银行负责为使用欧元并实施欧盟货币政策的 19 个国家管理欧元，同时帮助规范欧盟银行系统。

7. 欧洲审计院

欧洲审计院负责审核欧盟预算，检查资金是否得到恰当使用，并向欧洲议会、委员会和各国政府报告所有欺诈行为。

这些机构通过选举以两种方式获得民主合法性：第一，欧洲理事会确定欧盟的总体政治方向，由民主选举产生的国家领导人组成；第二，欧洲议会由欧洲议会成员（MEP）的代表组成，这些代表由各欧盟成员的公民直接选举产生。

欧盟理事会和欧洲议会共同决定欧盟委员会的组成，由理事会提名委员会成员，并且必须获得议会批准。欧盟委员会拥有提议欧盟法律和财政支出的唯一权力，但所有欧盟立法都需要同时得到欧洲议会和部长理事会的批准。欧盟的共同商业政策与欧盟外交部门不同，它通过欧盟贸易委员会执行贸易政策。与其他外交政策事务不同，在贸易政策方面，各国政府同意将所有决策权转交给欧盟。欧盟的关税联盟为整个欧盟设定了单一的对外关税，其单一市场则对所有进入欧盟的商品和服务一视同仁，因此欧盟需要统一的贸易政策，同时欧盟在贸易谈判和 WTO 中作为一个整体进行活动。

（三）欧盟的经济概况

欧盟是世界上经济最发达的地区之一，经济一体化的逐步深化又促进了该地区经济的进一步繁荣。2019 年，欧盟 28 个成员方国内生产总值达到 19 万亿美元，人均国内生产总值为 36 539 美元。根据世界贸易组织公布的 2017 年世界主要经济体货物贸易统计数据，欧盟货物贸易出口额达到 59 006 亿美元，占世界 33.3%；货物进口额达到

58 765 亿美元，占世界 32.5%。[一] 世界贸易组织《2020 世界贸易统计评论》数据显示，2019 年世界贸易总额达 5.67 亿美元，欧盟的商品贸易额占世界的 30%。在欧盟对外贸易中，美国、中国、俄罗斯、瑞士为其主要贸易伙伴。欧盟也是全球最不发达国家的最大出口市场和最大援助者、多边贸易体系的倡导者和主要领导力量。

欧盟的经济实力已经接近美国，而随着欧盟的扩大，欧盟的经济实力将进一步加强，尤其重要的是，欧盟不仅因为新加入国家正处于经济起飞阶段而拥有更大的市场规模与市场容量，而且欧盟作为世界上最大的资本输出的国家集团和商品与服务出口的国家集团，再加上欧盟相对宽容的对外技术交流与发展合作政策，对世界其他地区的经济发展特别是包括中国在内的发展中国家至关重要。欧盟可以称得上是个经济"巨人"。

二、北美自由贸易区

北美自由贸易区（North American Free Trade Area，NAFTA）是在区域经济集团化进程中，由发达国家和发展中国家在美洲组成的。美国、加拿大和墨西哥三国于 1992 年 8 月 12 日就《北美自由贸易协定》达成一致意见，并于同年 12 月 17 日由三国领导人分别在各自国家正式签署。1994 年 1 月 1 日，协定正式生效，北美自由贸易区宣布成立。三个成员方彼此必须遵守协定规定的原则和规则，如国民待遇、最惠国待遇及程序上的透明化等来实现其宗旨，借以消除贸易障碍。自由贸易区内的国家货物可以互相流通并减免关税，而贸易区以外的国家则仍然维持原关税及壁垒。美墨之间因北美自由贸易区使得墨西哥出口至美国受惠最大。北美自由贸易区已成为世界自由贸易区联盟荣誉成员。

（一）北美自由贸易区的发展历程

1. 北美自由贸易区的构建

1985 年 3 月，加拿大总理马尔罗尼在与美国总统里根会晤时，首次正式提出美加两国加强经济合作、实行自由贸易的主张。由于两国经济发展水平及文化、生活习俗相近，交通运输便利，经济上的互相依赖程度很高，所以自 1986 年 5 月开始经过一年多的协商与谈判于 1987 年 10 月达成了协议，次年 1 月 2 日，双方正式签署了《美加自由贸易协定》。经美国国会和加拿大联邦议会批准，该协定于 1989 年 1 月生效，建立了世界上最大的自由贸易区。

《美加自由贸易协定》规定在 10 年内逐步取消商品（包括农产品）进口的关税和非关税壁垒，取消对服务业的关税限制和汽车进出口的管制，开展公平、自由的能源贸易。在投资方面两国将互相提供国民待遇，并建立一套共同监督的有效程序和解决相互间贸易纠纷的机制。另外，为防止转口逃税，协定还确定了原产地原则。美加自由贸易

[一]　中华人民共和国商务部. 2017 年世界主要经济体货物贸易统计摘要 [EB/OL]. (2019-07-31) [2021-02-21]. http://www.caitec.org.cn/upfiles/file/2019/1/20190219141717757.pdf.

区是一种类似于共同市场的组织，标志着北美自由贸易区的萌芽。

2. 北美自由贸易区的成立

由于双边合作的蓬勃发展和《美加自由贸易协定》的签署，墨西哥开始把与美国开展自由贸易区的问题列上了议事日程。1986 年 8 月两国领导人提出双边的框架协定计划，并于 1987 年 11 月签订了一项有关磋商两国间贸易和投资的框架原则与程序的协议。在此基础上，两国进行多次谈判，于 1990 年 7 月正式达成了《美墨贸易与投资协定》（也称"谅解"协议）。同年 9 月，加拿大宣布将参与谈判，三国于 1991 年 6 月 12 日在加拿大的多伦多举行首轮谈判，经过 14 个月的磋商，最终于 1992 年 8 月 12 日达成了《北美自由贸易协定》。该协定于 1994 年 1 月 1 日正式生效，北美自由贸易区宣告成立。

（二）北美自由贸易区的特点

北美自由贸易区是一个以美国为核心的南北区域性经济组织，美国在北美自由贸易区内有着绝对的主导作用。美国不仅是北美自由贸易区的倡导者，而且是该自由贸易区的主导国，它在贸易区的运行中占据绝对的主导和支配地位。从贸易区内部的实力来看，美国占有 2/3 的人口和具有 90% 的经济实力，加拿大则仅有 7% 的人口和 8% 的经济实力，墨西哥虽拥有近 26% 的人口，但经济实力则不到 2%。美国、加拿大、墨西哥三国按工业化程度和发展水平分属三个不同的层次：美国属于第一个层次，加拿大属于第二个层次，二者均是发达的工业化国家；墨西哥则是第三个层次，为新兴的工业化国家。因此，无论是从经济实力、工业化程度还是发展水平等方面相比，美国都处于绝对的优势地位，自然对加拿大和墨西哥具有很强的制约力。

北美自由贸易区给美国在双边贸易、直接投资、技术转让及第三产业诸领域内提供控制和渗透加拿大与墨西哥的机会，从而在自由贸易区对内对外事务上拥有了绝对的话语权。因而，从根本上说，北美自由贸易区的建立更多地体现出了美国的战略意图。但是，北美自由贸易区又给加拿大和墨西哥提供了难得的进入美国市场的机会，对于促进这两个国家的经济发展具有非常重要的作用。2017 年，北美自由贸易区货物出口额达到 23 768 亿美元，货物进口额达到 32 828 亿美元，分别占世界的 13.4% 和 18.2%。[○]

三、亚太经济合作组织

（一）亚太经济合作组织的简介

亚太经济合作组织（Asia-Pacific Economic Cooperation，APEC）是亚太地区重要的经济合作论坛，也是亚太地区最高级别的政府间经济合作机制。1989 年 11 月 6～7 日，

○　中华人民共和国商务部. 2017 年世界主要经济体货物贸易统计摘要 [EB/OL]. (2019-07-31) [2021-02-21]. http://www.caitec.org.cn/upfiles/file/2019/1/20190219141717757.pdf.

澳大利亚、美国、加拿大、日本、韩国、新西兰和东盟六国在澳大利亚首都堪培拉举行了亚太经济合作会议首届部长级会议，这标志着亚太经济合作会议的成立，1993 年 6 月改名为亚太经济合作组织，简称亚太经合组织。1991 年 11 月，中国内地正式加入亚太经济合作组织。

亚太经济合作组织位于环太平洋地区，分布在美洲、亚洲和大洋洲。该组织共有 21 个成员：澳大利亚、文莱、加拿大、智利、中国内地、中国香港、印度尼西亚、日本、韩国、墨西哥、马来西亚、新西兰、巴布亚新几内亚、秘鲁、菲律宾、新加坡、中国台湾、泰国、美国、俄罗斯和越南。此外，东南亚国家联盟、太平洋经济合作理事会和南太平洋论坛均是亚太经济合作组织的观察员。亚太地区是世界上最具活力的地区，APEC 的 21 个经济体共有 27 亿人口，占世界总人口的 40%，总贸易额占全球贸易额的 44%，国内生产总值（GDP）按购买力平价计算占世界 GDP 的 53%，是当今世界最大的区域国际经济合作组织。

（二）亚太经济合作组织的一体化进程

亚太经济合作组织问题于 20 世纪 60 年代初由日本民间人士提出，并得到日本政府的高度重视和美国、加拿大、澳大利亚、新西兰等国的积极响应。1967 年五国的工商、金融界人士成立了"太平洋盆地经济理事会"（Pacific Basin Economic Council，PBEC），商讨研究成员方公私各方关于地区贸易、投资以及更大范围的合作事宜。之后 20 年左右的时间有关亚太经济合作的种种设想，都是以这一地区五个发达国家为对象，而把发展中国家排除在外。

面对欧共体统一大市场建设步伐的加快，1989 年在澳大利亚总理霍克的倡议下，拟组建一个由美国、日本、加拿大、澳大利亚、新西兰、东盟六国和韩国共 12 个国家参加的"亚太地区经济合作部长会议"（APEC）。它表明亚太经济合作组织已完成由民间协商机构向官方协调机构的过渡。在成立之初，亚太经济合作组织是一个仅由各成员外交部部长和贸易部部长参加的部长级区域论坛。

从 1993 年起，APEC 每年举行一次领导人非正式会议，领导人非正式会议是亚太经济合作组织最高级别的会议，首次领导人非正式会议于 1993 年 11 月 20 日在美国西雅图举行，会议发表了《经济展望声明》，揭开了亚太贸易自由化和经济技术合作的序幕。此后，领导人非正式会议每年召开一次，在各成员间轮流举行。按惯例，每年主办领导人会议的成员即该年度领导人会议、部长级年会和高官会议的主席。除了领导人会议和部长级会议之外，亚太经济合作组织还举行有关专业部长会议和高官会议。

（三）亚太经济合作组织的特点

APEC 成员具有丰富的多样性。从发展水平看，有发达经济体，也有发展中经济体；从人均收入看，有高收入经济体，也有低收入经济体，还有陷入中等收入陷阱的经济体；从社会制度看，有资本主义制度，也有社会主义制度；从文化传统看，有东方文化，也有西方文化，东西方两大文化之下还可以细分为众多的文化，如在东亚地区，有华人文化、日本文化、朝鲜半岛文化、东南亚文化等，西方文化至少还有盎格鲁－撒克逊文化和拉丁文化等。各个经济体的历史背景也是纷繁复杂的，有老牌帝国主义国家，有新兴经济体，也有 20 世纪 70 年代才独立的前殖民地国家。

APEC 的宗旨是支持亚太地区的经济可持续增长与繁荣，自成立以来，致力于推动各成员实行自由和开放的贸易与投资政策，促进区域经济一体化和多边贸易进程，鼓励成员间进行经济和技术合作，加强人类安全，创建更有利的商业环境，以此推动建设和谐的、富有活力的亚太大家庭。

（四）亚太经济合作组织的贸易与投资

贸易投资自由化和区域经济一体化是亚太经济合作组织的核心议程和根本目标。二者相辅相成，前者更是后者发展的基础。贸易和投资自由化、便利化是亚太地区经济发展的动力所在。

自 20 世纪 90 年代初以来，亚太经济合作组织所涵盖的亚太地区始终是全球范围内贸易投资活动最为活跃的地区。近年来，亚太经济合作组织地区内部的贸易额和直接投资存量在全球所占的比重都达到了 60% 左右。亚太经济合作组织成立 20 多年来，在推进本地区贸易与投资自由化和便利化、深化区域经济一体化方面发挥了不可替代的作用。

当前，世界经济复苏乏力，亚太地区经济保持增长势头，但面临一定的下行压力，世界贸易组织多哈回合谈判陷入僵局，多边贸易体制遇到较大困难，全球贸易保护主义有所抬头。在这样复杂的形势下，坚持推动贸易投资的自由化和便利化，需要顶着风浪向前走的力量与勇气。近年来，亚太经贸发展的一个突出特征，就是以中国、印度为代表的新兴经济体的稳定快速发展，不断对外开放；以东盟和中国（10+1）、东盟和中日韩（10+3）等机制为代表的地区经贸合作，带动了不同经济体经贸关系的加速互动，使整个亚太地区呈现出了史无前例的发展活力。

四、东盟自由贸易区

（一）东盟自由贸易区的简介

东南亚国家联盟（Association of Southeast Asian Nations，ASEAN），简称东盟。其前身是马来亚（现马来西亚）、菲律宾和泰国于 1961 年 7 月 31 日在曼谷成立的东南亚联盟。1967 年 8 月 8 日，东南亚联盟三国加上新加坡、印度尼西亚共 5 国在泰国曼谷举行会议，发表了《东南亚国家联盟宣言》（也称《曼谷宣言》），成立了东南亚国家联盟。20 世纪 80 年代后，文莱（1984 年）、越南（1995 年）、老挝（1997 年）、缅甸（1997 年）和柬埔寨（1999 年）5 国先后加入东盟。截至 2020 年年底，东盟成员方共有 10 个。这一组织涵盖整个东南亚地区，形成一个人口超过 6.6 亿、面积达 450 万平方公里的 10 国集团。东盟候选国为东帝汶；观察员国为巴布亚新几内亚（自 1976 年起）。东盟 10 个对话伙伴是：澳大利亚、加拿大、中国、欧盟、印度、日本、新西兰、俄罗斯、韩国和美国。

（二）东盟自由贸易区的发展进程

1. 成立东南亚国家联盟

1967 年 8 月 8 日，东南亚国家联盟成立。东盟成立的宗旨是"提倡以平等及合作精神共同努力，促进东南亚地区的经济成长、社会进步与文化发展"。

2. 设立"东盟自由贸易区"

1992 年 1 月，在新加坡举行了由印度尼西亚、马来西亚、菲律宾、新加坡、泰国、文莱等东盟六国参加的东盟贸易部长会议，会议签署了设立"东盟自由贸易区"（ASEAN Free Trade Area，AFTA）的协议。设立东盟自由贸易区的主要目的在于增强东盟地区作为单一生产单位的竞争优势；通过减少成员方之间的关税和非关税壁垒，期待创造出更大的经济效益、生产率和竞争力；加强东盟区域一体化和促进盟区内的贸易与投资。本次会议随即签署了代表发展东盟自由贸易区重要标志的纲领性文件，即《东盟自由贸易区共同有效普惠关税方案协议》（Agreement on the Common Effective Prefe-rential Tariff Scheme for AFTA，CEPT）。会议确定在未来 15 年内，即在 2008 年前成立东盟自由贸易区。1995 年召开的东盟首脑会议决定加速 AFTA 成立的时间表，即将原定的 15 年时间计划缩短为 10 年，即在 2003 年前成立东盟自由贸易区。

3. 向组织化运作模式发展

AFTA 自 1992 年设立以来，由于各国意见分歧导致成立之初发展相当缓慢。在新加坡及马来西亚的积极主导下，现已逐步向较具组织化的运作模式发展，而且会员国之间经济合作范围也有日趋多元化的趋势。

（三）东盟自由贸易区的组织机构

东盟主要机构有首脑会议、外长会议、常务委员会、经济部长会议、其他部长会议、秘书处、专门委员会以及民间和半官方机构。东盟最高决策机关为由成员组成的东盟高峰会，前期为不定期召开，在 1992 年的第四次峰会上，出席者包括六个创始国。首脑会议是东盟最高决策机构，自 1995 年召开首次会议以来每年举行一次，已成为东盟国家商讨区域合作大计的最主要机制，主席由成员方轮流担任。外长会议是制定东盟基本政策的机构，每年轮流在成员方处举行。常务委员会每两个月举行一次会议，主要讨论东盟外交政策，并落实具体合作项目。东盟总部为东盟秘书处，设在印度尼西亚首都雅加达。

（四）东盟自由贸易区的贸易与投资

近年来，东盟地区的经济保持稳健增长，成为亚洲经济发展中的中坚力量，也吸引了来自全球的贸易伙伴及投资者。2018 年，东盟各成员方的国内生产总值（GDP）合计已经达到 2.95 万亿美元，2019 年东盟货物贸易进出口总额达 2.82 万亿美元。联合国贸易和发展会议数据显示，2019 年流入东盟的外商直接投资（FDI）达 1 596 亿美元，创下历史新高。东盟超越欧洲、中国，成为全球外商直接投资增长的主要推动力。

作为东盟周边地区的重要国家之一，中国一直以来都与东盟保持各方面的密切往来与合作。截至 1991 年，中国与东盟所有国家均建立或恢复外交关系，并于 1996 年成为东盟全面对话伙伴。2003 年，中国与东盟建立战略协作伙伴关系，中国成为第一个加入《东南亚友好合作条约》的非东盟国家。随着中国与东盟的经贸往来日趋频繁，中国已经成为东盟最重要的经济合作伙伴之一。2016 年中国与东盟的贸易额为 4 522 亿美元，2017 年增加到 5 148 亿美元，2018 年以 5 878 亿美元创历史新高，2019 年降低至 5 079 亿美元。

五、《关于建立更紧密经贸关系的安排》

《关于建立更紧密经贸关系的安排》（Closer Economic Partnership Arrangement，CEPA）包括 2003 年中国内地政府与香港特区政府签署的《内地与香港关于建立更紧密经贸关系的安排》，以及同年中国内地政府与澳门特区政府签署的《内地与澳门关于建立更紧密经贸关系的安排》。CEPA 是在 WTO 框架内，一个国家两个不同关税区之间特殊形式的自由贸易安排，也是一项优势互补、互利共赢的合作安排。

（一）CEPA 的特点

1. CEPA 是一个高标准的自由贸易协议，内容丰富，涉及领域广泛

CEPA 是内地迄今为止商签的内容最全面、开放幅度最大的自由贸易协议，也是香港与澳门实际参与的唯一的自由贸易协议。其内容质量高，覆盖面广，在短时间内结束谈判并付诸实施，为内地参与其他双边自贸区积累了丰富的经验，起到了开创性的作用。

2. CEPA 既符合 WTO 规则，又符合"一国两制"的方针

CEPA 在货物贸易和服务贸易中实行的开放措施完全符合 WTO 规则。CEPA 签署后，港澳地区仍维持其自由港的地位，也完全遵循了"一国两制"的方针。同时，CEPA 通过各项开放措施，逐步减少和消除两地经贸交流中的制度性障碍，促进了内地与港澳之间经济要素的自由流动和经济的融合，也符合内地与港澳经贸发展的实际情况。

3. CEPA 是开放的制度安排

CEPA 第三条规定，"双方将通过不断扩大相互间的开放，增加和充实 CEPA 的内容"。2004 年以来，双方根据形势的需要在 CEPA 框架下陆续签署了多个补充协议，内容不断充实和完善，这是 CEPA 开放性的具体体现。

（二）CEPA 的历史意义

CEPA 是"一国两制"原则的成功实践，是内地与港澳制度性合作的新路径，是内地与港澳经贸交流与合作的重要里程碑，是中国内地与香港、澳门单独关税区之间签署的自由贸易协议，也是内地第一个全面实施的自由贸易协议。

CEPA 具有自由贸易协议性质，是中国国家主体与其特别行政区之间签署的自由贸易协议性质的经贸安排，带有明显的自由贸易区特征。从宏观角度看，CEPA 的基本目标是：逐步取消货物贸易的关税和非关税壁垒，逐步实现服务贸易自由化，促进贸易投资便利化，提高内地与香港、澳门的经贸合作水平。

（三）CEPA 的主要内容及发展

1.《内地与香港关于建立更紧密经贸关系的安排》

《内地与香港关于建立更紧密经贸关系安排》于 2003 年 6 月 29 日正式签署，其主要内容包括三方面：①两地实现货物贸易零关税；②扩大服务贸易市场准入；③实行贸易投资便利化。

按照协议规定，在货物贸易方面，内地对香港原产地的货物，分两批实行零关税。第一批从 2004 年 1 月 1 日起，273 个内地税目涵盖的香港产品，只要符合原产地规则，都可享有零关税优惠。这些产品包括部分电机及电子产品、塑料产品、纸制品、纺织及成衣制品、化学制品、药物、钟表、首饰、化妆品及金属制品等；第二批从 2006 年 1 月 1 日起，内地对进口的所有原产于香港的产品实施零关税。截至 2006 年 6 月底，两地主管部门根据香港企业申请、确定原产地标准的 1 407 个内地税号的香港产品可零关税进入内地。香港特区同意在协议下对所有原产于内地的货品维持零关税，并且不会对该等货品实施限制性贸易法规。

在服务贸易方面，内地同意向会计、法律、广告、物流、航空运输、管理咨询、视听、医疗及牙医、银行、专利代理、文娱、专业技术人员资格考试、会议及展览、房地产及建筑、分销、仓储、货代、证券及期货、个体工商户、电信、信息技术、旅游、保险、商标代理、职业介绍所、运输（包括道路货运 / 客运服务及海运服务）、人才中介机构 27 个服务行业的"香港服务提供者"提前开放市场或放宽准入条件。

在贸易投资便利化方面，双方同意在 8 个范围内加强合作，规定内地在贸易投资促进、通关便利化、商品检验检疫、电子商务、法律透明度、中小企业、中医产业和知识产权保护等领域简化手续，以便香港资金更加自由地进入内地。

2.《内地与澳门关于建立更紧密经贸关系的安排》

《内地与澳门关于建立更紧密经贸关系的安排》于 2003 年 10 月 17 日签署，其主要内容包括三大方面：一是货物贸易；二是服务贸易；三是贸易投资便利化。

在货物贸易方面，根据两地货物贸易和海关监管的实际，内地对澳门原产地的货物，分两批实行零关税。第一，从 2004 年 1 月 1 日开始，将对澳门有较大实际利益的 273 个税务商品，包括部分化工产品、纸制品、纺织服装、首饰制品、医药产品、食品、电子及电制产品等，作为首批降税的产品，实行零关税。第二，从 2006 年 1 月 1 日起，所有原产于澳门的货物均可获内地零关税政策。

在服务贸易方面，内地对澳门 18 个服务性行业实行准入：管理咨询、会议及展览、广告、会计、法律、仓储、医疗及牙医、物流、货物运输代理服务、分销、运输、旅游、建筑、视听、银行、保险、证券、电信等行业。

在贸易投资便利化方面，内地与澳门将在 7 个领域加强合作：投资促进、通关便利化、商品检验检疫和食品安全及质量标准、电子商务、法律法规透明度、中小企业合作、产业合作。同时双方还明确在金融和旅游领域的合作内容，加快对专业人员资格相互承认的磋商。

表 6-3 对比了内地与港澳关于建立更紧密经贸关系安排的相关进程。

表 6-3　内地与港澳关于建立更紧密经贸关系的安排（CEPA）

内地与香港	内地与澳门
《内地与香港关于建立更紧密经贸关系的安排》（协议正文），2003-06-29	《内地与澳门关于建立更紧密经贸关系的安排》（协议正文），2003-10-27
《内地与香港关于建立更紧密经贸关系的安排》补充协议，2004-10-27	《内地与澳门关于建立更紧密经贸关系的安排》补充协议，2004-10-29
《内地与香港关于建立更紧密经贸关系的安排》补充协议二（正文），2005-10-18	《内地与澳门关于建立更紧密经贸关系的安排》补充协议二（正文），2005-10-21
《内地与香港关于建立更紧密经贸关系的安排》补充协议三，2006-06-27	《内地与澳门关于建立更紧密经贸关系的安排》补充协议三，2006-06-27
《内地与香港关于建立更紧密经贸关系的安排》补充协议四，2007-06-29	《内地与澳门关于建立更紧密经贸关系的安排》补充协议四，2007-06-29
《内地与香港关于建立更紧密经贸关系的安排》补充协议五，2008-07-29	《内地与澳门关于建立更紧密经贸关系的安排》补充协议五，2008-07-30
《内地与香港关于建立更紧密经贸关系的安排》补充协议六，2009-05-09	《内地与澳门关于建立更紧密经贸关系的安排》补充协议六，2009-05-11
《内地与香港关于建立更紧密经贸关系的安排》补充协议七，2010-05-27	《内地与澳门关于建立更紧密经贸关系的安排》补充协议七，2010-05-28
《内地与香港关于建立更紧密经贸关系的安排》补充协议八，2011-12-13	《内地与澳门关于建立更紧密经贸关系的安排》补充协议八，2011-12-14
《内地与香港关于建立更紧密经贸关系的安排》补充协议九，2012-06-29	《内地与澳门关于建立更紧密经贸关系的安排》补充协议九，2012-07-02
《内地与香港关于建立更紧密经贸关系的安排》补充协议十，2013-08-29	《内地与澳门关于建立更紧密经贸关系的安排》补充协议十，2013-08-30
《内地与香港关于建立更紧密经贸关系的安排》关于内地在广东与香港基本实现服务贸易自由化的协议，2014-12-18	《内地与澳门关于建立更紧密经贸关系的安排》关于内地在广东与澳门基本实现服务贸易自由化的协议，2014-12-18

（续）

内地与香港	内地与澳门
《内地与香港关于建立更紧密经贸关系的安排》服务贸易协议，2015-11-27	《内地与澳门关于建立更紧密经贸关系的安排》服务贸易协议，2015-11-28
《内地与香港关于建立更紧密经贸关系的安排》投资协议，2017-06-28	《内地与澳门关于建立更紧密经贸关系的安排》投资协议，2017-12-18
《内地与香港关于建立更紧密经贸关系的安排》经济技术合作协议，2017-06-28	《内地与澳门关于建立更紧密经贸关系的安排》经济技术合作协议，2017-12-18
《内地与香港关于建立更紧密经贸关系的安排》货物贸易协议，2018-12-14	《内地与澳门关于建立更紧密经贸关系的安排》货物贸易协议，2018-12-14
《关于修订内地与香港 CEPA 服务贸易协议的协议》，2019-11-22	《关于修订内地与澳门 CEPA 服务贸易协议的协议》，2019-11-22
落实《内地与香港关于建立更紧密经贸关系的安排》货物贸易	落实《内地与澳门关于建立更紧密经贸关系的安排》货物贸易
落实《内地与香港关于建立更紧密经贸关系的安排》服务贸易	落实《内地与澳门关于建立更紧密经贸关系的安排》服务贸易

资料来源：中华人民共和国商务部. 内地与港澳关于建立更紧密经贸关系的安排（CEPA）[EB/OL]. (2019-11-22) [2021-02-02]. http://tga.mofcom.gov.cn/article/zt_cepanew/.

（四）两个 CEPA 的差异

澳门 CEPA 与香港 CEPA 的原则内容上基本一致，同时考虑到澳门的实际情况和经济差异，《内地与澳门关于建立更紧密经贸关系的安排》中也充分体现了澳门的特点。由于和香港产业结构不同，澳门享受零关税的 273 个商品税目与香港有所不同。澳门由于没有深水港，其许多货品必须经过香港转运，不给澳门产品转运的权利，享受 CEPA就会打折扣，所以给予澳门产品特殊的宽容，就是澳门可以经过香港向内地转运。在投资贸易便利化方面，香港与内地有中医药的合作，澳门在这方面比较薄弱，"安排"中就转换成一个产业合作，"给澳门弹性，空出一个摊位，在上面摆东西"。澳门 CEPA 不仅包括大部分澳门生产的产品，还有一些未生产但有机会生产和预备生产的产品，如不锈钢餐具、电影以及一些电子产品等，为今后澳门新产业的发展预留了空间。

（五）内地与港澳经贸合作的最新动态

2003～2014 年，内地分别与香港、澳门先后签署了《关于建立更紧密经贸关系的安排》10 个补充协议以及《广东协议》，成功开启了两地制度性合作的全新路径。2015年以来，根据国家"十三五"规划的部署，内地与香港、澳门先后签署了《服务贸易协议》《投资协议》《经济技术合作协议》和《货物贸易协议》，实现了 CEPA 升级。

2018 年，内地与香港、澳门成立经贸合作委员会，涵盖 CEPA、"一带一路"建设、粤港澳大湾区建设、中葡平台建设等经贸领域重要议题，共同推动两地经贸交流合作向更高水平发展。

中国商务部的统计数据显示，在货物贸易领域，内地对原产澳门的货物已经全面实施了零关税，为澳门传统制造业拓展了发展空间。2019 年 1～11 月，两地货物贸易额达到 194 亿元人民币，同比增长 5.5%。在服务贸易领域，内地医疗、旅游、金融等市场对澳门扩大开放，为澳门人士在内地执业创造了更加便利的条件。在投资领域，截至 2019 年 11 月，澳门在内地累计投资设立企业 18 135 家，累计实际投资 171.4 亿美元，内地累计对澳门非金融类直接投资 26.8 亿美元。

六、《跨太平洋伙伴关系协定》

（一）《跨太平洋伙伴关系协定》的基本情况

《跨太平洋伙伴关系协定》(Trans-Pacific Partnership Agreement, TPP)，也被称作"经济北约"，是目前重要的国际多边经济谈判组织，其前身是《跨太平洋战略经济伙伴关系协定》(Trans-Pacific Strategic Economic Partnership Agreement，TPSEP)，是由亚太经济合作组织成员方中的新西兰、新加坡、智利和文莱 4 国（P4）发起，由美国主导、共 12 个国家参与谈判的一项多边自由贸易协定。从 2002 年开始酝酿的一组多边关系的自由贸易协定，原名亚太自由贸易区，旨在促进亚太地区的贸易自由化。截至 2015 年，成员有美国、日本、澳大利亚、加拿大、新加坡、文莱、马来西亚、越南、新西兰、智利、墨西哥和秘鲁，其经济规模占全球经济总量的 40%。

根据 TPP 协定，TPP 成员方的政治体制必须是尊重自由、民主、法制、人权、共同价值观。而且 TPP 统一监管标准包括：贸易和服务自由、货币自由兑换、税制公平、国企私有化、保护劳工权益、保护知识产权、保护环境资源、信息自由（包括新闻自由、互联网自由等）。

TPP 与 WTO 不尽相同。对比 WTO 追求的是降关税，TPP 追求的是自由贸易。它从传统、单一、狭义的贸易协定拓展成为现代、广义、综合的贸易协定。除了经济元素以外，TPP 包含了许多非经济元素。TPP 成员不仅要受到贸易机制的制约，而且还要受到法律法规、社会团体、生态环境、商业模式和公众评判等的制约。这可以说是西方国家，对于"自由贸易"的全新注解。这是整体、多层次发展的自由贸易新模式。

（二）TPP 的发展进程

TPP 从 2005 年 7 月正式签署，到 2014 年 5 月 19 日的第 20 轮谈判结束，已经历经了 9 个年头。TPP 的影响力日益增强，从刚开始的 4 个小型的开放经济体已经发展到 12 个成员方，其中包括像美国和日本这样的发达国家。目前，该协定正处于谈判进程中，其发展进程大致可分为以下三个阶段。

1. 酝酿阶段（1990～2000 年）

这一时期，全球经济区域化迅速兴起，在亚太地区主要体现为亚太经济合作组织（APEC）的诞生。1994 年 11 月，APEC 在《茂物宣言》中阐述了"开放的地区主义"理念，明确提出了发达国家和发展中国家实现贸易投资自由化的时间表与目标。在 APEC 的推动下，亚太地区各经济体的开放程度不断提升，经济合作领域迅速拓展。新加坡、智利等贸易自由化程度较高的国家开始考虑建立高标准的自由贸易区，这为 TPP 的出现奠定了重要基础。

2. 起步阶段（2001～2008 年）

这一时期，WTO 多边贸易体制进展缓慢，多哈回合谈判陷入停滞。与之相对照，区域自由贸易协定（FTA）呈现迅速发展的态势，随着中国—东盟、韩国—东盟、日本—东盟等 FTA 的成功签署，亚太地区逐渐成为全球 FTA 的中心。受此影响，新西兰、新加坡、文莱、智利 4 国于 2005 年共同签署了《跨太平洋战略经济伙伴关系协定》（TPSEP），这也是 TPP 的前身。

3. 发展阶段（2008 年至今）

2008 年下半年爆发的国际金融危机对世界经济产生了严重的冲击。出于应对金融危机和美国战略重心转移的需要，加上美国反恐战争和伊拉克战争基本结束，奥巴马政府将 TPSEP 作为美国介入并主导亚太区域经济一体化进程的重要杠杆，于 2008 年 2 月正式宣布加入 TPSEP。在美国的主导下，2009 年年底 TPSEP 被更名为 TPP。这一时期，除美国以外，越南、秘鲁、澳大利亚、马来西亚、加拿大、墨西哥、日本等国相继加入谈判，从而使 TPP 成员方范围由最初的 4 国（P4）迅速扩大到目前的 12 国（P12）。TPP 诞生的标志性事件是 2016 年 2 月，12 个国家的代表在新西兰奥克兰举行了签字仪式，这意味着 TPP 正式签署，但是这个协议的生命力仅有 9 个月。2017 年 1 月 20 日，美国总统特朗普在就职当天宣布从 12 国的 TPP 中退出。

面对美国的"退群"，日本开始牵头进一步推进 TPP，后来给其起了一个新名称——《全面与进步跨太平洋伙伴关系协定》，简称 CPTPP 协定。2018 年 3 月 8 日，CPTPP 成员方在智利首都圣地亚哥举行了签字仪式，当时签署协定的共有 11 个国家，分别是日本、加拿大、澳大利亚、智利、新西兰、新加坡、文莱、马来西亚、越南、墨西哥和秘鲁。2018 年 12 月 30 日，CPTPP 协定正式生效，这也表明日本主导的这个经济组织开始运行。

（三）TPP 的主要特点

1. 标准高

TPP 在贸易自由化方面的要求比一般的自由贸易协定严格，要求各成员百分之百地实现贸易自由化。其中，新加坡在协定生效的 2006 年就百分之百地实现了贸易自由化，新西兰、文莱、智利当年的贸易自由化率也分别达到了 96.5%、92% 和 89.53%。最终实现贸易自由化的时间，新西兰和文莱是 2015 年、智利是 2017 年。另外，在原产地规则方面，TPP 实行 45% 的附加价值标准，即享受零关税优惠的出口产品的附加价值必须超过其总价额的 45%，比东亚各国间 FTA 规定的 40% 的附加价值标准更为严厉。因此，TPP 堪称是一个高水平的 FTA，被誉为 FTA 中的"优等生"。比如美国要求其纺织品及成衣的原材料必须都来自成员方，并且要求之后的裁剪和缝制过程也须在 TPP 成员方内进行。

TPP 打破了 APEC 长久以来坚持的非约束性"协调单边主义"合作方式，使发达国家与发展中国家得以实现共同推进贸易自由化的目标。全面的市场准入、消除关税与其他阻碍商品和服务贸易与投资的壁垒，以便为劳工和企业创造新机会，让各成员方消费者及时受益。除了传统自由贸易协定包含的内容外，作为 TPP 的独立文件，高标准的《环境合作协定》和《劳工合作备忘录》，也给予了成员方很强的约束性。此外，TPP 谈判还延伸到食品安全、气候变化、政策透明度等当前世界经济与全球化发展中出现的极具时代性的议题，要求各国在竞争力、透明度、行业标准、规制合作、反腐败等方面做出承诺，呈现出别具一格的时代性。

2. 范围广

TPP 条款超过以往任何自由贸易协定，既包括货物贸易、服务贸易、投资、原产地规则等传统的 FTA 条款，也包含知识产权、劳工、环境、临时入境、国有企业、政府采购、金融、发展、能力建设、监管一致性、透明度和反腐败等亚太地区绝大多数 FTA 尚未涉及或较少涉及的条款，并且涵盖关税（相互取消关税，涉及万种商品）、投资、竞争政策、技术贸易壁垒、食品安全、知识产权、政府采购以及绿色增长和劳工保护等多领域。TPP 倡导包容性贸易，加强成员方的合作和能力建设，帮助中小企业了解并利用好相关条款，以确保规模不同的经济体和企业均能够从中获益；同时，注重解决数字经济和国有企业带来的新的贸易挑战，促进创新能力、生产力和竞争力的提升。

3. 开放性强

在 TPP 第一章的设立条款中，就明确指出为了扩大协定的利益，在成员方的同意下，协定可以扩展到其他国家或地区。TPP 的主要目标就是吸引亚太地区国家的加入，特别是 APEC 的成员方，并支持 APEC 框架下的广泛自由化进程，与其贸易投资自由和开放的宗旨一致。

七、《跨大西洋贸易与投资伙伴关系协定》

《跨大西洋贸易与投资伙伴关系协定》（Transatlantic Trade and Investment Partnership Agreement，TTIP），又称《美欧双边自由贸易协定》，议题涉及服务贸易、政府采购、原产地规则、技术性贸易壁垒、农业、海关和贸易便利化等。

（一）TTIP 的产生与发展

1. 酝酿阶段

美欧自贸区构想酝酿已久，回顾历史，美欧自贸区的设想可追溯到 20 世纪中叶，

1949 年加拿大曾提出让北约成为军事和经济联盟的建议，但遭到欧洲的拒绝。此后，美欧自贸区的设想不断被提及。20 世纪 90 年代中期，欧洲就将变革跨大西洋关系作为重要议题，试图在新的现实基础上构建新的欧美同盟关系。1995 年，欧美双方在马德里举行的首脑会议上签署了《跨大西洋新议程》和《美欧共同体行动计划》，同意加强两岸经贸关系，并就建立跨大西洋自由贸易区再次进行了讨论。1998 年 3 月，欧盟委员会提出了一项"新跨大西洋市场计划"，重提建立一个广泛的欧美自由贸易区的设想。然而，美国当时通过了带有域外法权性质的《赫尔姆斯－伯顿法》和《达马托法》，从而激怒了欧盟，导致该计划再次被搁浅。

2. 构想阶段

在 2004 年的欧美峰会上，双方达成要进一步推动跨大西洋经济一体化进程的共识。在 2005 年 6 月的欧美峰会上，双方首次提出"推动跨大西洋经济一体化进程和经济增长方案"，该方案包含合作监管和标准化、资本市场开放和竞争、技术创新和开发、贸易、知识产权保护等。2005 年 9 月，美国新保守派提出"以北美自由贸易区和西欧自由贸易区的融合"等为目标的新欧洲战略。在 2006 年 6 月的欧美峰会上，双方提交了一份有关经济一体化进展的报告，透露了在贸易、知识产权和能源安全方面的一些具体合作成就。2007 年 4 月，美欧在华盛顿峰会上签署了《跨大西洋经济一体化计划》，这不仅意味着美欧之间旧有经济矛盾的进一步舒缓和消解，而且为今后双方实现经济一体化和构建单一市场打下了基础。同时，会议决定成立"跨大西洋经济理事会"。

不过尽管欧美付出了上述努力，但"跨大西洋自由贸易区"的构想仍然停留在纸面上。欧美领导人将注意力主要集中在"东扩"上，美国谋求与韩国、新加坡等经济发展更快的国家达成区域新的自贸区，而欧盟致力于与加拿大等国建立自由贸易关系，双方各有所成的同时也使彼此间的贸易自由化温度逐渐下降。2008 年金融危机后，在不断出台的货币政策效果不佳的情况下，欧美两大经济体为拯救和刺激经济，再次将目光转向了双边自由贸易区的建设上，即通过取消关税或降低非关税壁垒来降低企业的国际交易成本，同时扩大国际市场份额。

3. 正式谈判阶段

2011 年 11 月美欧峰会期间，针对双方在创造就业和促进经济增长等方面的共同利益和目标，美国—欧盟就业与增长高级工作组宣告成立，致力于探讨美欧间贸易与投资发展的前景及相关政策和标准。欧洲国际政治经济研究机构为跨大西洋贸易撰写了研究报告，报告指出贸易自由化最大的经济收益不是来自出口，而是来自取消对本国市场的壁垒，从而促进了竞争、生产力和创新。该报告直接推动了欧美两国最终决定开启TTIP 谈判。

2013 年 2 月 13 日，欧洲理事会主席范龙佩、欧盟委员会主席巴罗佐和美国总统奥巴马发表联合声明，欧盟和美国将在 2013 年 6 月正式启动 TTIP 谈判，并计划在 2014

年完成谈判。这项协定若达成，将会是全世界规模最大的自由贸易协定。

2013 年 7 月 8 日，欧盟和美国在华盛顿启动欧美自贸区首轮谈判。这是奥巴马政府为寻找新的经济增长点而采取的部分措施。此次谈判旨在取消现存的进出口关税、互相承认行业标准以及简化双方商业的市场准入程序。当然，特朗普政府上台之后，TTIP 暂时搁浅了，未来进一步的情况，还需拭目以待。

（二）美欧推动建立 TTIP 的战略意图

1. 通过更深程度的经济合作为双方带来直接的经济和社会收益

全球金融危机和"欧债危机"的双重打击，让美国和欧盟经济陷入低迷，在轮番财政与货币政策刺激后，欧美各国国内政策的空间已经相当有限，贸易别无选择地成为美欧进一步提振经济的"救命稻草"。欧美经济产出约占全球总资产的一半；双边贸易额占全球贸易总额的 1/3。全球最大的两个经济体建立的区域一体化，对于欧美相互贸易、投资和经济的增长存在着正向的推动和激励作用。危机时期的"抱团过冬"是推动欧美这两个存在相互竞争的发达经济体走向合作、构建区域一体化的推动力。一旦 TTIP 谈判成功并得以全面实施，能为双方带来经济和社会收益，诸如刺激 GDP 增长、促进外贸增长、增加就业机会、稳定劳动力市场、增加部门收益等。

2. 重塑国际贸易新标准和新规则

长期以来，欧美尤其是欧盟将把在多边层面推行贸易与投资"自由化"作为主攻方向，但随着 WTO 多边谈判的停滞和全球双边贸易投资安排的迅速发展，欧盟逐渐转向"以推动双边来带动多边"的思路，推动双边 FTA 成为当前欧盟首要经贸战略，欧美路径趋于一致。由于欧美经济规模大、合作程度深、涉及范围广，TTIP 谈判在范围和深度上均超过了现有的双边 FTA。因此 TTIP 谈判势必超越当前全球 FTA 谈判水平，主导未来全球 FTA 的发展方向。欧美区域一体化协定的最大亮点不是消除关税，而是欧盟标准和美国标准的统一，进而力争成为国际标准。欧盟和美国将一起制定标准，在投资、政府采购、非关税贸易壁垒、知识产权、环境与就业、竞争性政策、国有企业的发展等方面提出更严格的贸易标准。从 TTIP 的谈判目标来看，在市场准入框架下"消除、降低或防止贸易和投资障碍""提高规则和标准的协调性""消除、降低或防止非关税的'境内壁垒'"以及"建立全球规则和原则"，是未来欧美的长远和主要战略目标。

3. 建立全球战略布局的主导权

近十年来，全球贸易格局发生了令发达国家意想不到却又无法控制的质变与逆转，金砖国家、新兴市场经济体异军突起，在世界贸易中发挥着越来越重要的作用。面对风云逆转的局面，发达国家不甘心于主导地位的消逝。主导国际贸易规则和秩序的共同目标促使欧美这两个全球最大的经济体走到了一起，希望通过自贸区在战略和政治上树立主导地位。美国正推动 TPP 的发展以实现"重返亚太"的战略目标，如果能够促成

TTIP 的发展并形成欧美联合主导的局面，美国和欧盟针对亚洲的政策协调程度无疑会明显加强，美国借助 TTIP 推动《跨太平洋战略经济伙伴关系协定》的脚步和进程会大大提速。美国通过北美自由贸易区、CPTPP 以及 TTIP 等多重区域一体化安排，很容易主导和影响全球多边贸易体系，从而取得战略上的主导权。

（三）TTIP 对全球及亚太经贸格局的影响

大西洋两岸是世界上经济最发达的地区，大西洋贸易曾经是国际贸易的主要部分。因此，如果 TTIP 生效，无论对大西洋两岸经济还是全球贸易格局，都将产生深远影响。欧美自贸区协议不仅是贸易协议，同时也是在创造一个具有深远政治影响的内部市场，谈判将致力于消除两大市场在行政领域的贸易障碍，促进欧美共同发展，其战略意义早已超越经济本身。TTIP 谈判将创建世界上最大的自由贸易协定，并可能重振自冷战结束以来的跨大西洋关系。如果达成，TTIP 将会成为新的国际贸易、投资规则的基础，进而影响整个全球化规则的制定。

八、《区域全面经济伙伴关系协定》

2011 年 2 月 26 日，在内比都举行的第十八次东盟经济部长会议讨论了如何与其经济伙伴国共同达成一个综合性的自由贸易协议，产生了组建区域全面经济伙伴关系的草案，2011 年东盟峰会上东盟十国领导人正式批准了区域全面经济伙伴关系，2020 年 11 月 15 日《区域全面经济伙伴关系协定》（Regional Comprehensive Economic Partnership，RCEP）正式签订。RCEP 是一项前所未有的，由域内发达国家、发展中国家和最不发达国家参与的大型区域贸易安排。RCEP 作为世界最大的自由贸易安排，代表着朝构建理想全球贸易投资规则框架迈出了重要一步。

由于 2019 年 11 月 4 日，印度宣布不加入东盟 RCEP，因此 RCEP 是以东盟十国为主导，中国、日本、韩国、澳大利亚、新西兰 5 国共同参加的 "10+5" 世界上最大的自由贸易区。该协定涵盖了拥有 22 亿人口（占全球将近 30%）的市场、26.2 万亿美元 GDP（占全球约 30%）、区域内贸易额 10.4 万亿美元，占全球贸易总额近 28%（基于 2019 年数据）。2018 年，RCEP 的 GDP 总和（按购买力平价计算）高于欧盟和北美自由贸易协定等其他贸易集团。在亚洲，RCEP 的 GDP 总和约为东盟自由贸易区成员方的 5 倍，是其他亚洲国家的 3 倍。

（一）区域全面经济伙伴关系提出的原因

（1）巩固和发展东盟在区域合作中的主导作用，这一主导作用关系到东盟的发展和稳定，关系到东盟国际地位的提升和在国际事务中发挥更大的作用。

（2）整合和优化东盟与中国、日本、韩国等 5 国已签署的自由贸易协定，改变规则过多、操作易乱的现状，以建成一个高质量的自由贸易区。

（3）由于 WTO 全球自由贸易的谈判受阻，建立区域全面经济伙伴关系以应对美国主导的 TPP 和中日韩计划建立自由贸易区而带来的新变化。

（4）通过 RCEP 进一步密切东盟经济关系和提升凝聚力。

(二)《区域全面经济伙伴关系协定》主要内容

RCEP 是由东盟提出的、最具雄心的自由贸易协定，增强了东盟在区域框架中的中心地位，并促进了东盟与区域伙伴的合作。RCEP 作为一个现代、全面、高水平和互惠的协定，由 20 个章节组成，涵盖此前东盟与 RCEP 非东盟国家之间自贸协定所未涉及的领域和纪律。除涉及货物贸易、服务贸易以及投资的具体条款外，RCEP 还包括知识产权、电子商务、竞争、中小企业、经济与技术合作和政府采购等章节。RCEP 货物、服务及投资自由化的市场准入承诺将为域内企业带来巨大商机。

RCEP 在货物贸易方面，整个开放水平达到 90% 以上；在投资方面，以负面清单的方式进行投资准入谈判；各成员之间的关税减让以立即降至零关税、10 年内降至零关税的承诺为主；中国与日本首次达成了双边关税减让安排，实现了历史性的突破。

(三)《区域全面经济伙伴关系协定》的目标

RCEP 的目标是削减关税及非关税壁垒、部分国家之间实施"零"关税；相互开放市场，创造和完善自由的投资环境；扩大服务贸易、保护知识产权、实施竞争政策等，密切合作关系；建立"10+5"统一市场的自由贸易协定，寻求合作发展。

要实现上述目标，意味着 RCEP 自由化程度将高于目前东盟与中国、日本、韩国、澳大利亚、新西兰等 5 个国家已经达成的自贸协议，包括《东盟自由贸易协议》《东盟与澳大利亚、新西兰自由贸易区协定》《日本—东盟全面经济伙伴关系基本框架协议》《中国—东盟全面经济合作框架协议》《韩国—东盟全面经济合作框架协议》。

⚠ 关键术语

区域经济一体化	关税同盟	区域经济一体化组织
贸易创造效应	贸易转移效应	社会福利效应
贸易条件效应	欧洲联盟	北美自由贸易区
东盟自由贸易区	亚太经济合作组织	关于建立更紧密经贸关系的安排

《跨太平洋伙伴关系协定》《跨大西洋贸易与投资伙伴关系协定》

《区域全面经济伙伴关系协定》

🕐 习题与思考

1. 区域经济一体化的含义及其类型是什么？

2. 从欧洲的经济一体化进程中可以获得什么启示？

3. 请举出一个关税同盟理论中贸易创造效应的例子。

4. 你认为哪些原因导致了英国"脱欧"？

5. 试述区域经济一体化与经济全球化的关系。

6. 作为东亚区域重要经济体的东亚三国中日韩，在经济上存在一定的互补性，相互之间的贸易联系也很紧密，它们有可能建成自贸区吗？为什么？

7. TTP 和 TTIP 是什么？它们对中国经济有什么影响？

8. RCEP 的主要目标是什么？

延伸阅读 6-1

英国脱欧对中国的五大影响

欧盟是当今世界上一体化程度最高的区域政治、经济集团组织，从区域化合作开始到一体化进程，开启和引领了世界的浪潮。英国于 2020 年 1 月 31 日脱欧，但在 2021 年年底过渡期结束前，英国仍将履行欧盟成员方的主要义务，包括留在关税同盟和单一市场。英国脱欧不仅决定着欧盟整体的命运，也会对中英乃至中欧关系带来诸多影响。

一是赴英留学一年能省数万元。如果脱欧，英镑汇率势必大跌，那对于去英国留学和旅游的人来说，算是一大利好。花旗估计，若英国脱欧，英镑对美元或下跌 10%～20%。按在英留学一年学费 1.5 万英镑、生活费 1 万英镑计算，可能因此一年节省 2.4 万～4.8 万元人民币。

二是加剧人民币贬值压力。脱欧，英镑汇率势必大跌，虽说对于去英国留学和旅游的人来说是利好。但短期内在外汇市场上，脱欧后英镑贬值，将会使美元升值，进而带动人民币兑美元贬值。英国脱离欧盟，可能带来市场恐慌，导致中国内地资本外流，加剧了人民币贬值的压力，挑战中国人民银行的货币管理政策。

三是人民币国际化步骤将被打乱。英国脱欧，伦敦作为全球顶级金融中心之一的地位或面临挑战，这将对人民币的国际化和中国资本"走出去"产生剧烈影响。近年来，伦敦着力推进建设人民币离岸市场。仅在 2015 年，中国财政部在伦敦发行人民币国债；中英两国央行续签双边本币互换协议并扩大互换规模；中国人民银行在伦敦发行 50 亿元人民币计价的央行票据。伦敦已经成为仅次于香港的第二大人民币离岸结算中心。然而一旦英国脱欧，这项货币红利就不复存在，人民币通过英国在欧洲推广的战略所带来的成本也将大大增加。中国的金融机构就需要考虑分散到巴黎、法兰克福、卢森堡等地，需要付出一定的调整成本。

四是中欧贸易合作或将面临变局。英国脱离欧盟这个拥有 5 亿人口的巨大统一市场，英国经济短期内发展将受到冲击，几乎可以肯定英镑必然延续目前的跌势，继续贬值；失去第三大经济体的欧盟也将遭受一场"强度相当于欧债危机"的金融震荡。有分析认为，英国脱欧对欧盟产生的经济影响会波及中国的出口，特别是一旦欧盟倾向于采取贸易保护政策，将影响中欧双边贸易。英国脱欧成功，中国通过英国加强与欧盟合作的战略计划将会变得困难重重。英国脱离欧盟无异于间接打破中国和欧盟无形的合作纽带，使得中国不得不另外选择其他方式加紧和欧盟的合作，而前期铺垫的各种政策贸易的影响也很有可能大打折扣，成为高额的沉没成本。

五是中国企业"进入欧洲的通道"不再存在。中国在欧洲市场拥有 5 亿潜在客户，然而，由于保护主义的原因，中国企业往往被拒之门外。英国被视为欧盟内主张贸易、投资自由化最为积极的国家，所以不少中国企业将英国选为在整个欧洲的生产基地，将伦敦作为"进入欧洲的通道"。

资料来源：搜狐网．英国脱欧对中国经济五大重要影响 [EB/OL]. (2016-06-24) [2021-01-15]. https://www.sohu.com/a/85741870_130524.

延伸阅读 6-2

拉美地区区域经济一体化的历史发展

从历史发展角度来看，拉美地区区域经济一体化大致经历了四个阶段。

第一阶段，以创建共同市场来加速工业化为特征（20 世纪 50 年代至 80 年代债务危机爆发）。1960 年成立中美洲共同市场（CACM）和拉美自由贸易协会（LAFTA）。

第二阶段，以外向发展模式促进开放区域主义为特征（20 世纪 80 年代中期至全球金融危机爆发）。1991 年，南方共同市场（MERCOSUR）成立，同年中美洲一体化体系（SICA）成立并取代中美洲国家组织。1994 年加勒比国家联盟（ACS）成立，1994 年《北美自由贸易协定》(NAFTA) 正式生效，1996 年安第斯集团更名为安第斯共同体并于 1997 年正式运作。

第三阶段，以全球金融危机加速国际政治经济深度调整为特征（2008～2017 年）。2008 年，南美 12 国成立南美国家联盟（UNASUR）；2011 年，拉美和加勒比国家共同体（CELAC）正式成立；2012 年，太平洋联盟（AP）正式成立。

第四阶段，以美国贸易保护主义重塑区域经济一体化格局为特征（2017 年至今）。2018 年以来，美国单边主义和贸易保护主义的外溢效应造成拉美地区区域一体化向两个方向演变：一是原有一体化的被动调整，如 NAFTA 的重新谈判；二是新增一体化的主动拓展，如地区内部一体化程度加深及与域外欧盟和亚太地区一体化积极融合。

资料来源：张勇．后危机时代拉美地区区域经济一体化形势与展望 [J]. 国际经济评论，2020(3)：75-90.

参考文献

[1] 马克思，恩格斯.马克思恩格斯全集 [M].中共中央马克思恩格斯列宁斯大林著作编译局，译.北京：人民出版社，1956: 596.

[2] 李斯特.政治经济学的国民体系 [M].陈万煦，译.北京：商务印书馆，1961: 155，261，265.

[3] 孟.英国得自对外贸易的财富 [M].袁南宇，译.北京：商务印书馆，1965: 16.

[4] 王普光，何晓兵，李毅.关税理论政策与实务 [M].北京：对外经济贸易大学出版社，1993.

[5] 克鲁格曼.市场结构和对外贸易 [M].尹翔硕，尹翔康，译.上海：上海三联书店，1993.

[6] 袁志刚，宋京.国际经济学 [M].北京：高等教育出版社，上海：上海社会科学院出版社，2000.

[7] 温彬.发展中国家的贸易自由化:游戏规则与中国对策 [M].北京：中国发展出版社，2000.

[8] 赵春明，仲鑫，朱廷珺.非关税壁垒的应对及运用 [M].北京：人民出版社，2001.

[9] 克鲁格曼.国际贸易新理论 [M].黄胜强，译.北京：中国社会科学出版社，2001.

[10] 杜敏.国际贸易概论 [M].北京：对外经济贸易大学出版社，2001: 5-13.

[11] 尹翔硕.国际贸易教程 [M].上海：复旦大学出版社，2005.

[12] 张蕴岭.世界区域化发展模式 [M].北京：世界知识出版社，2005: 16-66.

[13] 樊莹.国际区域一体化的经济效应 [M].北京：中国经济出版社，2005: 6-96.

[14] 涂红.发展中大国的贸易自由化、制度变迁与经济发展 [M].北京：中国财政经济出版社，2006: 83.

[15] 李健.经济全球化背景下的新贸易壁垒 [M].大连：东北财经大学出版社，2007.

[16] 龚晓莺.国际贸易理论与政策 [M].北京：经济管理出版社，2008: 4-15.

[17] 战勇.国际贸易 [M].大连：东北财经大学出版社，2009: 35-53.

[18] 孙睦优.国际贸易学 [M].武汉：武汉大学出版社，2009: 44-48.

[19]   许斌 . 国际贸易 [M]. 北京：北京大学出版社，2009: 174-188.

[20]   冯德连，徐松 . 国际贸易教程 [M]. 北京：高等教育出版社，2009.

[21]   朱正圻 . 现代服务跨国外包 [M]. 上海：复旦大学出版社，2009: 63-71.

[22]   安佳 . 请给我想要的国际贸易学史话 [M]. 长沙：湖南科学技术出版社，2010: 193-225.

[23]   克鲁格曼，奥伯斯法尔德 . 国际经济学 [M]. 黄卫平，译 . 北京：中国人民大学出版社，2011.

[24]   法雷尔 . 离岸外包理解全球新兴劳动力市场 [M]. 刘璐，译 . 北京：商务印书馆，2011: 21-28.

[25]   《世界经济概论》编写组 . 世界经济概论 [M]. 北京：高等教育出版社，2011: 356-357.

[26]   海闻，林德特，王新奎 . 国际贸易 [M]. 上海：上海人民出版社，2012.

[27]   刘东升，蒋先玲 . 国际服务贸易：原理、政策与产业 [M]. 北京：对外经济贸易大学出版社，2012: 163-180.

[28]   国家统计局 . 中国统计摘要 2012[M]. 北京：中国统计出版社，2012.

[29]   国务院发展研究中心 . 中国经济年鉴 [M]. 北京：中国经济年鉴出版社，2012: 56.

[30]   国务院发展研究中心 . 中国经济年鉴 [M]. 北京：中国经济年鉴出版社，2013: 39.

[31]   张玮，张宇馨 . 跨国公司概论 [M]. 北京：清华大学出版社，2013: 96-119.

[32]   张汉林 . 世界贸易组织发展报告 2012[M]. 北京：高等教育出版社，2013: 197-198.

[33]   余淼杰 . 国际贸易学：理论、政策与实证 [M]. 北京：北京大学出版社，2013: 269-270.

[34]   刘丁有 . 国际贸易 [M]. 北京：对外经济贸易大学出版社，2013: 9.

[35]   池元吉 . 世界经济概论 [M]. 北京：高等教育出版社，2013: 457-458.

[36]   贺耀敏 . 中国经济发展的轨迹 [M]. 北京：中国人民大学出版社，2013: 115-116.

[37]   国务院发展研究中心 . 中国经济年鉴 [M]. 北京：中国经济年鉴出版社，2014: 189.

[38]   普格尔 . 国际贸易 [M]. 赵曙东，沈艳枝，译 . 北京：中国人民大学出版社，2014: 10-116.

[39]   张二震，马野青 . 国际贸易学 [M]. 南京：南京大学出版社，2015: 2-14，63-69，186-198.

[40]   竺彩华，冯兴艳 . 国际贸易概论 [M]. 北京：人民大学出版社，2015: 20-27.

[41]   陶涛 . 国际贸易学 [M]. 北京：机械工业出版社，2015: 159-163.

[42]   高成兴，黄卫平，韩玉军 . 国际贸易学教程 [M]. 北京：中国人民大学出版社，2015: 151-158.

[43]   阿里巴巴（中国）网络技术有限公司 . 挡不住的跨境电商时代 [R]. 北京：中国海关出版社，2015.

[44]　黄斌，傅龙海. 国际贸易概论 [M]. 北京：对外经济贸易大学出版社，2016: 42.

[45]　国务院发展研究中心. 中国经济年鉴 [M]. 北京：中国经济年鉴出版社，2016: 182.

[46]　苏巧勤，胡云清. 国际贸易 [M]. 北京：北京理工大学出版社，2016: 26.

[47]　陈岩. 国际贸易理论与实务 [M]. 北京：机械工业出版社，2016: 65-67.

[48]　梁嘉慧，房丽军. 国际贸易理论与政策 [M]. 北京：北京理工大学出版社，2016.

[49]　刘春生，王力，黄育华. 中国服务外包竞争力报告 2015-2016[M]. 北京：社会科学文献出版社，2016: 1-6.

[50]　段丽娜. 国际贸易理论与政策 [M]. 北京：北京理工大学出版社，2017.

[51]　孙莉莉. 国际贸易理论与政策 [M]. 北京：北京理工大学出版社，2017.

[52]　卢进勇，郄志雄，刘恩专. 跨国公司经营与管理 [M]. 北京：机械工业出版社，2017: 91.

[53]　张锡嘏. 国际贸易 [M]. 6 版. 北京：对外经济贸易大学出版社，2017.

[54]　黄高余. 国际贸易 [M]. 北京：清华大学出版社，2017: 198-210.

[55]　魏浩. 国际贸易学 [M]. 北京：高等教育出版社，2017: 120-168.

[56]　高茜. 国际贸易概论 [M]. 上海：上海交通大学出版社，2017: 63-69.

[57]　马丽仪. 服务外包概论 [M]. 北京：经济管理出版社，2017: 10-45.

[58]　石良平，张晓娣，王晶晶. 国际贸易学国际理论前沿 [M]. 上海：上海社会科学院出版社，2017: 91-109.

[59]　国务院发展研究中心. 中国经济年鉴 [M]. 北京：中国经济年鉴出版社，2017: 201.

[60]　国务院发展研究中心. 中国经济年鉴 [M]. 北京：中国经济年鉴出版社，2018: 211.

[61]　郭凤华，张涵. 国际贸易理论与实务 [M]. 北京：北京理工大学出版社，2018: 33.

[62]　博鳌亚洲论坛. 新兴经济体发展 2019 年度报告 [R]. 北京：对外经济贸易大学出版社，2019: 49-50.

[63]　薛荣久. 国际贸易 [M]. 北京：清华大学出版社，2020: 6-12，40-41.

[64]　张玮，张宇馨. 国际贸易 [M]. 北京：清华大学出版社，2020: 7-20, 53-54.

[65]　李群，梁琦. 管理贸易政策的国际比较 [J]. 江苏社会科学，2001(5): 51-55.

[66]　申光龙. 业务外包战略的决策框架与电子制造服务 [J]. 深圳大学学报（人文社会科学版），2001(4): 49-55.

[67]　陈讯，李维. 产业内贸易的计量 [J]. 财贸研究，2004(3): 41-47.

[68]　刘威，柳剑平. 经济制裁功效的理论分析：国外研究文献的回顾与述评 [J]. 湖北经济学院学报，2006(1): 86-90.

[69]　杨雪玉. 产业内贸易定义与计量指标综述 [J]. 重庆工商大学学报，2008(5): 58-62.

[70]　杨丹辉，贾伟. 外包的动因、条件及其影响：研究综述 [J]. 经济管理，2008(2): 53-54.

[71]　徐冠宇，徐松. 外包理论研究综述 [J]. 集体经济，2009(12): 65-66.

[72] 吕连菊.新新贸易理论、新贸易理论和传统贸易理论的比较研究 [J].经济论坛，2011(9): 27-30.

[73] 徐元康.战略性贸易政策理论述评 [J].岭南学刊，2014(5): 95-100.

[74] 左连村.美国出口倍增计划 [J].国际商务财会，2014(10): 83-84.

[75] 金中夏，李良松.TPP 原产地规则对中国的影响及对策：基于全球价值链角度 [J].国际金融研究，2014(12): 3-14.

[76] 薛荣久，杨凤鸣.国际经贸规则续构热潮与中国应对 [J].新华文摘，2015(8): 52-54.

[77] 王维，周睿.世界经济体系的演化及其对中国的经济影响分析 [J].新华文摘，2015(3): 55-57.

[78] 孙梨，李俊江.美国"出口倍增计划"的实施及效果分析 [J].财经问题研究，2015(3): 114-120.

[79] 敬艳辉.全球服务外包产业发展现状和趋势 [J].全球化，2018(12): 41-51+132.

[80] 唐俊.有关外包的理论综述及建议 [J].经济问题探讨，2018(7): 134-135.

[81] 谢世朝.中国与伊朗的产业内贸易实证研究：基于 2001-2014 年的数据分析 [J].中国经贸导刊，2019(9): 18-20.

[82] 王绍媛，陈杨.中国服务业产业内贸易及其影响因素分析 [J].江汉论坛，2019(5): 60-67.

[83] 盛斌，魏方.新中国对外贸易发展 70 年：回顾与展望 [J].财贸经济，2019(10): 34-49.

[84] 张景全.贸易保护主义新态势与中国的策略选择 [J].人民论坛，2019(35): 22-25.

[85] 中华人民共和国商务部.2017 年世界主要经济体货物贸易统计摘要 [EB/OL]. (2019-07-31) [2021-02-21]. http://www.caitec.org.cn/upfiles/file/2019/1/20190219141717757.pdf.

[86] 网经社电子商务研究中心.2019 年度中国跨境电商市场数据监测报告 [EB/OL]. (2019-07-31) [2021-01-10]. http://www.100ec.cn/zt/2019kjscbg/.

[87] 张勇.后危机时代拉美地区区域经济一体化形势与展望 [J].国际经济评论，2020(3): 75-90.

[88] 张伊利.日本的"异次元"宽松货币政策变化及其对东亚新兴经济体股票市场的溢出效应 [J].世界经济研究，2020(5): 59-72.

[89] 岳云嵩，赵佳涵.数字服务出口特征与影响因素研究：基于跨国面板数据的分析 [J].上海经济研究，2020(8): 107-118.

[90] 中华人民共和国商务部.内地与港澳关于建立更紧密经贸关系的安排（CEPA）[EB/OL].（2019-11-22）[2021-02-02]. http://tga.mofcom.gov.cn/article/zt_cepanew/.

[91] 搜狐网.英国脱欧对中国经济五大重要影响 [EB/OL]. (2016-06-24) [2021-01-15]. https://www.sohu.com/a/85741870_130524.

[92] Grubel H G，Lloyd P J.Intra-Industry Trade: The Theory and Measurement of

International Trade in Differentiated Products[J]. The Economics Journal, 1975(85): 646-648.

[93] Aquino A. Intra-Industry Trade and Inter-Industry Specialization as Concurrent: Sources of International Trade in Manufactures[J].Weltwirtschaftliches Archiv, 1978(114): 75-95.

[94] Prahalad C, Hamel G. The Core Competence of the Corporation[J]. Harvard Business Review, 1990(68): 79-88.

[95] Gary C H, Jeffrey J S, Kimberly E. Economic Sanctions Reconsidered: History and Current Policy[M]. Washington D C: Peterson Institute for International Economics, 1991.

[96] Quinn J B. The Intelligent Enterprise: A New Paradigm[J]. Academy of Management Executive, 1992(6): 46-58.

[97] Mcivor R. A Practical Framework for Understanding the Outsourcing Process [J]. Supply Chain Management, 2000, 5(1): 22-36.

[98] Melitz M J. The Impact of Trade on Intra: Industry Reallocations and Aggregate Industry Productivity[J]. Econometrica, 2003, 71(6): 1695-1725.

[99] Antras P. Firms, Contracts, and Trade Structure[J]. The Quarterly Journal of Economics, 2003, 118(4): 1375-1418.

[100] Antràs P. Incomplete Contracts and the Product Cycle[J]. The American Economic Review, 2005, 95(4): 1054-1073.

普通高等院校
经济管理类应用型规划教材

课程名称	书号	书名、作者及出版时间	定价
商务策划管理	978-7-111-34375-2	商务策划原理与实践（强海涛）（2011年）	34
管理学	978-7-111-35694-3	现代管理学（蒋国平）（2011年）	34
管理沟通	978-7-111-35242-6	管理沟通（刘晖）（2011年）	27
管理沟通	978-7-111-47354-1	管理沟通（王凌峰）（2014年）	30
职业规划	978-7-111-42813-8	大学生体验式生涯管理（陆丹）（2013年）	35
职业规划	978-7-111-40191-9	大学生职业生涯规划与学业指导（王哲）（2012年）	35
心理健康教育	978-7-111-39606-2	现代大学生心理健康教育（王哲）（2012年）	29
概率论和数理统计	978-7-111-26974-8	应用概率统计（彭美云）（2009年）	27
概率论和数理统计	978-7-111-28975-3	应用概率统计学习指导与习题选解（彭美云）（2009年）	18
大学生礼仪	即将出版	商务礼仪实务教程（刘砺）（2015年）	30
国际贸易英文函电	978-7-111-35441-3	国际商务函电双语教程（董金铃）（2011年）	28
国际贸易实习	978-7-111-36269-2	国际贸易实习教程（宋新刚）（2011年）	28
国际贸易实务	978-7-111-37322-3	国际贸易实务（陈启虎）（2012年）	32
国际贸易实务	978-7-111-42495-6	国际贸易实务（孟海樱）（2013年）	35
国际贸易理论与实务	978-7-111-49351-8	国际贸易理论与实务（第2版）（孙勤）（2015年）	35
国际贸易理论与实务	978-7-111-33778-2	国际贸易理论与实务（吕靖烨）（2011年）	29
国际金融理论与实务	978-7-111-39168-5	国际金融理论与实务（缪玉林 朱旭强）（2012年）	32
会计学	978-7-111-31728-9	会计学（李立新）（2010年）	36
会计学	978-7-111-42996-8	基础会计学（张献英）（2013年）	35
金融学（货币银行学）	978-7-111-38159-4	金融学（陈伟鸿）（2012年）	35
金融学（货币银行学）	978-7-111-49566-6	金融学（第2版）（董金玲）（2015年）	35
金融学（货币银行学）	978-7-111-30153-0	金融学（精品课）（董金玲）（2010年）	30
个人理财	978-7-111-47911-6	个人理财（李燕）（2014年）	39
西方经济学学习指导	978-7-111-41637-1	西方经济学概论学习指南与习题册（刘平）（2013年）	22
西方经济学（微观）	978-7-111-48165-2	微观经济学（刘平）（2014年）	25
西方经济学（微观）	978-7-111-39441-9	微观经济学（王文寅）（2012年）	32
西方经济学（宏观）	978-7-111-43987-5	宏观经济学（葛敏）（2013年）	29
西方经济学（宏观）	978-7-111-43294-4	宏观经济学（刘平）（2013年）	25
西方经济学（宏观）	978-7-111-42949-4	宏观经济学（王文寅）（2013年）	35
西方经济学	978-7-111-40480-4	西方经济学概论（刘平）（2012年）	35
统计学	978-7-111-48630-5	统计学（第2版）（张兆丰）（2014年）	35
统计学	978-7-111-45966-8	统计学原理（宫春子）（2014年）	35
经济法	978-7-111-47546-0	经济法（第2版）（葛恒云）（2014年）	35
计量经济学	978-7-111-42076-7	计量经济学基础（张兆丰）（2013年）	35
财经应用文写作	978-7-111-42715-5	财经应用文写作（刘常宝）（2013年）	30
市场营销学（营销管理）	978-7-111-46806-6	市场营销学（李海廷）（2014年）	35
市场营销学（营销管理）	978-7-111-48755-5	市场营销学（肖志雄）（2015年）	35
公共关系学	978-7-111-39032-9	公共关系理论与实务（刘晖）（2012年）	25
公共关系学	978-7-111-47017-5	公共关系学（管玉梅）（2014年）	30
管理信息系统	978-7-111-42974-6	管理信息系统（李少颖）（2013年）	30
管理信息系统	978-7-111-38400-7	管理信息系统：理论与实训（袁红清）（2012年）	35